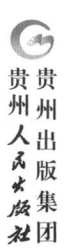

课程引导力探究·理性篇

魏林 主编

贵州出版集团
贵州人民出版社

图书在版编目（ＣＩＰ）数据

课程引导力探究.理性篇 / 魏林主编. －－ 贵阳：贵州人民出版社，2023.5
　ISBN 978-7-221-17305-8

Ⅰ. ①课… Ⅱ. ①魏… Ⅲ. ①中学教育—教案(教育) Ⅳ. ①G632.3

中国版本图书馆CIP数据核字(2022)第185420号

课程引导力探究·理性篇
KECHENG YINDAOLI TANJIU · LIXINGPIAN

魏林　主编

出 版 人：	朱文迅
策划编辑：	郭予恒
责任编辑：	陈　章
封面设计：	陈　电
装帧设计：	黄红梅
责任印制：	蔡继磊
出版发行：	贵州出版集团　贵州人民出版社
地　　址：	贵州省贵阳市观山湖区会展东路SOHO办公区A座
印　　刷：	贵阳精彩数字印刷有限公司
版　　次：	2023年5月第1版
印　　次：	2023年5月第1次印刷
开　　本：	787mm×1092mm　1 / 16
印　　张：	17.75
字　　数：	290千字
书　　号：	ISBN 978-7-221-17305-8
定　　价：	68.00元

如发现图书印装质量问题，请与印刷厂联系调换；版权所有，翻版必究；未经许可，不得转载。

《课程引导力探究·理性篇》编委会

主　编：魏　林

副主编：李　旭　张琳瑶　马义军　杨　鸣

编　委：（按姓氏笔画排列，排名不分先后）

邓　令　冉　飞　巩国忠　杜　鹃　李　锐

杨　玲　杨　槟　吴万琼　宋　薇　陈先睿

陈　素　易雪平　周宏凌　周　波　周建新

周　静　赵　刚　赵湘黔　柏家平　姜　琳

秦　江　袁　辉　夏　江　郭华华　董　璇

蒋晓宏　蒋娟娟　蒋照俊　谭美金　潘芳篱

序

课程引导力夯实教育基础

周 进

  2014年初，围绕贵阳市委市政府教育大会提出的"用五年的时间大幅提升贵阳教育整体水平，用十年的时间建成教育强市、人力资源强市""做人民满意教育"的目标，贵州省第一批名校长工作室主持人魏林及其研究团队率先提出了"课程引导力"这一全新概念并进行了理论与实践研究。2016年9月28日魏林校长在《中国教育报》发表了署名文章《自主空间中的课程引导力探究》，对课程引导力作了初步阐释。此后数年，魏林校长依托贵州省教育厅省名校长管理办、省市名校长工作室平台，组织了来自贵州省各地州市的学员团队对这一全新命题进行了持续实践与研究，取得重大实践成果，形成比较完善的理论体系。这对于作为基础教育一线的教育工作人员来说，是十分不易且难能可贵的。

  党的十八大以来，以习近平同志为核心的党中央从社会主义现代化建设和中华民族伟大复兴战略高度，深刻回答了"培养什么人、怎样培养人、为谁培养人"的一系列重要问题，明确"立德树人"是教育根本任务，"为党育人、为国育才"是教育根本目标，并进一步丰富和发展了党的教育方针。要完成任务、实现目标、落实方针，重要途径就是通过课程作用于受教育者，通过课程突出德育实效、提升智育水平、强化体育锻炼、增强美育熏陶、加强劳动教育、夯实教育基础，这样才能培养担当民族复兴大任的时代新人。鉴于此，魏林校长及其团队在实践和研究中，基于育人目标和育人任务的实现，提出了"课程引导力"这一全新概念，以校长的课程领导力、教师的课程知行力、学生的课程学习力为主要研究内容，以"校长—建课程—育文化、教师—抓课堂—提质量、学生—研课题—强素养"为研究思路，以"引进外力，学习借鉴"（举办"上海—贵阳教育接力论坛"）、"开展调研，明晰问题"（以名校长工作室为平台，调研课程认识、课程理解、课程规划、课程实践、课程改革等课程引导力显性和隐性表现）、"课程引领，实践育人"（以名校长领衔人所在学校兼及工作室成员所在学校为基础实践学校，多维度开展课程引领的育人实践）为研究路径和载体，历经十年探索实践、总结提炼，最终形成课程引导力研究和实践的贵州经验。

这种探索和实践，正如我在该丛书的《基础篇》的序中所说，"是西部欠发达地区的教育工作者以对教育的深厚情怀和执着追求，实现教育自觉的具体体现"，"尽管这一探究还有待于在理论和实践方面进一步地深入和提高，但已经迈出的这一步，无疑是一种创新，是一种突破"。

2022 年 8 月 3 日
（作者为贵州省教育厅副厅长）

/ 目 录

课程引导力探究 / 001

校长课程领导力 / 009
 课程规划 / 022
  案例一 贵阳市第三十九中学：课程引领，寻老校发展之"根"，
     聚学生发展之"魂" / 029
  案例二 上海市金山中学：课程引领——学校发展之本源 / 036
 课程统筹 / 044
  案例一 贵阳市白云区第二高级中学：一所老牌子校的课程统筹
     之旅 / 053
  案例二 贵阳市东升学校：统筹资源建课程民办教育放光华 / 058
 课程建设 / 068
  案例 赤水市第八中学：以启源文化为核心，建设特色校本课程 / 079
 课程创新 / 088
  案例 贵阳市第五中学：棠荫亭下 桃李芬芳 / 098

教师课程知行力 / 107
 课程认知 / 118
  案例 教师的角色转变：从主角变配角 / 123

课程设计 /126
　　案例一　贵阳市第一中学：高中社团课程设计的探索 /132
　　案例二　开阳县第三中学：基于生本教育理念下的校本课程设计 /144
　　案例三　长顺县民族高级中学：民族团结教育进校园 /152
课程实施 /161
　　案例一　教学名师：以巧活动的实施彰显教师课程知行力 /169
　　案例二　贵州省修文县：良知教育课程的实施 /178
课程评价 /184
　　案例一　贵阳市第六中学：课程引领，文化铸魂 /193
　　案例二　贵阳市民族中学：研究型学习课程评价路径探寻 /198

学生课程学习力 /204
课程实践 /213
　　案例　《老人与海》教学：建构对生命意义的多面认识 /220
课程理解 /225
　　案例一　贵阳市民族中学：中学生的课程理解吹绿了牙舟陶的春天 /233
　　案例二　长顺县民族高级中学：课程理解冲破山海为远 /240
课程感悟 /245
　　案例　开阳县第三中学：镜头下的故事 /251
课程探究 /257
　　案例一　"中国走和平发展道路"课程探究：始于有形　终于无形 /263
　　案例二　化学课程探究：让世界变得缤纷斑斓 /269

后　记 /275

课程引导力探究

国家"十四五"规划明确提出：在"十四五"期间，要把我国建设成教育强国，建设高质量教育体系。全面贯彻党的教育方针，坚持立德树人，加强师德师风建设，培养德智体美劳全面发展的社会主义建设者和接班人。健全学校家庭社会协同育人机制，提升教师教书育人能力素质，增强学生文明素养、社会责任意识、实践本领，重视青少年身体素质和心理健康教育。坚持教育公益性原则，深化教育改革，促进教育公平，推动义务教育均衡发展和城乡一体化，完善普惠性学前教育和特殊教育、专门教育保障机制，鼓励高中阶段学校多样化发展。

根据党和国家的教育方针、习近平总书记关于教育工作的有关论述，以及教育部印发的《普通高中校长专业标准》《义务教育学校校长标准》内涵要求，贵州省首批名校长工作室主持人魏林校长带领其工作室团队成员，围绕"立德树人"的根本任务，遵循教育规律，针对"培养什么人、怎样培养人、为谁培养人"的三个核心问题逐一研究并明确：我们的教育任务是培养德智体美劳全面发展的社会主义建设者和接班人；我们的教育方式是以文化人，课程育人；我们的教育目标是为党育人，为国育才。课程是育人的核心载体。

课程一词在我国始见于唐宋，但指意不明确，到宋代则将其理解为功课及其进程，而在西方，"课程"一词最早见于英国教育家斯宾塞的著作里，随着时代的更迭，"课程"一词也逐渐演化出较为具体和完整的含义，指的是对教育目标、教学内容、教学活动方式的规划和设计，是教学计划、教学大纲等诸多方面实施过程的总和。课程作为学校教育教学的基础、联系师生的纽带、实现培养人才的保障、传递文化的重要手段，在学校教育中具有不可替代的重要作用。

综上所述，我们可以理解为：课程是指学校为实现培养目标而选择的教育内容及其进程的总和，简言之，课程是学生在学校全部生活的总和。学生通过在学校接受学科知识课程教学（显性）、综合实践活动课程体验（显性）、校园文化课程浸润（隐性）、日常生活课程学习（显性、隐性）等，形成具有独立价值判断、善于思辨、敢于质疑、勇于创新的全新人格和核心素养。学校课程应坚持思想性、时代性、科学性、发展性、创新性、系统性原则。

魏林校长及其工作室团队通过长期的教育科研和实践发现，课程对"培养什么人、怎样培养人、为谁培养人"发挥着不可或缺的引导作用，进一步提出课程引导力的概念："教育者践行课程教育功能的能力与课程对受教育者引导作用的总和称之为课程引导力。"对育人目标的实现可归结为课程引导力的实现。

课程引导力主要体现在校长的课程领导力、教师的课程知行力和学生的课程学习力三个方面。

一、校长的课程领导力

（一）校长的课程领导力内涵

校长的课程领导力是指校长将知识资源通过规划、统筹、建设、创新，建构为课程系统的一种能力。

1. 校长的课程规划力

校长课程规划力是指校长把自己的课程价值观转化为学校课程计划、建构学校课程体系的能力，具体而言是指校长运用科学的方法对课程进行整体到细节的设计能力，课程规划是依照相关技术规范及国家课程标准制定有目的、有意义、有价值的课程行动方案。

2. 校长的课程统筹力

校长的课程统筹力是指校长根据学校的实际情况、国家及社会需要、学生需求，在众多的课程资源中整合取舍，选取适合国家及社会需要、学生需求、学校发展需要的课程资源来提供学生选择、开展教学活动的一种能力。

3. 校长的课程建设力

校长的课程建设力是指校长在规划蓝图和整合资源的基础上，利用学校内外资源，组织团队完成课程立项、课程方案、课程标准、课程架构、课程文本、课程实施、课程评价及反思等环节，对学校课程进行具体的设置和落实的能力。

4. 校长的课程创新力

校长的课程创新力是指校长在学校现有课程的基础上，把握历史进程和时代发展特点，利用学校现有的课程设置，整合各种资源，本着满足国家及社会需求和学生需要，对学校现有课程进行创造性转化、创新性发展的能力。

（二）校长的课程领导力的外延

1. 校长的价值领导力

校长对课程的领导力，首先体现的应是价值思想的领导。价值思想是一个学校组织文化的核心所在，价值思想直接决定了学校的发展走向。校长通过价值思想为学校发展定调，用价值思想去引导组织、管理、建设、评价，影响整个团队。简言之，为党育人，为国育才，立德树人，这是教育工作的根本任务，也是教育现代化的方向目标，更是校长课程规划、统筹、建设、创新的使命价值所在。

2. 校长的组织领导力

新时代赋予教育更加宏大而又具体的教育使命，特别是伴随着新高考改革的到来，对学校课程的规划、统筹、建设、创新提出了更高的要求，要提高校长的组织领导力，校长应该做到以下几个方面：一是要有全新的教育理念，二是要有增强自我学习的能力，三是要自觉成为先进教育理念的传播者，四是要有较强的调适内外能力。

3. 校长的团队领导力

在校长的课程领导力中，校长对课程的团队领导力至关重要，一般说来，在校长的课程团队领导力中，要注意抓好以下几个团队：一是班子团队，二是党员团队，三是中层干部团队，四是教科研团队，五是教师团队。

4. 校长的他人领导力

校长对他人的领导力主要是要靠校长本人具有的丰富的理论知识、深厚的专业素养、高尚的道德情操、以人为本的管理理念、让人兴奋的发展愿景，使人信服，吸引更多的人追随自己，发挥自己对他人的领导力作用。

5. 校长的自我领导力

校长对自我的领导力可从领导者必备的素质、素养角度来思考。新时代，面临新高考的到来，课程变革也不可避免地到来，要做好新的课程规划，需要校长一是要不断提高自我的政策理论和专业理论水平，特别是对课程改革的政策理论，课程开发的流程、标准等的掌握；二是要提高自己的政治敏锐力，及时捕捉世界的发展变化，以便及时调整自己学校的课程方向，做一个明白人；三是要通过具体的课程实践增强自己的自信心，不做跟风人，不人云亦云，坚定自己的教育信念；四是要具备亲和力，教育是由众人合力才能完成的事业，因此校长在学校课程开发中要依靠不同层级的团队，齐心协力才能推进落实，在这个过程中，校长要有亲和力，带领团队朝着既定的方向共同前进。

二、教师的课程知行力

（一）教师的课程知行力内涵

知行力是知行合一的能力，它是执行力的延伸，是指人们运用知识的力量来实现目标的能力，换言之，执行力是指人们将知识或其他资源转化为行为执行力，以达到实现某种目标的能力。

教师课程知行力则是教师将课程资源通过对课程的认知、设计、实施和评价，转化为教育行为的执行力，以达到实现课程教育功能的能力。其内涵包含以下几个方面：

1. 教师对课程的认知力

认知力是指主观对非主观的事物的反映能力。认知力越高，反映越接近事物的本质。

人的认知能力包括：观察力、记忆力、想象力、注意力。教师的课程认知力是指教师对课程的反映能力。教师在教育教学活动中，应树立自觉的课程意识，主动学习和了解课程建设的有关理论，自觉践行课程理念；树立大课程观，拓宽和利用一切课程资源，掌握学生个性化发展特征，为学生的自主发展提供多样性和选择性的课程引导。

2. 教师对课程的设计力

设计力是指把自己的思路表达出来的能力。教师把自己对课程开发思路表达出来的能力即是教师对课程的设计力。

教师的课程设计力主要体现在以下两个方面：一是教师对校本课程的开发；二是对国家课程、地方课程的再创造。教师在对课程目标和价值认同的基础上，在教学设计中自觉地根据抽象的课程目标、学校和学生具体的教育情境，制定有针对性的教学目标，把握学科核心素养，优化教学内容，适当选择教学的方式、方法和手段，主动搜寻、合理开发与利用有价值的课程资源，以进行国家课程校本化、地方课程本土化的课程实施，使课堂教学"既见树木又见森林"。这是一种自觉的、深入的、系统的、高端的、富有创造性与生命力的"二次开发"。

3.教师对课程的实施力

教师对课程的实施力是教师将编制好的课程计划付诸实践，实现预期的课程理想，达到预期的课程目的，实现预期教育结果的能力。教师根据课程标准这个重要依据通过教学活动将编制好的课程付诸实践。

4.教师对课程的评价力

教师根据学生特点、学校实际条件、社会需要等现实因素对课程的思想、目标、标准、方案等进行评价的能力，有利于学科课程的建设、改进与完善，以促进整体教学质量的提高，有利于校本课程的开发与建设；同时也促进教师自身的审视与反思，有利于其正确认识自身学科课程优、缺点，并对课程进行适度的调整，以提高教学质量，促进其专业化成长。

（二）教师的课程知行力外延

1.教师的洞察力

洞察力是指深入事物或问题的能力，是人通过表面现象精确判断出背后本质的能力。教师洞察力的实质是对多种信息的教育学意义和价值的明智判断，具有要点聚焦性、适度敏感性和内在伦理性的特征。

2.教师的研究力

教师研究力是教师在课程实施过程中，针对课程的认知、设计、实施、评价提出问题、思考问题和研究问题的高级能力。其核心是校本研究，目的是改进和提高学校教育教学水平，提升学生学习力。

3.教师的驾驭力

教师的课程驾驭力是指教师是课程的驾驭主体，要对课程和所有学生负责，教师需要具有领导学生的驾驭力，才能有效地设计、实施和评价课程。教师驾驭力的高低取决于自身的综合素质、个人魅力和个体影响力。

4.教师的沟通力

新课程改革给教师的教学方式和学生的学习方式带来了革命性的变革，

对教师的教学沟通能力也提出了更新更高的要求。教师的教学方式由传统的统一化、灌输化、教条化走向新课程的选择化、互动化、创新化，因此，在新课程理念下教师如何体现以学定教、因材施教的教学沟通能力，对创设适合学生和谐发展的教育，从而提高教学质量、促进学生发展具有举足轻重的作用。

5. 教师的表现力

教师专业行为表现力的表征包括：即兴性、公开性、个别性、合宜性、表演性，教师专业行为表现力已经超越了技术、科学的范畴，进入情感和审美的艺术表现领域，它的价值体现在其感召作用、解放气质、愉悦本质以及返归教育的本真与创造的智慧、教师的专业风范等方面。

三、学生的课程学习力

（一）学生的课程学习力内涵

学生的课程学习力是指学生在课堂中表现出来的学习力，同时通过课堂的学习达到学生学习力的激发与提升，其内涵包含课程实践力、课程理解力、课程感悟力和课程探究力四个部分。

1. 学生的课程实践力

学生的课程实践力包含"课程实践智力"和"课程实践素养"，其中"实践智力"指的是个人通过学习课程或内化课程来提升个人的实践能力储备，从而当产生需求的时候，能够找到最佳配合的能力。"课程实践智力"侧重于实践力的认知功能，把实践力当作一种智慧。"课程实践素养"是指在课程情境中，通过使用和调动自己习得的技能和态度，满足课程复杂需求，并且把此种能力延伸到更多情境当中。

2. 学生的课程理解力

学生对课程的理解，意即学生对课程在意识上的认知，总的来说就是学生对课程的认识。学生对课程的认识、理解程度会影响学生在课程上的参与、表现、汲取等。

学生的课程理解力表现在学生对课程的目的、方法、意义上的理解和接纳程度，以及最终对课程传授知识的认识和获取程度。

3.学生的课程感悟力

学生对课程的感悟能力，意即学生参与课程前、中、后内省体察有所感受和触动，从而悟出某种可以言说或者不可言说的情感、思想、知识或念头，从潜意识信息中生产灵感、升华思想的能力。当学生具备课程感悟力，学习才能够动态建构课堂知识，最后组建适合自己经验和能力的知识标本，并且不断去理解、阐述、比照和生成，从而真正提高知识水平。

4.学生的课程探究力

学生对课程的探究力，意即学生在课程学习中用研究性学习的方式去深入学习课程，在课程学习的过程中主动发现问题、探究问题、获得结论的能力。增强学生的探究力，就是强化学生学习的主动性。当学生对学习的内容和过程有自觉的意识和反应，就有可能引发其对问题的发现，进而对问题进行探究，继而锻炼其解决问题能力。

课程的探究力是课程学习力中极其重要的元素，变"要我学"为"我要学"，才能真正达到课程引导育人的目的。

（二）学生的课程学习力外延

1.学生对课程的能动力

课程学习能动力是指激发学生对课程的学习兴趣，能够主动参与课程学习中，并且产生源源不断的动力。

2.学生对课程的管理力

课程学习管理力是指学生在课程学习中自觉地确定学习目标，有意识地控制和调节自己的学习行为，以实现预定的课程学习目标的能力。课程学习的管理力不但能促进课程中知识的生成，更能够自我调控学习过程的进度与方法，进而有利于学生去完成更多的学习任务，从而使学生对学习产生真正的掌控感。

3.学生对课程的思维力

学生对课程的思维力，就是学生在课程中表现出的思维能力，并且通过课程激发和提升思维能力的过程。课程思维能力的高低，反映学生在课程学习中学习到的知识水平、知识运用和内化水平。

4.学生对课堂的合作力

课堂合作力就是指学生在课堂内外具备合作意识、合作互助的行动，通过同辈、同学、教师、家长之间的交流、相互取长补短、探讨等方式在课堂上下探讨解决问题的策略并高效解决问题的能力。提升学生课堂合作力，不仅能提升学生在课堂上的学习力，同时也能促进学生的核心素养的养成、人格的健全发展，形成良好的人际关系。

5. 学生对课堂的创新力

学生对课程的创新力是指学生基于课程的基本知识和现有的思维模式提出有别于常规和常人思路的见解，并且能够利用课程涵盖的知识，改进或创造出新的思路、方法，从而实现对课程内涵理解延伸的能力。

"课程引导力"的提出与探究，是贵州省"魏林名校长工作室"第一批和第二批全体成员与学员共同思考实践和研究的结晶，是西部欠发达地区的教育工作者以对教育的深厚情怀和执着追求实现教育自觉的具体体现，是贵州省示范性普通高中抓住课程建设这一育人关键的特色凸显，是贵州教育工作者智慧的结晶，尽管这一探究还有待于在理论和实践方面进一步深入和提高，但已经迈出的这一步，无疑是一种创新，是一种突破。

校长课程领导力

在三级课程管理框架下，课程管理重心下移，学校获得了课程管理的部分权力，同时也承担了课程管理的责任。如何切实担负起学校课程的领导责任，发挥校长的课程领导力，是校长在学校课程管理工作中必须考虑的核心问题。

一、研究背景

自20世纪初期美国学者博比特将课程作为一个独立的研究领域进行研究以来，人们开始从概念、性质、作用、价值意义等不同的角度对课程进行了广泛的思考和研究，[1]形成了不同的课程理论，各种理论因时代背景、社会形态、价值追求、国家意志、学生需求不同，结论不尽相同，但是对课程是学生在校接受教育的重要载体、是育人的核心这一认识基本一致。

在我国，对课程的关注和思考有很悠久的历史，积累了众多的经验，但对课程理论体系的研究和构建，基本上是在20世纪70年代末期和80年代初期才开始的，代表人物主要有华东师范大学施良方先生，他于1996年出版的《课程理论——课程的基础、原理与问题》一书是我国课程理论分析框架的经典之作，同时应该说也是深化与发展我国课程教学领域研究发展的一个里程碑式的著作。

施良方先生在书中提到的人们对课程认识的不同现象时至今日依然存在，即一提到课程，几乎所有的人都好像能说出一番道理，但一深入，又好像说不出个所以然，其实这正是课程的魅力所在，就教育者和受教育者而言，课程无所不在。从广义的角度思考，课程充斥在人的成长过程中，人的一生知识的习得和实践的体悟都离不开课程（显性和隐性）；从狭义的角度思考，学生在学校接受教育的成长阶段，学校一切生活的总和即课程。

长期以来，我国基础教育对课程的认识存在着这样一种误解，即很多一线教师只是简单地将显性的教材、学科或是需要识记运用（应考）的知识作为课程来理解并实施，由于对课程认识的局限和片面甚至模糊，导致课程作为育人核心的价值发挥受到严重影响，这就给校长的课程领导力提出了新的考验，对校长如何有效组织学校课程的规划、统筹、建设、创新带来了新的挑战。

新课程改革以来，我国教育界对校长的课程领导力的关注越来越高，据专家研究统计表明，当代对"校长课程领导力"研究多集中于对"校长课程领导力"的内涵、角色、任务、策略、意义等问题的讨论，对理论问题的深度探讨和实践体悟较弱。[2]

目前，我国教育界对校长的课程领导力研究呈现出几大特点：一是研究者众。研究人员中既有高校从事课程领导力理论研究的专家学者，也有一线直接从事课程开发实践的中小学校长及教师，还有众多从事课程专业研究的硕士、博士。二是研究的视角广。研究的视角有对校长课程领导力内涵的研究，有对校长课程领导力的角色分析，有对校长课程领导力的任务探索，有对校长课程领导力的策略探究，还有对校长课程领导力的意义分析等等。三是研究范围集中，对校长课程领导力的研究多集中于校长在"三级课程"管理体系中的校本课程开发，对国家课程校本化、地方课程地域化的研究力度较弱。四是关注面较单一，在校长课程领导力研究中，关注校长行政职能角色较多，从校长的知识素养、理论水平、价值观领导等方面引领团队关注较少。

鉴于此，对校长课程领导力进行再研究、再思考，有助于我们明晰校长与课程的关系，明确校长如何发挥自己在学校课程文化建设中的领导作用，从而更好地为学生核心素养的培养、学生个性化发展需要提供适合的课程。

二、理论基础

领导力是指在管辖的范围内充分利用人力和客观条件，以最小的成本办成所需的事，提高整个团体的办事效率，换言之，领导力是"动员别人想要为共享的理想而奋斗的艺术"。[3]

美国著名管理学家詹姆斯·库泽斯在其与巴里·波斯纳合著的《领导力》

一书中对"领导力"的几个关键词作了如下解读：

领导力是"艺术"。我们努力在领导力中加入科学，说如果你做某些特定的事就会有某些成果。作为研究者，我们尽力对此进行验证。尽管我们尽力而为，但是仍然有许多无法说明的东西。有许多东西来自个人，来自个人风格，来自个人背景。当你跟他人一起或者在他人面前发挥领导力的时候，非常像是表演艺术。不是像绘画这样的个人可以完成的艺术，而更像是表演艺术。

"动员他人"，因为领导力是关于"运动"的能力。如果你在字典里查管理和领导的来源，你会发现管理的词源是手，作为管理者意味着用手操作、处理事物，确保一切正常，有效率，诸如此类的含义。领导的词源是走、旅行和引导。领导力是关于"去别的地方"，因此你要动员他人。

"想要"，是因为出于自己的意志做事、个人全身心投入的时候，人们做得最好。如果人们做事是不得不做，是为了拿工资，是害怕被领导惩罚，是因为服从指示，那样不会产出最佳的成果。因此，需要确保人们想要做，而不是不得不做。

领导力是"奋斗"。领导力经常被表述得过于容易了，但是实际上，那是艰苦工作、困难、逆境和挑战。

"共享的理想"不只是关于领导者的愿景和价值观，而是集体的。领导者并非只代表自己，而是代表一群人或者有着一套原则的一项事业。

教育是由一群具有教育专业技能的人为受教育者提供服务的一项事业，教育的终极目标是育人，而育人的关键在课程，校长作为学校行政的最高管理者，对学校课程文化的建设具有责无旁贷的领导责任，学校课程文化建设品质的高低又与校长的课程领导力的强弱密切相关。因此，对校长课程领导力的研究和实践，是有效提高校长课程领导力的一个重要途径。

三、校长课程领导力

（一）校长课程领导力的内涵

关于"校长课程领导力"的内涵，多数研究者认为领导力就是一种能力。如有人界定"校长课程领导力"是"校长引导和率领教师进行课程改革、课程建设的能力"，或者是指"校长与追随者相互作用的合力，是校长与追随者为实现共同的课程愿景而迸发的一种思想与行为的能力"。上海市教育委员会在《提升校长课程领导力，进一步深化课程改革》的专题报告中，阐释"校长课程领导力"是指以校长为核心的学校课程共同体，根据培养目标和办学定位，领导学校课程设计、实施、评价和课程文化建设过程的能力。

关于校长的课程领导力主要有如下表述。

表述一：课程领导力，主要是指校长领导教师团队，创造性地实施新课程，全面提升教育质量的能力，是一个校级团队决策、引领、组织学校课程实践的控制力。

表述二：校长的课程领导力主要是指校长领导教师团队根据课程方案和学校的办学目标，创造性地设计、编制、开发、实施课程，从而全面提升教育质量、办出学校特色品牌的能力。

表述三：校长课程领导力是校长专业发展的主要标志，是校长能力的核心所在。校长课程领导力是校长与追随者为实现共同的课程愿景而迸发的一种思想与行为的能力。具体是指校长运用领导的策略、方法和行为来达成课程发展的根本目的，用以提升课程品质、提高教学质量、发展教师专业水平、增进学生学业成绩，是校长领导教师团队创造性地决策、引领、组织课程实施的控制力和执行力。

表述四：校长的课程领导力，主要是指校长领导教师团队创造性地实施课程，全面提升质量的能力，是一个校级团队决策、引领、组织学校课程实践的调控、驾驭能力。它是校长诸多职责和能力要求中的首要能力、核心能力，包含了课程理念、课程资源的整合与开发、课程规划与评价、课程实施、课程管理等要素。

"校长课程领导力"是指一种能力，这一点在内涵界定中达成共识，而不同之处在于这种"能力"的具体表现——是课程的执行力，还是课程的组织力，或者是课程的合作实施力，抑或是一种综合能力。有专家认为，"校长课程领导力"不能用一两种简单的能力来概括，校长课程领导力的形成与发展取决于校长的专业素养和教育敏感度，以及对教育教学、行政管理和实践决策的综合把握。

2010年以来，贵州省首批名校长，原贵阳市民族中学校长、现贵阳市第六中学校长魏林及其团队在长期的教育科研和实践中发现，课程是学校为实现培养目标而选择的教育内容及其进程的总和,是学生所应学习的学科总和及其进程与安排,是育人的核心,对培养什么人、怎样培养人、为谁培养人发挥着不可或缺的引导作用,教育工作者践行课程教育功能和发挥课程对受教育者教育作用的能力可称之为课程引导力,对育人目标的实现可归结为课程引导力的实现,而课程引导力主要体现在校长的课程领导力、教师的课程知行力和学生的课程学习力等方面。

课程领导力是指校长将知识资源通过规划、统筹、建设、创新,建构课程系统的一种能力。

1. 校长的课程规划力

规划,是融合多要素多人士看法的某一特定领域的发展愿景,意即进行比较全面的长远的发展计划,是对未来整体性、长期性、基本性问题的思考、考量和设计未来整套行动的方案。规划具有综合性、系统性、时间性、强制性等特点。

校长课程规划力即校长把自己的课程价值观转化为学校课程计划、建构学校课程体系的能力,具体而言是指校长运用科学的方法对课程进行整体到细节的设计能力,而课程规划是依照相关技术规范及国家课程标准制定有目的、有意义、有价值的课程行动方案。

课程规划的制定从时间上需要分阶段,由此可以使课程行动目标更加清晰,使课程行动方案更具可行性。

课程规划的制定从内容上需要根据学生的认知规律,由浅入深,由易到难,由熟悉到陌生,易于学生领会、体悟、践行,体现课程知识的渐进性、层次性、可操作性。

学校课程规划是学校课程教学行动的基础,是课程教学实践的指导,因此校长在制定课程规划时,课程规划目标必须具备确定性、专一性、合理性、有效性及可行性。

2. 校长的课程统筹力

统筹,从表层来看,就是统一筹划的意思。从深层来看,它包括了一个过程的五个步骤:统一筹测(预测)—统一筹划(计划)—统一安排(实施)—统一运筹(指挥)—统筹兼顾(掌控)。

校长的课程统筹力是指校长根据学校的实际情况和国家社会需要、学生需求等，在众多的课程资源中善于整合取舍，选取自己学校适合国家社会需要、学生需求、学校发展的课程资源来提供学生选择、开展教学活动的一种能力。统筹可分为对内统筹和对外统筹。对内统筹是指立足于学校校史、师资力量、生源状况、财力资源等校情的各种内部资源对学校课程进行谋划；对外统筹是指校长要充分挖掘和整合校外资源，比如政府资源、社会资源等，调适外部资源对学校课程进行有效建设。

3. 校长的课程建设力

"建设"一词的本义是"建立、设置"。校长的课程建设力是指在规划蓝图和整合资源的基础上，充分利用校内外资源，组织团队围绕课程立项、课程方案、课程标准、课程架构、课程内容、课程文本、课程实施、课程评价等环节，对学校课程进行具体的设置和落实的能力。就我国目前的教育体制而言，学校课程建设必须在国家课程、地方课程、校本课程三级课程管理体系下来运作。有人认为，国家课程和地方课程是由国家和地方来规划和统筹，学校只按照要求落实实施，至多就是弄点校本课程即可，无须再做建设。实际上，这是一种认识上的误区，即把国家课程、地方课程校本化简单地等同于校本课程。校长在课程建设方面需做的是组织团队对国家课程、地方课程进行分析理解并使之校本化，从而体现国家意志，彰显地域文化，这是上位的层面，在此基础上还应根据本校特点和学生需求，做好校本课程的开发，凸显学校内涵特色，这是下位的层面。意即上位指导和影响下位，下位服从和补充上位。

4. 校长的课程创新力

创新是指以现有的思维模式提出有别于常规或常人思路的见解为导向，利用现有的知识和物质，在特定的环境中，本着理想化需要或为满足社会需求的目的，去改进或创造新的事物、方法、元素、路径、环境，并能获得一定有益效果的行为。

校长的课程创新力是指校长在学校现有课程的基础上，把握历史进程和时代发展特点，利用学校现有的课程设置，整合各种资源，本着满足学生需要和国家社会需求，对学校现有课程进行创造性转化、创新性发展的能力。

事实上，学校的课程创新无时无刻不在发生。就广义而言，教师基于个体经验和认知水平，在对学科课程的传授过程中，通过自己对学科课程知识的理解、分析与判断，得出包含有自己的认识和观点的知识并传授给学生的实践行为，实际上就是课程的一种创新，只不过这样的创新还只是碎片化的、不成体系的，属于教师个人这个特定的个体的一种自在行为，不具备具体的课程特征。校长的课程创新力就是要将这样一种教学实践中随时随地发生的教师的自在行为引导转变成教师的自觉行为，改造或创造成新的内容，形成课程模式、课程体系，从而更好地为学生的个性发展提供多样化的选择服务，促进学校内涵发展。

这四个方面中，规划是前提，是蓝图，属于顶层设计的范畴，需要校长具备相关的专业素养和对时代特征的敏锐把握能力，体现的是校长的战略性思维和前瞻性思维。统筹是基础，属于资源整合的范畴。对内，带领班子和教师团队为共同的愿景而努力；对外，协调上级、同行、社会、家长、学生以及自我为实现共同愿景而努力，彰显的是校长个人魅力。建设是过程，属于课程具体操作的范畴，涵盖初期的调研分析、团队组建、方案拟定、文本撰写、组织实施、考核评价等环节，表现的是校长的组织管理能力。创新是核心，属于课程价值追求的范畴，是与时俱进的表现，凸显的是校长及其团队对课程的反思、修正与创造能力。

（二）校长课程领导力的外延

1. 校长的价值领导力

（1）校长课程领导力的使命价值

校长对课程的规划、统筹、建设、创新，首先要体现的是教育"培养什么人、怎样培养人、为谁培养人"这一使命价值。

校长对课程的领导力的使命价值，应是学校长期以来价值思想的体现和发展。价值思想是一所学校文化的核心所在，价值思想直接决定了学校的品质和未来。

校长通过价值思想为学校的发展定调，用价值思想去引导、组织、管理、评价、建设，从而影响整个团队。

习近平总书记在全国教育大会上指出：党的十九大从新时代坚持和发展中国特色社会主义的战略高度，作出了优先发展教育事业、加快教育现代化、建设教育强国的重大部署。教育是民族振兴、社会进步的重要基石，是功在当代、利在千秋的德政工程，对提高人民综合素质、促进人的全面发展、增强中华民族创新创造活力、实现中华民族伟大复兴具有决定性意义。教育是国之大计、党之大计。

新时代新时期，改革开放和社会主义现代化建设，促进人的全面发展和社会全面进步，对教育和学习提出了新的更高的要求。

培养什么人，是教育的首要问题。我国是中国共产党领导的社会主义国家，这就决定了我们的教育必须把培养社会主义建设者和接班人作为根本任务，培养一代又一代拥护中国共产党和我国社会主义制度、立志为中国特色社会主义奋斗终生的有用人才。简言之，立德树人，为党育人，为国育才，这是教育工作的根本任务，也是教育现代化的方向与目标，更是校长课程规划、统筹、建设、创新的使命价值所在。

（2）校长课程领导力的依法治校价值

作为学校的法人代表，校长履行法律法规规定的权利和义务是该职位应有的责任，而作为学校教育教学的首席教师，自觉肩负起对学校的课程领导责任，是校长的课程领导力履行法律法规的权利、义务和责任之价值所在。

改革开放以来，国家颁布的《关于教育体制改革的决定》《中国教育改革和发展纲要》《中华人民共和国教育法》《中华人民共和国义务教育法》等相关法律法规都明确强调，学校必须在党组织领导下实行校长负责制，即校长对学校教育教学工作负有全面领导责任。

课程是属于学校教育教学的核心载体，因此校长发挥对学校的课程领导力体现了校长带领团队依法治校、依法执教的权利和义务价值。

（3）校长课程领导力的岗位职责价值

中小学校长岗位职责明确规定，校长的岗位职责是：

领导和组织教学工作。坚持学校工作以教学为主，按照国家规定的教学计划、教学大纲，开齐各门课程，不偏科。遵循教学规律组织教学，建立和完善教学管理制度，搞好教学常规管理。深入教学第一线，正确指导教师进行教学活动，努力提高教学质量。

领导和组织体育、卫生、美育、劳动教育工作及课外教育活动。确保学校体育、卫生、美育、劳动教育工作及课外教育活动生动活泼、有成效地开展。努力开展勤工俭学活动。建好学生劳动教育及劳动技术教育基地。

因此，校长课程领导力体现的是校长这一岗位职责价值。

（4）校长的课程领导力的专业标准价值

《普通高中校长专业标准》的[8]"专业职责三""领导课程教学"部分和《义务教育学校校长标准》[9]的"专业职责三""领导课程教学"部分中均从"专业理解与认知""专业知识与方法""专业能力与行为"三个方面明确提出校长要"充分认识课程教学是提高学校教育质量的关键环节"，"重视课程的多样性和选择性"，"落实国家课程方案和标准，统筹国家、地方、学校三级课程，创建具有本校特色的学校课程体系，开设多种形态、适应学生发展需要的选修课，为学生提供丰富多样的学习资源"，"熟知学生成长和发展规律，掌握课程教学基本理论知识和课程规划、开发、实施与评价相关技能"。

由此，不难看出，校长作为学校法人代表和行政最高领导人，对学校教育教学工作负有全面的最高领导责任，而课程则是学校教育教学工作中最为重要的关键环节，是育人的心脏，育人的载体。自觉履行对课程的领导责任和提高自己对课程的领导能力既是校长这一岗位的专业要求，更是新时代新形势下国家对校长赋予的岗位价值，因此提升校长课程领导力对学校"培养什么人、怎样培养人、为谁培养人"这一教育首要问题是十分必要的，具有重要的价值意义。

2.校长的组织领导力

新时代赋予教育更加宏大而又具体的教育使命，特别是伴随着新高考改革的到来，对学校课程的规划、统筹、建设、创新提出了更高的要求，这就要求作为学校教育教学最高行政领导的校长必须以一个全新的视野来重新审视和组织自己学校的课程，使之符合新时代发展的需要。校长要提高组织领导力，应该做到以下几个方面。

一是要有全新的教育理念，正确的办学思想。校长要时刻牢记立德树人的教育根本任务，始终坚持教育育人这一宗旨，组织构建适合学生个性发展需求的课程体系。

二是要有增强自我学习的能力。校长要熟悉国家方针政策，熟知教育教学理论，熟练掌握课程开发构建流程，从而具备组织开发课程的能力。

三是要自觉成为先进教育理念的传播者。教育理念是先导，推动着教育行为与教育方式的持续改进。校长要加强教学的领导，应该以先进的教育理念为切入口。在学习、吸收、反思、批判、提炼、运用中升华，不断促进教育理念的更新。校长只有拥有与不断发展的教育形势和要求相适应的教育思想，拥有与学校教育良好的传统和潜在优势以及发展愿望相吻合的教育理念，才能更好地领导和组织学校的教学工作。

四是要有较强的组织沟通、协调整合能力。校长要善于听取不同意见，善于综合分析研判学校课程是否合理，是否符合国家意志的体现，是否满足社会和学生需求，进而提出科学的课程构建思路，整合各方资源来规划、统筹、建设和创新学校课程。

3. 校长的团队领导力

在校长的课程领导力中，校长对课程的团队领导力至关重要，校长要善于组建团队、引领团队、激励团队，要善于吸纳和集聚有共同志向的人在自己周围为共同的愿景而奋斗，要善于以自己深厚的专业素养和高尚的人格魅力引领团队，要以人性化的管理和科学评价相结合来激励团队。俗语说："一个好汉三个帮。"讲的就是团队的力量，只有抓好团队管理，校长的课程领导力才有可能得以彰显。一般说来，在校长的课程团队领导力中，要注意抓好以下几个团队：

一是班子团队。学校领导班子是学校领导的坚强核心，对学校课程的规划、统筹、建设、创新，仅仅靠校长的个人力量是不够的，必须集聚全体班子成员的智慧，在取得共识的基础上集体研究，科学决策，才能使课程得以顺利推行。

二是党员团队。教师中的党员队伍理应成为教师队伍中的先锋队，作为校长，要充分调动和发挥教师党员队伍在学校课程规划、统筹、建设和创新中的骨干作用、政治影响，成为为共同愿景奋斗的中坚力量。

三是中层干部团队。学校中层干部队伍是学校各项工作得以顺利执行的中坚力量，作为校长，必须培养一支善打硬仗、敢打硬仗、会打硬仗的中层干部团队。

四是教科研团队。学校的教科处（信科处）、教研组长、备课组长，是战斗在教学一线的学校教科研队伍的领头雁、排头兵，是学校课程规划、统筹、建设、创新的重要技术力量，因此，培养和带领好学校教研团队是校长课程领导力的重要一环。

五是教师团队。根据学校教育的性质，就广义而言，教师既是课程的执行者，又是课程的创新者。一方面教师按照国家规定的课程标准和课程方案进行课堂教学，落实学校课程计划；另一方面，教师在课堂教学前对课程教材研究时，对文本的理解一定会结合自己对社会的认知、经验、价值观来进行分析，从自己的角度得出与他人不一样的教学视角。从这个意义上说，教师就是课程的创新者。培养和引领一支忠诚于党的教育事业、热爱教育、勤于奉献、关爱学生、善于思考、敢于创新的教师团队，是校长的岗位职责所在。作为履行学校领导与管理工作职责的校长，在学校课程建设中引领教师团队以自觉的课程意识引导育人目标的实现，是校长课程领导力得以落实的根本保障。

4. 校长的他人领导力

校长在课程领导力中体现出的价值领导力、组织领导力、团队领导力分别反映了校长课程领导力的使命价值、素养要求以及团队力量。

校长课程领导力中还有校长对他人的领导力，要构建学校课程，特别是特色课程，校长对他人的领导力也是不容忽视的，在学校这样一个知识分子汇聚的社会组织中，对他人的领导力仅仅凭行政角色发号施令是行不通的，校长只有具备丰富的理论知识、深厚的专业素养、高尚的道德情操、以人为本的管理理念、让人兴奋的发展愿景、亲和的人格魅力，才能使人信服，才能吸引更多的人追随自己，才能发挥自己对他人的领导力作用。对他人产生领导力应做到以下几点。

一是善于发现他人的长处和短处，用其所长，避其所短。在教师群体中，不是所有教师的兴趣爱好、专业背景、专业功底、敬业态度、奉献精神、创新能力等都是一致的，俗话说"人上一百，形形色色"，就说明每个人都是一个个鲜活的个体，是独特的、与众不同的"这一个"，这就要求校长在课程的构建中要能知人善任。

二是要善于以自己良好的道德修养、扎实的专业修为、高尚的人格魅力、丰富的情感态度去感染和影响他人，从而实现自己对他人的影响力，这种影响力绝不是行政化地发号施令，是使人心甘情愿地自觉服从。

5. 校长的自我领导力

校长不仅需要具有对他人的领导力，同时还应有自我领导力，校长对自我的领导力可从领导者必备的素质、素养角度来思考。孔子提出："政者，正也。"就是强调应当"克己""正身"，只有有道德的人，才有资格当领导。一个人领导自我的能力，能反映出这个人的本质。只有具备丰富的内心世界，严格的自律意识，加上天时、地利与人和等外在因素，方能成就一个时代的典范故事。真正强大的人，都具有处变不惊的心力，面对无穷的变化与挑战，可以以不同心态适应环境、灵活处理各种问题并获取成功。新时代，面临新高考的到来，课程变革也不可避免地到来，要做好新的课程规划，需要校长不断提升自我领导力，主要是要做到以下几点。

一是要不断提高自我的政策理论和专业理论水平，特别是对课程改革的政策理论，课程开发的流程、标准等的掌握。

二是要提高自己的政治敏锐力，及时捕捉世界的发展变化，以便及时调整自己学校的课程方向，做一个明白人。

三是要通过具体的课程实践增强自己的自信力，不做跟风者，不人云亦云，坚定自己的教育信念。

四是要具备亲和力，教育是由众人合力才能完成的事业，因此校长在学校课程开发中要依靠不同层级的团队，齐心协力才能推进落实，在这个过程中，校长要有亲和力，带领团队朝着既定的方向共同前进。

总的说来，校长的课程领导力从内涵上分析，主要包含了校长对课程的规划力、统筹力、建设力、创新力四个方面，相辅相成，互为支撑。从外延上分析，涵盖了校长课程价值领导力、组织领导力、团队领导力、对他人领导力、对自我领导力几个方面，这些领导力的形成，直接影响校长课程领导力的作用发挥，是实现学校育人目标的重要载体——课程——得以实现的关键，是学校文化构建的重要保障。

参考文献：

[1] 施良方.课程理论：课程的基础、原理与问题[M].教育科学出版社，1996.

[2] 刘冬梅.国内"校长课程领导力"的研究概况[J].教学与管理：理论版，2011（8）：2.

[3]（美）詹姆斯.库泽斯.领导力（第3版）[M].电子工业出版社，2007.

[4] 中共中央.关于教育体制改革的决定[Z].1985.

[5] 中共中央，国务院.中共中央国务院关于印发《中国教育改革和发展纲要》的通知[J].

中华人民共和国国务院公报，1993（04）：143-160.

［6］中华人民共和国全国人民代表大会常务委员会.中华人民共和国教育法［J］.中华人民共和国全国人民代表大会常务委员会公报，1995（03）：3-13.

［7］中华人民共和国全国人民代表大会常务委员会.中华人民共和国义务教育法［J］.中华人民共和国全国人民代表大会常务委员会公报，2006（06）：435-440.

［8］中华人民共和国教育部.普通高中校长专业标准［J］.西藏教育，2015（03）：15-17.

［9］中华人民共和国教育部.教育部关于印发《义务教育学校校长专业标准》的通知［J］.云南教育（视界时政版），2013（03）：10-13.

课程规划

课程规划通常是指在学校情境中，从学校实际情况出发，有效落实国家课程、地方课程和校本课程的各项政策的过程。学校课程规划一定是基于学校的，关照的对象一定是学生，一种课程只有在达到学生层面时依然理想才是真正理想的课程。

一、相关概念

1. 课程规划

课程规划从概念上讲是指课程规划主体依照相关技术规范及国家课程政策、标准，制定符合学校实际的、有目的、有意义、有价值的课程行动方案。其目标具有针对性，理论依据具有翔实性及充分性。

2. 校长的课程规划力

校长课程领导力中的规划力是指校长及其团队运用科学的方法，在充分认知育人是通过课程这一关键环节来实现的基础上，把自己的课程价值观转化为学校课程计划、建构学校课程体系，对课程进行从整体到细节、从宏观到微观的设计能力。

二、内容

课程规划是学校课程管理的顶层设计，是落实国家课程方案和标准，统筹国家、地方、学校三级课程，创建具有本校特色的学校课程体系，是对学校培养什么人、怎样培养人、为谁培养人的思考和谋划。学校能不能做出适合于本校的课程规划，根本上取决于学校领导团队，特别是校长的课程专业知识背景和课程领导能力，换言之，学校课程规划是校长基于学校实际情况，运用规划力，以学校为主体来开发、实施和管理的学校课程计划。

学校课程规划所规划的是学校内部的课程，涉及学校课程统筹、建设和创新的全过程，是学校课程开发和实施的蓝图。学校课程规划不同于校本课程的开发，它是比校本课程更上位的东西，其涉及的范围包括了学校实施的全部课程，既包括校本课程，也包括国家课程和地方课程。如国家课程中的综合实践活动课程就是以学校为主体来开发、实施和管理的，国家课程和地方课程在学校层面的落实同样需要一种调适，以符合当地和本校的实际情况，因此都需要学校进行系统的规划。

三、价值与意义

（一）课程规划的价值

课程规划的价值在于课程规划中的主导价值，应定位于学习者的素质发展。人的素质发展是整个社会中最具有价值的，教育的本质特性是促进人的素质发展，课程处于教育构建环节的核心。这种主导价值的基本取向应该是素质的全面而有个性的发展，是保证学习者在基本素质的各个方面得到必要的发展的前提之下，充分地实现学习者素质的个性化发展。体现这种主导价值的最重要的途径有二：一是确立以素质发展为本的课程规划基点，二是构建将基本课程与个性化课程协同起来的课程层级结构。[1]

1. 课程文化价值

校长规划课程时要把握课程的文化价值，也就是对这门课程的性质、特征、属性的价值认识，课程文化与通常所说的学校文化是两个不同层级的概念，学校文化的内涵与外延要比课程文化宽泛得多，学校文化是上位的概念，而课程文化只是蕴含于学校文化中的一个重要部分。课程文化价值是学校办学人才观的具体体现，是学校文化构建的重要基石。"所谓校长课程价值引导力包括以下两个含义：一是校长根据党和国家的教育方针、政策，以及经济社会发展趋势，把握、确立学校人才培育目的及素质规格的能力；二是校长把自己关于学校人才培育目的及素质规格的认知转化为学校全体教育者的教育人才观的能力。即用校长的人才观来统领学校教育者的教育教学行动的能力。"[2] 比如，贵阳市民族中学在规划"民族文化教育"这一课程时，结合学校是省会贵阳市唯一的一所市属民族高中，很多少数民族学生由于自幼跟随父辈或祖辈远离本民族聚居地来到城市生活，对本民族的语言、历史、风俗等文化知之甚少或一无所知，再加上学校的学生民族成份多元，不像其他民族地区的民族学校的学生基本上是由单一的民族构成,这就为学校在传承民族文化方面带来了挑战和机遇,为体现民族学校特色,传承各民族优秀的传统文化,增强学生对民族文化的认同,学校根据党和国家有关民族政策,规划开发了"民族知识"这一校本课程,把民族文化植根于课程文化、融入于生活文化、渗透于活动文化、展示于环境文化、体现于管理文化之中,从而实现传承民族文化的价值。[3]

2. 课程目标价值

校长在规划课程时还要注意把握课程的目标价值,尤其是与这门学科的性质和价值相适应的最核心的目标。主要是指课程所包含的思想、方法、能力、经验、文化等,以贵阳市民族中学规划"民族文化教育"课程为例,在规划时充分明确该课程的目标是通过课程开设落实学生对民族文化的传承、民族精神的弘扬、民族情结的提升、民族习俗的尊重及民族和谐的实现。课程规划的落脚点一定是学生,具体指向也一定是学生。

3. 课程内容价值

校长在规划课程时要把握课程内容价值。课程内容价值主要是指课程内容知识点背后所隐含的思想方法、经验文化、目标路径等方面的内容,是关注学生核心素养的培养。比如,贵阳市民族中学在规划"中学生领导力"这一课程时,主要是通过该课程的实施,由学生自选课题、自组团队、自选教师进行自主研究,让学生在过程中学习到组织、协调、沟通等技能,从而提升自己认识社会、适应社会、改造社会的能力。

4. 课程资源价值

校长在规划课程时要充分考虑课程资源的价值。每一门学科、每一个章节、每一个单元的教学内容,都需要有独特的学习过程、学习方式方法和相应的课程资源。所以在课程规划之初,校长要充分考虑课程规划需根据不同的单元、不同的教学任务、不同的教学内容来选择和设计教学过程,尤其是提供哪些学习资源,引导学生对这门课程,对"我"所需要的、所要学的内容进行深度学习。以贵阳市民族中学规划"青少年科技创新"这一校本课程为例,该校在规划时主要是通过课题研究的方式让学生掌握问题设计、问卷调查、文献查阅、调研访谈、实地考察等方法开展研究性学习,同时充分考虑了集团内学校交流、社区公共服务中心、省市博物馆、青少年活动中心、省市图书馆、周边高等院校等社会资源的综合利用。

学校课程规划的制定最终目的在于通过对学校课程的整体设计和规划，增强课程对学校和学生的适应性，从而让学生享受课程，让课程成就学生。

（二）课程规划的意义

1. 有利于促进学校对党和国家教育方针的落实

学校课程一定是基于学校现实，按照国家标准来规划，体现的是国家意志。任何时代、任何民族、任何国家对教育的要求一定是要符合这个时代、这个民族、这个国家的发展需要的，而要实现这些要求，其关键环节就是课程。作为新时代的学校，我们就是要通过课程满足为党育才、为国育人的需要，而课程规划作为学校课程的顶层设计、学校课程蓝图，在规划时就必须以党和国家的教育方针为指导，将其贯穿和落实于规划的始终，体现国家意志。

2. 有利于促进学校对本校课程体系的判断

学校在规划课程时一定是基于对学校内部优势、劣势以及外部机会、威胁等要素进行综合分析，是一次学校课程体系的内部审视和自我判断，在此基础上有针对性地规划出适合学校现实需求、教师专业发展、学生个性化发展的课程，解决学校课程供给侧的矛盾。

3. 有利于促进教师对课程的理解和执行

"课程不是专家的而是大家的"这一课程性质，决定了课程是课程共同体对话、协商和审议的结果，作为课程蓝图的规划，也必然是民主决策的结果，必须是以广泛的对话为基础，需要学校领导、教师、学生及家长、社会、专家等进行广泛深入的对话，其中与教师、学生的对话显得尤为关键，关乎教师能理解和执行什么样的课程，学生需要有什么样的课程。对课程的理解对话能保证学校课程规划有广泛的民意基础，更容易得到落实。

4. 有利于促进学校对课程的管理

在三级课程管理体制中，学校成了事实层面上的最重要、最关键的课程管理者。学校不能再像过去那样只是简单地履行"教务处教务员"排课的职责，学校必须依据国家课程和地方课程方案，结合本校本地实际情况，制定本校的课程规划，并采取切实有效的措施加以落实。就学校这一层级的课程管理而言，没有课程规划，就等于没有课程管理。

四、路径与方法

课程规划是学校课程开发与管理的一项重要工作，是学校内涵发展的重要组成部分，要体现科学性、实用性、针对性。规划课程之前，校长应对学校课程进行充分的调研，分析校情、师情、生情，结合国家需要、社会需要、时代需要、学校发展、教师发展、学生发展等诸多因素通盘考虑。具体路径与方法大致可分为以下几个方面。

（一）课程规划的路径

1. 时空路径

课程规划要注意把握好时空关系。时间上要注意与时俱进，随着社会发展，世界格局变化，时代需求不同，人的认知能力提升，课程规划也要发生变化，不能墨守成规，课程规划要充分体现课程的发展性原则；空间上要合理利用社会政治经济变迁的影响、学校布局的变化，将学校课程与空间变化有机融合。

2. 流程路径

熟知国家教育方针，掌握国家课程方案和课程标准的相关政策及要求，熟悉课程开发及管理的相关流程和内容。一般说来，课程规划流程路径为：国家战略分析—地方发展分析—学校情境分析—明确课程理念—确定课程目标—核定课程内容—实施与管理课程—制定课程评价机制等。

根据我国目前的三级课程管理体系，国家课程是由国家统一规划，体现的是国家意志，是为党育人，为国育才，为国家发展服务的；地方课程是由省级以下的教育行政部门根据国家课程政策和课程标准制定的符合地方发展需要课程计划，旨在彰显地域文化，服务地方建设；校本课程则是在国家课程和地方课程的基础上，由学校根据自身发展的实际需要，整合资源，趋优避劣，选择开发适合社会发展、学生需求的课程。在这三级课程管理中，要力求把国家课程校本化，实际上就是根据学校校情和教师专业水平对国家课程进行分析理解的创新表现。

（二）课程规划的方法

1. 分析校情，确立理念

确定学校办学定位、办学理念，对学校在课程开发和管理中的优势和不足做好分析，对可能存在的问题及困难有一个清晰的判断，对校情、师情、生情定位分析要到位，课程规划一定要符合实际，切忌贪多求全，好大喜功，做表面文章，流于形式。

2. 描绘愿景，确立使命

根据时代发展和国家需求，明确学校办学愿景，清晰描绘学校发展蓝图，给全体师生一个心向往之的学校未来发展方向，提出共同奋斗的目标。

3. 明确目标，分层规划

（1）总体目标

总体目标应是对党和国家教育方针的具体描述和落实，明确课程是落实"立德树人"的根本任务的具体途径，体现课程与新时代社会主义核心价值观的有效融合，特别是体现如何使教师在具体的教育教学情境中以自觉的课程意识实现育人目标的思路、方法。课程规划是学校发展蓝图、愿景的具体描绘。

（2）分层目标

学校主要是由学生、教师这样一些群体组成，在课程规划时，应充分考虑对不同群体的目标追求。学校的办学一般说来不外乎三个目标：学生发展、教师发展、学校发展。

一是学生发展目标。学生发展主要是指学生适应未来社会发展的能力发展，是学校教育的终极目标。

二是教师发展目标。教师发展主要是指教师专业发展和职业发展，是引领学生发展的关键。

三是学校发展目标。学校发展包含学校规模发展、内涵发展、特色发展等方面，是学生发展和教师发展的保障。

在三级课程管理体系框架下，课程规划不应只是一个概念、一种理念，更应是一种行动、一种实践，校长作为学校课程管理权责的第一人，有责任和义务按照三级课程管理要求，做好学校课程规划，国家和地方都不能替代学校来实施学校课程规划，如果说国家课程计划提供了一种理想的课程，教师实施的课程是一种现实的课程，那么学校课程规划就是实现从理想课程到现实课程转化的桥梁。

参考文献：

[1] 丁念金. 论课程规划中的主导价值 [J]. 教育研究与实验, 2013 (2): 5.

[2] 张志勇. 加强校长的课程领导力建设 [J]. 教书育人: 校长参考, 2011 (4): 2.

案例一 贵阳市第三十九中学：
课程引领，寻老校发展之"根"，聚学生发展之"魂"

一、学校概况

贵阳市第三十九中学（以下简称"三十九中"），位于南明区二戈寨，前身是一所铁路系统子弟学校，成立于 1960 年，办学历史悠久。移交地方前，因行业优势，吸引了一大批优秀教师，生源质量也较好，学校办学质量高，是一所全国铁路示范性中学，每年有大批学子考入名牌重点大学。

2004 年以后学校移交地方，学校的身份从原来的铁路示范性高中变为一所地方普通高中，生源覆盖面积缩小，生源质量大幅下降，加之学校地处郊区，办学硬件条件和城区示范性高中相比较差，多年下来新生录取分数线逐步成为全市最低线。招进来的学生，学习习惯差、学科基础差、文明习惯差，高考本科录取率由 20 世纪 90 年代耀眼的 70%，降到现在的 15% 左右。

在此基础上，教师的教学遇到困难，很多教师未能根据生源的变化转变教学观念和教学方式，依然按照原来的教学方式、教学要求、教学难易度进行教学，导致课上学生听不懂，课后作业完不成，考试成绩一落千丈，教师的成就感差，一些骨干教师纷纷跳槽到待遇好、生源好的示范性高中去。在 2004 年至 2010 年期间，此情况一直持续，困扰着学校的持续发展。其间，尽管学校领导班子组织教师进行教学分析、生源分析、教学改革，为尽快适应变化进行了一些改进，但学校整体办学无特色，对优秀学生的吸引力差，学校起色不大。

二、课程引领，让课程规划成为撬动学校发展的支撑点

党的十九大是在全面建成小康社会、中国特色社会主义进入新时代的关键时期召开的一次十分重要的大会，大会确立了习近平新时代中国特色社会

主义思想的指导地位，习近平总书记对教育工作作出了一系列重要部署，发表了一系列重要论述，深刻阐释了"培养什么人、怎样培养人、为谁培养人""办什么样的教育、怎样办教育、为谁办教育"等重大理论和实践问题，学校也以此为契机，进行课程规划实践改革。

（一）三十九中课程规划的理论支撑

1. 党的十八大、十九大报告提出的教育目标。
2. 《国家中长期教育改革和发展规划纲要（2010—2020）》。
3. 习近平总书记2018年9月10日在全国教育大会上的讲话。
4. 教育部普通高中课程方案、课程标准。
5. 贵阳市教育局关于普通高中地方课程的相关文件。

通过学习领悟，学校领导班子形成共识：课程规划应坚持社会主义办学方向，遵循学生身心发展规律，立足基本国情，遵循教育规律，坚持改革创新，适应科学技术发展的要求，为学生的持续、全面发展奠定基础。

（二）三十九中课程规划相关因素分析

1. 人文环境

三十九中位于贵阳市南明区二戈寨，地处贵阳铁路南站附近，机关事业单位较少，生源家庭背景以工人家庭、农民家庭、进城务工家庭、流动人口家庭为主。

2. 硬件资源

学校占地13000平方米，有较完备的各类教学设施设备，计算机教室、录播教室、AI智能教室、心理咨询室活动室、数字化理化生实验室等功能教室一应俱全；校园无线网络全覆盖，各教室皆安装有多媒体电子白板，能满足33个教学班开课；图书藏量5万余册；艺术类的设备相对较少，只能满足常规开课使用。

3. 师资情况

学校现有教职工112人，其中在编在岗的教师81人、高级职称21人、省级骨干1人、市级骨干4人，学校由于在铁路时期，评职称很不容易，交地方后又受各种指标限制，造成学校高级教师、骨干教师数量偏少，但与同类学校相比，教师整体水平较高，20多人在国家、省、市优质课评比中获奖。教师每年发表上百篇教育教学论文，有50余篇论文在各级评比中获奖。

4. 进出状况

高中学生都是网上统招生，录取分数较低。近几年该校招生分数线基本都是贵阳市最后一名，每年有15%左右的学生能通过文化考试考入本科大学，另有15%左右的学生通过体育、艺术类也考入本科大学，综合来看，每年有30%升入本科，其余升入大专。

5. 社会资源

学校与多所美术专业培训学校联系紧密，可为学生提供美术、音乐、播音主持、广播电视编导、影视表演、舞蹈、空乘礼仪、模特、摄影、导演、戏剧文学、书法等艺术专业的师资培训和学生社团培训。

（三）学校办学理念、定位及学生发展需求分析

学校办学理念：打造乐学校园，为学生成长奠基。

基于三十九中生源背景、进出口状况分析，首要任务是坚持立德树人，培养学生良好的行为习惯、学习习惯，学校教育的突破点是提高学生学习兴趣，找到学生学习兴奋点，让学生乐学会学。在课程规划上，构建系统课程体系，把国家课程、地方课程、校本课程有机结合起来，为学生的全面发展构建基础＋差异＋特长的课程体系，让学生学有所得，让老师教有所获，师生相得益彰。

学校办学定位：尊重学生差异，因材施教，把学校办成区域内有影响力的，满足普通群众家庭子女、学科知识基础薄弱的学生就读的普通高中。

学校办学目标：学生以较低的分数进来，通过高中三年学习，能爱党爱祖国、身心健康、学有所长，完成高中学业并能升入高一级学校继续学习。

学生需求调查结论：基于学生的基础和考试大纲的要求，教学中若完全照教育部课程标准和教学大纲课时开设，会使学生学不懂，越学越差，进入恶性循环。故在课程规划上需要考虑结合校情、生情，打破常规，强化基础，增加文化课、艺体类课时，有所为有所不为，培养学生特长。

在课程体系上：①对高考文化科目课程适当增加课时，补足学生学科知识基础薄弱的短板。②针对不同学生除按规定开足基础的音体美课程，还规划艺体类课程供学生选修，为升学另辟蹊径。③规划开设播音主持、舞蹈、啦啦操、空乘礼仪、街舞、读书会等社团类课程。一方面加强对学生审美意识的培养，增强学生文化修养和文化自信，对促进思想品德教育、团结协作

精神以及文化学习会发挥意想不到的作用，另一方面也可以为学生参加高考提供不一样的道路选择。

（四）课程规划相关因素优劣势现状分析

1. 课程规划综合因素优势分析

（1）学校师资力量较强，实验室设备齐全先进。教师研究氛围浓厚，为教育改革、新课程的开设、研究性学习课程开设提供了良好的基础。

（2）完善的网络系统。为教师和学生使用网络资源提供了便利条件，有利于学校教学和学习方式的创新，拓展了学生的学习空间，有利于探求知识，刺激求知欲望，增长知识、丰富学识。

（3）学生文化成绩薄弱。有利于动员学生走艺体类道路，扬长避短，发挥学生的特长，激发学生兴趣，开设艺体类课程；有利于加强学校美育、体育类课程，把文化学习与兴趣爱好有机结合，开辟学生发展的新天地。

2. 课程规划综合因素劣势分析

（1）碎片化，课程安排不接地气。地方课程、校本课程的安排，见缝插针，缺乏整体规划，显得零碎、杂乱。课程缺乏对学生的需求分析，多体现为为课程而课程、空降式课程，缺乏学生个性化课程和校本课程，不能满足学生需求。

（2）无目标，课程安排大杂烩。事先没有对学生、教师发展做调查，只是为了完成国家和地方课程计划而设置，没有针对学校的发展目标和育人目标而开设的课程。学校的特色发展没有和国家课程、地方课程、校本课程有机结合起来。学校缺乏课程规划的顶层设计，课程安排仅仅只是按上级要求，层层叠加，没有体系认识，结构上缺乏逻辑，缺乏满足学校办学理念、满足师生需求而提出的自己的课程理念。达不到按照学校实际的整体育人的效果。

（3）弱德育，课程德育目标不明确。学生学习缺乏毅力，遵章守纪不理想，行为习惯良莠不齐等，学校在这方面的针对性课程较少。

（4）缺整合，课程欠缺学校、社会、家庭"三全"教育设计。家庭教育是基础、学校教育是主体、社会教育是环境。而在原来的课程中，学校、社会、家庭三位一体的"三全"教育课程和活动较少，缺乏设计和主动引入及规划，随意性强，满足不了新时代高质量教育需求。

（5）规模小，课程教师支撑不足。同一学科教师数量少，教研活动力量单薄，不利于分工合作，不利于增设课程和开设选修课。音乐、美术教师技能单一，不利于拓展和开展丰富多彩的活动课程，急需从其他学科中发现挖掘特长教师，充实队伍。

（五）课程规划框架

基于以上分析，三十九中课程规划如下：

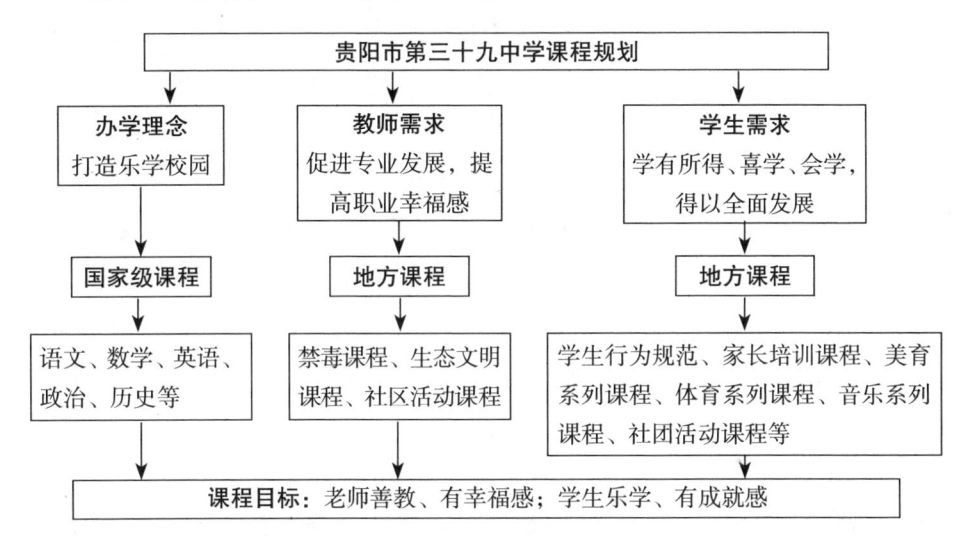

```
                    贵阳市第三十九中学课程规划
          ┌──────────────┼──────────────┐
       办学理念         教师需求         学生需求
      打造乐学校园    促进专业发展，提   学有所得、喜学、会学，
                     高职业幸福感       得以全面发展
          │              │              │
       国家级课程       地方课程         地方课程
          │              │              │
      语文、数学、英语、 禁毒课程、生态文明 学生行为规范、家长培训课程、美育
      政治、历史等      课程、社区活动课程 系列课程、体育系列课程、音乐系列
                                        课程、社团活动课程等
          └──────────────┼──────────────┘
        课程目标：老师善教、有幸福感；学生乐学、有成就感
```

在开齐开足国家课程的前提下，对语、数、外、理、化、生六门高考学科，规划每周各增加1课时共6课时，开设国防教育、禁毒教育、生态文明、法制教育等地方课程；开发校本课程。

（六）课程规划说明

三十九中的课程主要根据学校的办学理念，立足让学生想学、会学、乐学来进行规划。由于每周总课时有限，因此在课程的课时安排上既要各自独立，也要相互渗透、交融、补充，在有限的课时中，把总课程安排合理，在"圈养"中，加入"放养"元素，实现强化基础、承认差异、培养特长，在文化课的基础上，开发多样化的课程，给学生以贴合自己选择的发展，以党的教育方针来把握方向，以学校的办学思想来谋划课程，集全校优质资源瞄准靶向，凸显亮点，使学校的育人功能全面提升，育人效果显著增强。

（1）普通高中必修课是为学生打好共同基础开设的，每位学生必须修习。选修课是在必修课基础上，为拓宽和增强学生有关学科领域的知识和能力开设的。国家课程计划中的学科开足开全，但周课时只有38节课，在增加高考科目学时的基础上，总课时不够，研究性学习每周3学时，分年级分别放入文化学科中，比如高一语数外的总课时中，分别含有一节语文研究性学习、数学研究性学习等，以此类推。

（2）地方课程生态文明教育放入地理课时中。由地理老师作为地理教学的补充知识，结合地理教学完成。

（3）国防教育放入高一一周的军训，以及由物理、化学课中渗透进行。大数据教育由信息技术课完成。禁毒教育主要渗透在化学、生物、历史相关学科和班会活动中进行。

（4）综合实践活动是国家规定的必修课。包括研究性学习、社区服务、社会实践三部分内容。研究性学习已经分在了学科教学中，但还需要进行一些通识培训，安排在周五下午的专题讲座中。社区服务主要通过学生在本社区以集体或个人形式参加各种公益活动，进行社会责任意识、助人为乐精神的教育，为社区的建设和发展服务，这个课安排在假期，由团总支组织相关活动。

社会实践主要通过军训和工农业生产劳动对学生进行国防教育、生产劳动教育，培养组织纪律性、集体观念和吃苦耐劳精神，由教育局统一安排一周的实践活动。

（5）校本课程安排在每周四下午用两节课进行。音乐、美术、体育高考专业知识培训课以及阅读课，学生按兴趣选择，不参加音体美的学生，参加阅读课。

（6）社团类课程安排在周一至周四的中午，每个社团每周安排两次活动，给学生提供多种选择。

三、突破大杂烩，家底清晰化，追逐三十九中新未来

在贵阳市第三十九中学课程规划中，理论支撑、设计原则、影响课题规划的相关因素、学校办学目标和学生需求五个部分是"规"；课程规划、课程说明两个部分是"划"。这种分析方式符合课程规划中的大局观、前瞻性、基础性、整合性、多样性、科学性、时段性等课题规划原则，方向目标明确。整个课程规划具有针对性，符合党和国家的要求，同时也充分考虑了学校、学生实际情况。

（一）科学课程规划安排，实现课程相互整合渗透

在法定教学时间里不同学科相互渗透相互融合，教学时间外，各种社团充分利用节假日、休息时间展开活动，假期学生走进社会、走进生活开展综合实践活动等，有效、高效利用时间，完成课程规划的任务。从学校课时的安排中可看出，可供学生选择的课程较多，但常规教学是学校基础课程不可或缺的部分，由于学生基础差，因此增加了语数外的基本课时数，这造成课时的紧张，只能高效利用时间，在一些国家级课程如研究性学习的学时安排上，既有独立的课时，也有专门教师指导学生研究性学习的方法，同时把它同学科教学进行渗透，相互调适，如开设语文研究性学习、物理研究性学习等，让语文、物理等的探究性学习同研究性学习结合起来，既完成了研究性学习的教学任务，又在学科教学中，让学生学会合作、学会探究，这种不同学科的交织，相互促进、相互提升，使得学生自主学习、主动发展的能力得到提高；既节省了课时，又提高了教学质量。地方性课程如生态、禁毒与学科渗透的安排，课内课程与课外课程的安排、显性课程与隐性课程的交织、学校学习与社会实践的结合，这些安排把不同学科统整、拓展、互含，充分利用课程的育人功能，节约课时的同时，加强了理论与实践的结合、校内与校外的结合，构建了一种新的课程体系，培养了学生终身学习的能力，有助于立德树人根本任务的实现。

（二）课程规划引领，实现立体构建

学校、教师、学生三个层面，三者构成一个完整的有机的网络体系。三个层面互相支撑、互相牵制，相互成就，又相互影响，其中一环处理不好，将影响整个体系的发展。规划后，学生、学校的发展目标通过课程的设置，能得到较好地实现，当然学生的成功，奠基了学校的发展，也同时成就了教师，但学生和学校的发展，依赖的也是教师，没有优秀的教师队伍，就不可能有前二者的成长。通过三十九中课程规划，可加快教师的培养，根据课程的安排，对已有学科教师进行提升，对紧缺学科精心培养或选调，建设一支能适应课程规划需求的、多样性的、召之能战战之能胜的教师队伍。

（三）课程规划需求对应，实现育人目标

符合三十九中在现阶段上生源的特点，在增加语数外课时，强化基础学科的基础上，按照学生需求，增设音体美等方面的活动课程，丰富校园生活。

开设音体美高考相关专业课，让艺体类课程、德育类课程、活动类课程成为学校课程规划的特色亮点。

（四）特色学校建设，发展开始起步

三十九中学的发展从特色上来说，一直以来没有明确，以前把"低进高出、优进优出"当作自己的办学特色，实际上这句宣传口号许多学校都在用，并不具备特色，特色学校应该是区别于其他学校的独特风貌，并培养出具有特色的人才学校。在三十九中的课程规划中，立足于学校周边环境，校长树立独特的课程意识，在学校活动类课程中引入越野赛跑、毕业班徒步励志等活动课程，让学生亲近自然。教师教学上，践行独特的课程观念，将学校科研成果"三互教学模式"推进课堂，强化师生合作的学习方式，校本课程的开设上艺术特色应运而生，丰富了学校特色教育的内涵。

参考文献：

[1] 杨四耕，杨文斌. 突破大杂烩——有逻辑的学校课程变革 [M]. 上海：华东师范大学出版社，2017.

[2] 魏林. 课程引导力探究. 基础篇 [M]. 贵阳：贵州人民出版社，2016.

[3] 崔允漷，周文胜，周文叶. 基于标准的课程纲要和教案 [M]. 上海：华东师范大学出版社，2014.

[4] 龚春燕. 中小学特色学校建设策略 [M]. 北京：教育科学出版社，2013.

案例二　上海市金山中学：课程引领——学校发展之本源

人类社会发展到瞬息万变的信息时代，有什么知识或技能能够联通过去、现在和未来？有什么知识和技能能够帮助我们应对不可知的未来？那就是课程，它是联通过去、现在和未来的血脉纽带，它更是一种机遇，今日的一门课程，会为我们带来无法预计的未知可能[1]。一门课程，在未来的某个时候，可能改变一个人的人生，定义一个行业，甚至改变一个时代。因此，学校课程体系构建对整个国家和民族发展都具有重要的意义。

陶行知先生说："校长是学校的灵魂，要想评价一个学校，先要评论他的校长。"[2]校长的优秀程度，决定着学校发展的高度。而校长对学校课程的规划设计，对一个学校长远的发展有着极其重要的意义。做好课程规划，有利于培养学生适应未来社会发展的关键能力。新时代的校长，必须顺应时代的需要，与时俱进，做好学校的课程规划，引领学校的发展，为党和国家培养社会主义事业的建设者和接班人。

上海市金山中学（以下简称"金中"）是有着90余年办学历史的县级普通中学，经过几代人的努力，最终把金中建设成了上海的一流中学，其智慧课程体系的构建，是学校成功发展关键的一环。我们就以金中智慧课程体系的构建为例来研究学习学校课程规划的一般操作。

一、一堂新手语文课带给我们的对课程引领的思考

2018年9月18日，作者随堂听课，坐在金中高一（9）班后排听课席，上课铃声初响，走进教室的是年轻教师余芳，开始上课。

课堂片段一： 展现给同学们的是一段剪辑组合视频：迈克尔·乔丹打篮球、奥巴马就职演说、林肯的《解放黑人奴隶宣言》和马丁·路德·金的照片。

课堂片段二： 看完视频引发学生思考和讨论，为视频片段找共同点——黑人。

课堂片段三： 切入新课《我有一个梦想》，介绍作者马丁·路德·金的生平。

课堂片段四： 指导阅读，归纳梦想并诵读；重点体会平等、自由、幸福的含义。

课堂片段五： 设问寻果，什么原因引发如此梦想，指导阅读归纳原因并诵读该段落。找到引发黑人梦想的原因（歧视和不公正待遇）。

课堂片段六： 引导学生关注梦想怎样实现，指导阅读相关段落。

课堂片段七： 播放马丁·路德·金的《我有一个梦想》全英文演讲视频，带给学生身临其境的直观感受。

课堂片段八： 找出文章中自己喜欢的段落，大声诵读。

课堂片段九： 我们自己的梦想是什么？——家国情怀的引导。

一个新入职的教师，一堂随堂课，从教师的语言语速到教态，从教学设

计到课堂的实施，从课堂的引入到课堂的组织与把控，从教学目标的达成到育人目标的结合都做得相当好，这是为什么？作者带着这个疑问和好奇对金中进行了进一步的走访，初步了解金中的智慧教育课程体系构建。

三个问题，彰显金中的愿景与使命。

1. 培养什么样的金中学子——学校的育人目标

崇文通理，兼具领袖气质和百姓情怀的合格高中生，为学生的幸福人生奠基。

2. 如何保障对金中学子的培养——教师的发展培养

构建阶梯式名师培养体系，从站稳讲台到合格教师，从优秀教师到骨干教师，从名师到教育专家稳步提升，培养名师名家来保障对学生的培养，这是学校可持续发展的基础。

3. 如何实现金中师生的共同发展——教学模式与课程体系

"三研三学"课堂教学模式，以学习金字塔理论为基础，指导教师在教学中"导学、助学、督学"，指导学生"自学自研、互学互研、深学深研"，保证了课堂教学的效率，尤其是新手教师的教学效率得到保底。

当然，学校欲实现教学发展和育人目标，不仅要有优秀的教师，更要有科学合理的课程资源。对此，金中有科学系统的教师培养体系，在这里不赘述，我们重点研讨金中的课程体系是怎样围绕育人目标进行规划建设的。

二、金中学校课程规划的操作

（一）课程规划依据[3]

金中在课程规划的过程中，严格遵循国家对课程规划建设的指导原则，并结合党的十八大、十九大关于教育的会议精神，规划建设适合本校实际情况的课程体系，其基本原则是：坚持正确的政治方向（思想性）、坚持反映时代要求（时代性）、坚持科学论证（科学性）、继承性与发展性、选择性、系统性等原则。

（二）背景分析——学校历史与现状

金中是上海市金山区境内的公办寄宿制高中，是上海市实验性示范性高中。其前身是金山县中学，始建于1927年，原校址为清代柘湖书院旧址，1997年撤县改区，该校更名为上海市金山中学。1999年，学校从自己的实际情况出发，在大量的比较参照中重新定位，制订了《上海市金山中学实验性示范性高中创建规划（2000—2005年）》。2001年4月，金中通过了"创建规划"的评审，2002年12月，又通过了"创建工作"的中期检查。2004年秋学校面向全国招生。2004年9月1日，学校迁址至朱泾镇众益街899号办学，成为上海市又一所高标准现代化寄宿制高中。2005年5月，学校通过了"创建市实验性示范性高中"的总结性评审。面对学校新一轮发展，学校又制订了《上海市金山中学实验性示范性高中发展规划（2005—2010年）》，提出了"上海一流，全国知名，融入世界"的办学目标，"规划"中明确提出，以课程引领发展。截至2017年2月，该校占地面积185亩，总建筑面积7.85万平方米；设有38个教学班级，其中有8个新疆内高班；有学生1500余人；专任教师153人，其中特级教师3人，高级教师64人。金中九十年的办学实践中，形成了"面向全体，打好基础，培养能力，发展特长，提高素质"的办学指导思想，凝成了"严格、勤奋、踏实、活跃"的优良校风，炼成了"求真务实，追求卓越"的办学风格，积淀了厚实的学校文化，赢得了广泛的社会赞誉。

（三）描绘愿景——学校发展定位

学校通过了"创建实验性示范性高中"的总结性评审，面对学校新一轮发展，学校又制订了《上海市金山中学实验性示范性高中发展规划》，提出了"上海一流，全国知名，融入世界"的办学目标，规划中明确提出，以课程引领发展。

（四）确定目标——学校育人目标

金中在保持与国家课程育人目标一致的基础上，提出了自己学校的育人目标。

1. 国家课程育人目标

具有理想信念和社会责任感；具有科学文化素养和终身学习能力；具有自主发展能力和沟通合作能力。

2. 学校育人目标

培养崇文通理，兼具领袖气质和百姓情怀的优秀高中生，为学生幸福人生奠基。

（1）崇文通理。从低到高、由易到难包含三层含义：第一层，崇尚文科，通晓理科，积累人生发展的知识；第二层，崇敬文化，通达事理，积聚人生发展的智慧；第三层，崇奉文明，通悟哲理，追求人生发展的境界。

（2）领袖气质。指学生具有远大的理想与抱负：领文明做人之先，含爱国爱乡之情；领勤奋学习之先，含帮困助学之情；领科学探究之先，含执着奉献之情；领高雅情趣之先，含纯洁高尚之情。具备海纳百川的胸怀与气魄，具备卓越的组织能力与领导才华；具备国际视野与创新精神，具备强劲的竞争力与独特气质。

（3）百姓情怀。指真诚关注普通百姓生存状态，自觉尊重维护普通百姓各种权力，以提升普通百姓的生存质量为己任的情怀。一方面要试着了解社会，了解百姓的生存和需求。另一方面将学校作为一个模拟社会，了解同学的生存状态和综合需求，并通过自己的努力，提升同学们的价值判断和学习生活质量。

（五）课程规划——学校课程方案

课程方案是课程规划的核心内容，它是在学校充分研究和对话的基础上，描绘的课程体系蓝图和概貌。

1. 政策理论支撑

（1）基于政策。本方案的构架设计直接依据教育部颁发的《普通高中课程方案》（2017）、《上海市普通中小学课程方案》（2017）。

（2）基于地域特点。本方案的设计在实施国家课程、体现国家意志的基础上，充分考虑本地区的地域优势，规划开发地方课程，构建和完善智慧教育课程体系。

（3）基于本校情况。本方案设计体现学校的本位特征。研究学校的发展沿革和现状，充分考虑学校的硬件设施、人文资源、地域优势、师资情况，以及生源情况、学情基础，重视学校的传统，关注创新，集思广益，从学校的愿景和使命出发，构建校本课程，构建和完善智慧教育课程体系。

2. 学校课程体系

金中紧紧围绕党和国家的育人目标，结合当前社会的需求，以及充分考虑到学生自身和家庭的成长需求，学校课程规划在国家课程的指导下，结合地方地域教育资源优势，充分考虑到学校的校本特点和优势，规划建设了崇文通理课程、领袖气质课程、百姓情怀课程、幸福人生课程、柘湖早荷课程等五类课程群，百余门课程组成学校课程体系。

（1）崇文通理课程群

①基础型课程

校本化的基础型课程，包含语文、数学、英语、物理、化学、生物、政治、历史、地理、体育、艺术、劳技等。

②拓展性课程

●人文与经典系列课程（《论语》选读、当代汉语新诗选读、西班牙语、英语演讲与口才、本校所在区宗教文化解读等课程）。

●数学与逻辑系列课程（趣味数学、逻辑学初步、数学史等课程）。

●科技与创新系列课程（物理拓展实验、电子技术与创新实践、有趣味的 Flash 制作等课程）。

③研究型课程

课题研究（课题学生全员参与，每学期约200个研究课题）。

（2）领袖气质课程群

①基础型课程

校本化的基础型课程，包含语文、数学、英语、物理、化学、生物、政治、历史、地理、体育、艺术、劳技等。

②拓展性课程

●校园十大节日文化系列课程（科技节系列课程、艺术节系列课程等）。

●"学生讲坛"课程。

●学生社团课程（模拟联合国、心语社、文学社等社团）。

●业余党校课程。

●学生辩论赛课程。

●学生自主管理课程。

③研究性课程

●校外合作探究课程（借助高校、社区、家长等校外资源开展课题研究）。

●国外游学课程。

●课题研究。

（3）百姓情怀课程群

①基础型课程

校本化的基础型课程，包含语文、数学、英语、物理、化学、生物、政治、历史、地理、体育、艺术、劳技等。

②拓展性课程

● 民主法治公民意识系列课程（成人仪式、法律知识等课程）。

● 学义工课程。

● 紧急救护知识与演练。

● 南京爱国主义考察活动课程。

● 模拟型社区系列课程。

● 学军、学农、学工社会实践课程。

③研究型课程

● 专题调研报告。

● 课题研究。

（4）幸福人生课程群

①基础型课程

校本化的基础型课程，包含语文、数学、英语、物理、化学、生物、政治、历史、地理、体育、艺术、劳技等。

②拓展性课程

● 学生生涯规划（团体辅导、生涯测试、职业体验、高校一天）。

● 心理学课程（西方心理学与心理健康等课程）。

● 体育与健康系列课程（沙滩排球、武术、象棋、心理健康等课程）。

● 艺术与欣赏系列课程（京剧、铜管乐、电声乐队、陶笛、素描等课程）。

● 社会与生活系列课程（生活中的经济学、手工制作、烘焙等课程）。

● 新生入学培训课程（入学须知、学校文化、民族团结教育等）。

③研究型课程

● 学习型家庭实践课程。

● 课题研究。

（5）柘湖早荷课程群

①校本化的资优生学科基础课程

包含语文、数学、英语、物理、化学、生物、政治、历史、地理、体育、艺术、劳技等。

②拓展性课程

● 国学经典系列课程引进台湾版国学教材。

● "周末讲坛"系列课程（各类名家讲座）。

● 物理 KPK 课程（引进德国卡厄鲁斯物理教材）。

● 光启学院课程（数理化基地班课程）。

● 与高校联办课程（等）。（与上海交通大学共建"致新班"，与上海财经大学共建"经世班"，与同济大学共建"文远班"。）

③研究型课程

● 科学探究课程（TI 图形计算器、现代光电实验、生命科学创新实验、化学创新实验、边学边做智能机器人等课程）。

● 课题研究

金中基于教育的育人目标，尊重学生个体的差异和个性发展，符合学生的认知规律，立足学生的成长需要，规划建设高品质的课程体系，包含了五大课程体系近百门课程，如校园十大节日文化系列课程，以时间为顺序，分别是1月的义工节、2月的社区节、3月的科技节、4月的读书节、5月的青年节、6月的感恩节、9月的文化艺术节、10月的体育节、11月的社团节、12月的迎新节。

金中智慧课程规划中，充分体现了三级课程体系相结合的原则，规划建设符合国家、学校育人目标和家庭个人发展目标相结合的原则，根据不同的育人目标，规划建设相应的任务课程。

总之，学校课程规划是一所学校发展的原动力，它直接影响到学校教育"培养什么人、怎样培养人、为谁培养人"，直接关系到国家和民族的发展大业。所以，新时代的校长，必须做好学校的课程规划，为党和国家培养社会主义建设者和接班人。

参考文献：

[1] 万伟.课程的力量——学校课程规划、设计与实施[M].上海：华东师范大学出版社，2017.

[2] 方明.陶行知教育名篇[M].北京：教育科学出版社，2005.

[3] 中华人民共和国教育部.普通高中课程标准[S].北京：人民教育出版社，2020.

课程统筹

课程统筹是学校统筹兼顾、综合平衡，突出重点、带动全局地对课程资源进行的全面计划和安排，从而构建出优质的课程体系，促进学校、教师及学生全面、系统而长远地发展。[1]

一、相关概念

统筹，从表层来看，就是统一筹划的意思。从深层来看，统筹过程包括五个步骤，即统一筹测（预测）—统一筹划（计划）—统筹安排（实施）—统一运筹（指挥）—统筹兼顾（掌控）。因此，可以说统筹实质是对各方面的利益进行通盘筹划后按照实际情况做出的全面计划或安排。

校长的课程统筹力是指校长根据学校的实际情况和社会需要、学生需求，在众多的课程资源中整合取舍，为自己学校选取适合社会需要、学生需求、学校发展的课程资源来提供学生选择、开展教学活动的一种能力。

课程统筹可分为对内统筹和对外统筹。对内统筹是指立足于学校校史、师资力量、生源状况、财力资源等校情的各种内部资源，对学校课程进行谋划；对外统筹是指校长要充分挖掘和整合校外资源，比如政府资源、社会资源等，借助外力对学校课程进行有效建设。

20世纪70年代就有了课程分类，如"分科课程与活动课程""核心课程与外围课程、国家课程""地方课程与校本课程""显性课程与隐性课程""基础型课程、拓展型课程和研究型课程"等，使课程走向课程体系，出现了课程的内容、主题、形式、教师、资源、课时等并存的问题，于是开始有了涉及不同课程之间以及课程资源之间的统筹思考以及研究。[2] 如重庆市南岸区教师进修学校撰写的一篇题为《着力关键领域，统筹推进"立德树人"工作——〈关于全面深化课程改革落实立德树人根本任务的意见〉解读》的文章，围绕立德树人进行课程改革，强调抓住课改需要加强"五个统筹"，即：统筹学段、统筹学科、统筹教育教学环节、统筹育人力量、统筹教育阵地，同时提出了研制学生发展核心素养体系、研制学业质量标准以及加强相关学科课表教材纵向衔接和横向配合，观点比较新颖，但是未从学校整个课程该体系构建的统筹来阐述。[3] 学校构建课程体系构建中主要涉及以下内容：从标准层级来分可以分为国家课程、地方课程和校本课程；从涉及的内容可以分为学科课程、德育课程、体艺课程、科技课程、生涯规划课程、综合实践课程；从课程的形式可以分为学科类、活动类和实践类课程；从课程时间来分，可以分为课堂课程、课外课程、寒暑假课程；从育人的力量来分，可以分为学校课程、家庭课程和社会课程；从课程使用的媒体来分，可以分为线下课程和线上课程等。学校课程体系的构建是一项复杂的系统工程，课程内容多且杂，而且有重复和交叉，因此学校必须进行统筹，将课程设置最优化。

二、价值和意义

当前，很多学校的课程构建已经从以学科教学课程构建为中心逐步转向以学校整体课程体系构建为中心，即以课程构建为中心逐步转向以课程体系构建为中心。课程体系是指在教育价值理念指导下，将课程各个构成要素加以排列组合，使各个要素在动态过程中统一指向课程体系目标实现的系统。课程体系的构建已经成为学校育人体系建设的重要杠杆，是学校育人方式变革的载体，是学校开展教育教学工作的基础，具有决定学校整体发展水平和影响特色创建进程的重要作用。由于课程体系是一个由多种元素构成的整体，因此进行全方位的课程统筹具有重要价值和意义。

1. 课程统筹有利于促进课程体系的科学构建

在课程体系的构建中需要统筹协调学校与学生的发展、课程的内容与形式、课程的时间安排、课程的资源、课程的评价等问题，既要抓住学校的全局发展，又要考虑学生的全面发展；既要兼顾全面，又要突出重点；既要考虑所有学科的均衡教育，又要凸显教育的特色；既要考虑内容和形式的丰富性，又要考虑时间的分布安排等。所以统筹作为课程构建的根本方法在课程建设中发挥着举足轻重的作用，对于课程体系的科学构建具有特殊价值。

2. 课程统筹有利于实现课程资源的优化配置

学校课程资源涉及的方面广、内容多，在进行课程体系构建时，如果不进行统筹安排，则会出现资源重复、叠加和浪费。学校课程体系的建设是一个系统工程，不能只看局部，不看全局；不能只顾均衡，不顾特色；不能只顾眼前，不顾长远等。统筹课程体系建设，要围绕党和国家的教育根本任务和育人目标来进行，学校的育人目标、文化和办学特色须服从国家的育人目标，以实现学生的全面发展和个性发展为目标，同时成就学校的特色发展，设置覆盖面广、形式多样、丰富多彩的课程，供学生进行课程的选择。要在有所取舍的基础上进行资源均衡，对各种内容、形式、媒体和资源的课程进行整合，更好地利用好时间和空间，最大限度地进行课程设置。通过统筹对课程资源进行甄别、筛选、整合，使课程资源得到优化配置和高效使用。

3. 课程统筹有利于实现育人方式改革的总体要求

《国务院办公厅关于新时代推进普通高中育人方式改革的指导意见》的指导思想是："深化育人关键环节和重点领域改革，坚决扭转片面应试教育倾向，切实提高育人水平，为学生适应社会生活、接受高等教育和未来职业发展打好基础，努力培养德智体美劳全面发展的社会主义建设者和接班人。"育人方式改革的改革目标是："到2022年，德智体美劳全面培养体系进一步完善，立德树人落实机制进一步健全。普通高中新课程新教材全面实施，适应学生全面而有个性发展的教育教学改革深入推进，选课走班教学管理机制基本完善，科学的教育评价和考试招生制度基本建立，师资和办学条件得到有效保障，普通高中多样化有特色发展的格局基本形成。"《指导意见》还指出："普通高中教育是国民教育体系的重要组成部分，在人才培养中起着承上启下的关键作用。办好普通高中教育，对于巩固义务教育普及成果、增强高等教育发展后劲、进一步提高国民整体素质具有重要意义。"要实现育人方式改革的总体目标，高中学校须统筹建设系统科学的、全面而有特色的课程体系。

4. 课程统筹有利于落实教育的根本任务

学校作为育人机构，必须按照党和国家的要求育人。习近平总书记2018年在全国教育大会上发表重要讲话，他强调教育是民族振兴、社会进步的重要基石，是功在当代、利在千秋的德政工程，对提高人民综合素质、促进人的全面发展、增强中华民族创新创造活力、实现中华民族伟大复兴具有决定性意义。《中国教育现代化2035》提出了推进教育现代化的八大基本理念："更加注重以德为先，更加注重全面发展，更加注重面向人人，更加注重终身学习，更加注重因材施教，更加注重知行合一，更加注重融合发展，更加注重共建共享。"可见，统筹构建课程体系是学校育人的必要举措，是学校贯彻党和国家教育方针、落实立德树人根本任务的重要载体。

三、路径和方法

（一）课程统筹的路径

1. 课程统筹的主导力量：校长——对课程统筹进行顶层设计

校长既是学校的一家之长，又是学校发展的设计师。一个有思想的校长对学校的发展会有一个科学的远景规划，会带领他的管理团队制定一套切实可行的措施和制度来实现它的规划。学校课程体系构建的关键在校长，更需要校长团队的共同努力。"校长课程领导力"是校长专业发展的主要标志，是校长能力的核心所在，是校长及其团队为实现"全面提升教育质量、办出学校特色品牌"的共同课程愿景而迸发的一种思想与行为的能力，是组织规划、统筹、建设和创新课程以及决策、引领、组织课程实施的控制力和执行力。课程是学校教育教学工作中最为重要的关键环节，是育人的载体，是学校的核心竞争力，而课程体系构建是学校工作的关键领域，是学校实现内涵发展、教师实现专业发展以及学生实现全面发展的首要路径，因此，校长必须发挥课程领导力的作用，做好顶层设计，发挥团队的作用，构建科学合理的课程体系，引领学校在新时代和新形势下实现高品质的内涵发展。

2. 课程统筹的主体力量：教师——对课程统筹进行实施

学校课程在以校长为领导的核心进行顶层设计后，在实施方面以教师团队为主体，通过统筹对课程的研究、课程的开发、课程的实施、课程的评价等活动构成学校课程体系以达到教师发展、学生进步、学校创新的目的。

（二）课程统筹的方法

课程统筹主要按照地方服从中央、局部服从整体，突出重点以及具体问题具体分析的方法进行资源的统筹优化整合。具体进行以下十个方面的课程统筹。

1. 统筹课程标准，协调国家、地方和校本三级课程

学校课程从标准层级来分可以分为国家课程、地方课程和校本课程。国家课程体现国家意志，是由国家教育行政部门规定的统一课程，由教育部主管。地方课程体现地方文化，是在国家规定的各个教育阶段的课程计划内，由省市教育行政部门或其授权的教育部门依据当地的政治、经济、文化、民族等发展需要而设置的课程，地方课程在充分利用当地教育资源、反映基础教育的地域特点、增强课程的地方性特色方面具有重要价值。如贵阳市编订的《生态文明课程》。校本课程体现学校特色，它是以学校文化为支撑，以学生学情为出发点，由学校自行规划、设计及实施的课程。以适应本校发展和学生个性发展为目标指向，如贵阳六中各学科组编订的《学业考试复习指南》等。国家课程是国家意志的体现，必须不折不扣地坚持和执行；地方课程和校本课程须与国家课程一脉相承，是对国家课程的补充和延伸，体现地域特点和学校育人特色。将三级课程有机地结合在一起，实现国家课程化、地方课程校本化、学校课程特色化，既实现国家育人目标，又培养学生具有地域和学校培养特色。

2. 统筹价值培养，树立学生正确世界观、人生观和价值观

社会主义核心价值观是社会主义核心价值体系的内核，体现社会主义核心价值体系的根本性质和基本特征，反映社会主义核心价值体系的丰富内涵和实践要求，是社会主义核心价值体系的高度凝练和集中表达。培育和践行社会主义核心价值观要以培养担当民族复兴大任的时代新人为着眼点，强化教育引导、实践养成，把社会主义核心价值观融入社会发展各方面，转化为情感认同和行为习惯、价值判断和价值选择。学校的课程设置要以社会主义核心价值观为核心，将社会主义核心价值观贯穿于所有课程中，加强意识形态教育，使学生牢固树立社会主义核心价值观，从而形成正确的世界观、人生观和价值观，使教育落实"立德树人"的根本任务。

3. 统筹文化引领，整合挖掘国家、地方和学校三级文化

文化作为一种精神力量，能够在人们认识世界、改造世界的过程中转化为物质力量，对社会发展产生深刻的影响，这种影响，不仅表现在个人的成长历程中，而且表现在民族和国家的历史中。从教育的角度来看文化，其体现为国家优秀传统文化、地域文化和学校文化。我国的优秀传统文化是民族

精神的根和源，是每个中国人都应该传承和发展的。学校必须培养学生具有中国特色社会主义的文化自觉和文化自信。学校课程设置时要充分发挥文化育人的功能，将国家文化与传统文化、地方文化、学校文化进行统筹规划和有机结合，要将培育中国特色社会主义文化作为首要任务，结合地方的特色文化，如贵阳市的城市精神"知行合一、协力争先"，同时体现学校的校本文化，用有特色的学校文化浸润学生，培养有特色的学生，如贵阳六中构建的以"礼""诚""义"为核心的"三柱六桩十二基"文化体系，是落实社会主义核心价值观和"立德树人"根本任务的校本化体现，它贯穿在学校的德育、课程、教学、科研、队伍和管理之中。

4.统筹课程内容，兼顾学科、德育、体艺、科技、生涯、综合实践等课程

学生的发展是全面的，学校的课程从涉及的内容可以分为学科课程、德育课程、体艺课程、科技课程、生涯规划课程和综合实践等课程。学科课程是以围绕学科教学提高学生学习各学科的知识、技能和能力为主要目的课程；德育课程是围绕社会主义核心价值观、学科素养及必备品格，落实立德树人根本任务而设置的课程，如"学校文化引领下的德育课程"；体艺课程包括体育课程和艺术课程，体育课程是以围绕提升学生体质、体能和体育特长来展开，如体育模块教学课程、体育社团课程，如足球社、田径社的课程等，艺术课程是围绕提升学生艺术修养水平和艺术审美情趣而构建的课程，如制陶、蜡染、手工、书法、国画、服装设计、音乐赏析、唱法技巧、器乐演奏、乐团等课程；科技课程是以开发学生科技创新思维和能力而设计的课程，如机器人课程、创客课程等；生涯规划课程围绕学生的自我认知探析和外部世界探析展开，使学生将自我与社会相结合，探寻将来适合自己的职业方向，在高中阶段就可以明确自己的职业理想，并为之奋斗；综合实践课程是一种跨学科的课程，使学生自主地建构知识，培养学生的自学精神和探究精神以及初步掌握课题研究基本方法和策略。学校需要根据课程内容进行有效的统筹协调，既兼顾又不重复，既突出重点又多元发展，实现课程科学优化地配置。

5.统筹课程形式，多元发展学科类、活动类、实践类三类课程

学校课程从形式可以分为学科类、活动类和实践类课程。学科类课程是以围绕学科教学内容为主的课程，如语文、数学、英语等学科教学课程，其

包括选修课和必修课，以及相应的模块；活动类是对教学课程的延伸，以开展活动的方式将课堂教学的内容进行补充和完善，为激发学生的学习兴趣和提升学生的综合素养而设计的课程，就英语学科而言可以开展一系列活动课程，如英语演讲、英语书法、英语话剧表演、英语歌曲演唱、英文名著朗读、经典英语电影配音等；实践类课程是以培养学生的动手动脑能力、团队合作能力和社会参与能力为目的，结合学科素养、中国学生素养和学校育人要求而设置的课程，如让学生进入社区、养老院、社会福利院进行志愿者服务活动的课程，让学生带着各学科主题走进企业、农村、市场进行社会调查的课程，让学生根据自己的职业理想走进相关职业部门进行观察、体会和感悟的课程，以及各种主题的研学旅行等等。在课程体系构建中要充分开发学科类、活动类、实践类等多形式课程，使学生在多彩的课程中得到综合发展。

6. 统筹育人资源，开发整合社会、家庭和学校三方力量

从育人力量可以分为学校课程、家庭课程和社会课程。学校课程是指学生在学校里一切教育活动的总和，包括课堂教学、社团活动、课外活动等一切在学校内进行的课程，其教育力量主要是学校的教师。家庭课程是指由学校设置的，在学校及教师的指导下，以家长为主要力量进行的教育课程，如家长对学生进行家风家训、劳动、感恩、亲子、实践、生活习惯养成、青春期、安全、环保和职业选择等教育。社会课程是指充分利用社会资源为教育力量进行的教育课程，如军训社会实践活动、工训社会实践活动、社区服务、参观考察、研学旅行以及外请专家到校举办讲座等。学校的所有课程不仅要依靠学校的师资力量，更要充分调动社会和家庭的教育资源，使学校的课程体系构建更加丰富和完善。

7. 统筹课程时间，充分利用课内、课外和寒暑假三个时间

从课程实施的时间可以分为课堂课程、课外课程、寒暑假课程。课堂课程是指教师利用每节课的时间在课堂教学中进行和完成的课程，教师可以根据学科的育人要求对课堂课程进行精心而巧妙的设计，提升课堂品质，深化课堂教学，使学生成为课堂的主体，教师发挥主导作用，学生在积极参与中学到知识、技能并形成正确的价值观。课外课程是指利用学校课堂教学时间以外的时间设计的课程，以满足学生的个性发展和需要，其中最主要的是社团课程，包括多方面的内容：文学类的有诗社、写作社、美文鉴赏社等；语

言表达类的有朗读社、演讲社、辩论社等；音乐类的有美乐社、电声社、乐团社、合唱团、戏曲社等；美术类的有摄影社、国画社、油画社、手工社、动漫社、时装社、微电影社等；体育类的有篮球队、排球队、田径队等；科技类社团有机器人社、创客社、科技社等；学科类社团有旅游地理社、模拟联合国社等。学校可以根据社团的情况开设相关的课程，由教师对学生进行指导，提升他们参与社团活动的品质，帮助学生更好地发展兴趣爱好。寒暑假课程，是学校将课程设置在寒暑假，学生利用寒暑假进行完成的课程。寒暑假课程主要是对学科课的延伸，如高中政治学科有查阅与学科课相关的书籍或资料，参与学科相关的社会实践如走进社区参与民主管理、走进市场和工厂进行社会调查、进行政治小课题研究等。统筹课程时间的优点是通过充分的课程设置，使学生在更多的时间里得到课程的引领。

8. 统筹媒体运用，实现线上和线下课程同步进行

从课程使用的媒体来分，可以分为线下课程和线上课程。线下课程是指面对面的教育活动，如学校组织的课堂教学、开展的各项活动、社会实践活动等，都是在教师当面指导下的线下课程。线下课程对时间和地点有具体要求，目前多数学校的课程是以线下课程为主。线上课程是指利用网络平台如QQ、微信等手机APP或电脑软件来进行学习的课程，线上课程具有时间和空间上的优势。学校由于教学任务比较重，时间比较紧，如果所有的课程都在线下进行，会出现课时、教师及师资安排上的矛盾和困难。在学校课程体系建设中，有效地开发线上课程，让学生利用课余时间自由进行学习，能更好地处理好课程设置中的困难。

9. 统筹能力培养，综合培养实践、探究、合作等能力

学生核心素养分为文化基础、自主发展、社会参与三个方面，综合表现为人文底蕴、科学精神、学会学习、健康生活、责任担当、实践创新等六大素养。国家需要的未来建设人才是具有多方面能力的。传统灌输式的单一的课堂教学，容易培养出"高分低能"的学生。实践表明，学生仅有认知能力即掌握书本知识和能解难题偏题的能力是远远不够的，更需要培养他们动手动脑的实践能力、发现问题解决问题的探究能力以及同伴互助合作分享的能力。学校课程体系建设要充分考虑到学生认知、实践、探究、合作综合能力的培养，进行统筹安排，既有课堂教学课程，又要有实践、探究和合作的课程。

10. 统筹课程评价，科学地评价课程设置和学生成长发展情况

通过课程评价可以了解课程实现教育目的效果及程度，并作为课程调整和改进的依据，同时掌握通过课程评价了解学生成长和发展的情况。课程评价的方式很多，有学生自我评价、同学互评和教师评价；有过程性评价和成果性评价；有书面测试评价和语言表达测试评价；有量化评价和质性评价等。学校在构建课程体系时应该充分考虑每一种课程的评价方式，统筹利用不同的评价方式，使评价结果科学而公正，既能反映课程的设置情况，又能反映学生的成长发展情况。

统筹是学校课程体系构建中的重要环节，也是重要的方法。优秀的校长一定会高度重视课程体系构建以及统筹在构建课程体系中的作用，只有统筹构建适应学生发展的开放多元、充满活力、富有特色的课程体系，才能为学生提供更加自主、更具个性、更多元选择的成长环境、教育资源和专业服务，让学生的潜能得到全面充分自由的发展，为学生成功插上腾飞的翅膀。只有统筹构建科学合理的课程体系，才能促使学校实现个性化、特色化的高品质内涵发展。

参考文献：

[1] 丁念金. 论校长的课程统筹[J]. 当代教育科学，2011（08）：12-14+22.

[2]（美）艾伦·奥恩斯坦，弗朗西斯·亨金斯. 课程：基础、原理和问题（第7版）[M]. 王爱松，译. 上海：华东师范大学出版社，2020.

[3] 周丹. 浅谈校本课程开发及其意义[J]. 现代教育科学：普教研究，2012.

[4] 王伟光. 坚定不移沿着中国特色社会主义道路前进[N]. 人民日报，2013-12-24（07）.

案例一 贵阳市白云区第二高级中学：一所老牌子校的课程统筹之旅

一、辉煌历史

贵阳市白云区第二高级中学（以下简称"白云二高"）的前身是一所老牌的厂矿子校，于1957年建校，1958年开始招生，原隶属于中国铝业贵州分公司，全名为贵州铝厂子弟中学（以下简称"贵铝中学"），2006年归地方后更名为贵阳市白云区第六中学，2018年3月又更名为贵阳市白云区第二高级中学。归地方前，学校的一切课程都直指中高考成绩（学校原属于完全中学），一度因中高考成绩优异获得家长和社会的一致好评。彼时学校开设的课程唯分数论，表象上不折不扣地执行国家的课程计划，其间学校曾因艺体特色闻名于全市，艺体学科上虽有一些专门的竞赛课，但离真正意义上的课程还相差很远。2006年划归地方后，根据政府的统一规划调整，学校整合了原来的七冶中学（现白云区第七初级中学）和车辆厂子校（现白云区第八初级中学）的高中部。整合后的教师教学风格，延续了原厂矿子校一切为了中高考成绩的作风：对高考科目高度重视，对发展性学科重视不足；对结果高度重视，对过程重视不足；对国家课程重视，对地方和校本课程重视不足；对校内资源相对重视，对校外资源重视不足；对教师资源相对重视，对学生及家长资源重视不足等。

二、窘迫状况

一直隶属于贵州铝厂的贵铝中学，在2005年前高中最好班级只招中考文化成绩550分以上的学生，不时有考入北大清华的优秀学子。2005届的高考未能达到高进高出的目标，直接导致2006届的中考优生纷纷外流，再加之

2006年学校归地方后地企衔接不畅，教师身份、归属发生了变化，个人心态产生微妙变化，学校发展经历了前所未有的窘境。

从2005年至2011年这漫长的6年时间里，原来一直引以为傲的学校招生办，成了学校各职能部门中工作最辛苦、成效却最差的部门。其中经历过只要有中考成绩就能就读的尴尬境地，经历了招生办工作人员点对点给中考考生拨打电话拨到手指臃肿发麻的痛苦（甚至发动家人参与拨打电话），但招生人数却急剧减少，更别提生源的好坏了。

师资外流，生源变少变差，从追求考上北大清华的优秀生源到追求一本二本的上线人数，再到最困难时期只求招来学生的无奈，过山车式的窘况倒逼学校思索课程改革——调动各种资源开设学校特色课程，改变单一的追求分数的教学模式，实现学生的低进高出，尽快走出办学困境。

三、课程探索

原有的只招优质生源、单纯追求分数的校情已不复存在，在生源数量都无法保证、优质师资部分外流的大背景下，学校发展的路在何方？用什么来招生？用什么来留生源？能否挖掘学校办学历史、办学特色，重新定位学校的发展之路，找寻学校的最佳发展路径？学校课程开设多少？开设到什么程度？执行效果如何……从上至下，全校教职员工必须达成共识。鉴于此，学校数次利用全校教职工大会、校本教研时间、循环听评课等机会给老师们搭建交流平台，通过分析校情、学情，全校老师达成共识：决定以传统社团活动课为基础，再结合学校厂矿文化底蕴、艺体特色鲜明的特点，分别开设以艺体特色为主的校本课程。

1. 挖掘校内资源

鉴于学校光荣的办学传统、深厚的历史沉淀、丰富的校内资源，学校上下不等待，不抱怨，深挖校内资源，以课程建设为契机，走出了一条符合校情、学情的课程改革之路。

学校鼓励教师自己编写教材（学校教师发展中心和教务处、德育处及学校领导层层把关），上课教师自己选拔学生（每个校本课程班仅招40人），自己拟定考核标准，利用每周周五下午第四节课的社团活动时间开设相应课程。

学校体育老师张金坤自小酷爱书法和篆刻，现为中国书法家协会会员、贵州省书法协会理事、白云区书法协会副主席，学校建议张金坤老师开设书法鉴赏及篆刻课程；体育老师赵秋芳对健美操、瑜伽等运动颇有研究，学校建议赵秋芳老师开设健美及礼仪课程；音乐老师刘华对钢琴异常熟悉，钢琴伴奏信手拈来，学校建议刘华老师开设音乐伴奏课程；音乐老师杨主峰具有大气优雅的指挥风格，学校建议杨主峰老师开设音乐指挥课程；美术老师罗时强能作具有大家风范的油画，学校建议罗时强老师开设油画课程；美术老师王勇懂得精准的美术鉴赏语言，学校建议王勇老师开设美术鉴赏课程；学校历史老师徐明燕是一个美食家，她能把简简单单的几样食材做出花样、做出品味、做出文化，学校鼓励徐明燕老师开设美食课程；化学老师杨飞是一个酷爱服饰的时髦老师，她的服装社团在校内赢得了足够的声誉，基于杨老师的爱美与学生爱美的高度吻合，学校鼓励杨飞老师开设一门融化妆、服饰于一体的美学课程；石远芬老师诗歌底蕴深厚，学校建议她开设经典诵读暨诗歌创作课程。

学校在学生社团基础上升华出的特色课程，有国家课程的校本化，也有教师个人的特色呈现。能够参与其中的学生经过层层筛选后有一种莫名的自豪感——他们的特长得以展现，授课教师有一种莫名的喜悦——自身的价值得以彰显。编写教材的过程本身就是一个国家课程校本化的内化过程，所教授的内容也就能很好地与学生实际结合。教学中，学生就不会感觉那么枯燥乏味，因为那是他的兴趣所在，希望所在。

每一学期不少于15节次的特色课，能激发教师与学生参与的积极性，期中与社团文艺会演一起集中展示，让他们学有所用，学有所乐，学有所得。

学生目睹了张金坤老师手写书法教材，惊叹其功力深厚的同时，激发自身的内驱动力，听过他讲评某公众人物赠送给台球世界冠军潘晓婷的"玖球天後"中出现了两个错字["九"没有繁体字，"玖"是"九"的汉字大写，一般只用于账簿记账；"后"的繁体字有两个"後"和"后"，前面一个表方位，用于"後来（来）、後面、後宫"，后面一个类似于称谓品阶，用于"皇后、皇天后土"]后，作为书法爱好者的同学们慢慢感受到书法的魅力，意识到书法的严谨。在目睹了刘华老师的伴奏、杨主峰老师的指挥后，学生体味到了什么叫作艺术。在听完王勇老师的美术作品鉴赏后，知道了艺术源于生活，体现生活，欣赏艺术就是欣赏生活。在经历了赵秋芳老师的系统培训后，学生意识到了气质是需要后天培养的而不是化妆出来的。在参加了美食课程系列活动后，学生悟出来原来生活是如此美好。经历了化妆课程的培训学习后，学生慢慢意识到化妆绝不是简单的涂脂抹粉，它需要学识修养等内涵的积淀。

3. 校外资源统筹

（1）家长资源统筹

作为孩子第一任老师的家长，要给孩子讲好"人生第一课"，帮助扣好人生第一粒扣子。学校的所有教学活动家长有知情权、参与权。

为了更好地进行家校共育模式的共建，学校适时邀请家长参与到学校的管理工作中来。如高二文理分科时，学校按照进校的几次成绩（高一上：半期5%、期末15%；高一下：半期15%、期末65%）取平均分进行分班。为了让成绩更有可信度，学校每次大型考试均邀请家长全程参与监考、巡视、视频监控等环节，增加分班的透明度、可信度，进而形成教育合力。

为了更好地发挥家长的示范作用，学校每学期每个年级不少于两次的家长专题讲座，特邀工厂一线的家长给学生普及工厂企业的通识培训；邀请有人力资源经历的家长做就业指导、预测，为未来发展明晰目标。

（2）社会资源统筹

①开设社会实践课。口头的说教不如亲身实践，说一百句大话不如做一件小事。学校不能关门搞教育，它一定会和周边发生这样那样的关系，因此，充分利用周边相关资源为教学服务就显得尤为迫切。

保卫处、团委等部门走进办事处、社区和居委会，统筹资源，办和谐教育。利用假期组织高一年级学生开展两周的社会实践活动和志愿者活动，让学生体验劳动带来的乐趣。

通过社会实践和志愿者服务工作这些活动课程，可以增强学生的劳动意识，使其懂得劳动光荣的道理，培养动手能力和责任担当、健全人格，珍惜来之不易的生活，进而成为合格的社会主义建设者和接班人。

②开设生命课程。学校保卫处、团委等协调辖区派出所、辖区消防、辖区戒毒所等，统筹资源，办安全教育。利用每月某一周的周一班会课时间开展反恐演练、消防疏散演练、禁毒知识讲座等生命课程。让全校师生警钟长鸣，增强忧患意识，时刻把安全、生命放在极为重要的地位，使其意识到生命对

于人只有一次，毒品等高压线是不能触碰的。

③开设社会调研课程。走出校门，走进工厂、车间，走进一线工人的生活，办体验教育。利用寒暑假开设高二年级的实践课程，让学生拟定访谈记录，制定实践计划，最后形成研究报告、研究心得，倒逼学生思索学习的目的与价值所在。

学校处于原贵州铝厂核心区——贵阳市白云区龚中路12号，周边有贵州铝厂原诸多分厂（如电解厂、碳素厂、热电厂、氧化铝厂等），有贵阳耐火材料厂仅存的诸如耐火厂医院、耐火厂宾馆等，有七冶建设公司下属的诸多分公司（七冶安装公司、七冶压力容器厂、七冶筑炉公司、七冶机械化公司、七冶实业公司、七冶运输公司、七冶土木工程公司等），有贵州铝厂家属区，有贵阳耐火材料厂家属区，有七冶建设公司家属区，还有3117厂及其家属区，学生有足够的机会接触工厂、车间的一线工人。

面对人去楼空的原贵州铝厂厂址，面对原贵阳耐火材料厂的破败厂房、车间，学生的直观感受除了破败外不会有深层次的触动，而作为为企业奉献一生的一线工人，学生的到访会触动他们敏感的神经。因此，一有机会，他们会乐此不疲地讲述贵州铝厂、原贵阳耐火材料厂、七冶建设公司和车辆厂的前世今生，每到兴奋时，他们手舞足蹈、声情并茂地描述自己为企业立下的汗马功劳；而每到伤感处，他们会情不自禁地潸然泪下。面对七冶建设公司轰轰烈烈的施工场面和3117厂热火朝天的工作场景，学生会自然而然地将它们与贵州铝厂和原耐火材料厂的破败厂房进行对比，在对比中会产生疑问：原贵阳耐火材料厂为什么会在20世纪70年代短暂辉煌后一蹶不振？贵州铝厂为什么从2008年凝冻后会持续低迷？3117厂短暂萧条后为什么能很快复苏？七冶建设公司经历改制后为什么能很快走出困境？学校以看得见的素材为契机，道出了其中的玄机：贵州铝厂作为生产单位，当产品的原材料稀缺、矿石中含量不高或设备老化更新换代不及时，生产成本势必大大增加；当产品品质不高时，其销路必将大受影响；当外来高端产品冲击市场时，贵州铝厂的国企优势将不复存在；而2008年的凝冻作为一个触发点将所有问题一并集中并爆发出来，其持续低迷就成为一种必然。3117厂作为国家兵工厂中为数不多的提供飞机零部件的特殊单位，在经济全球化的今天，各国都高度重视关系国计民生的交通运输，复苏是大势所趋。七冶建设公司作为施工建设单位，在经历改制的阵痛后，在退休人员走社保路线后，公司完成了从单纯的建设铝厂变成了一个集基建、房地产、安装、物流等为一体的综合型企业，再加上其施工单位的性质，工人有一技之长的优势，轰轰烈烈的施工场面也就顺理成章。

这些对于即将走向人生第一大考的高二学生而言，他们会慢慢理性思考自己的未来，规划自己的人生，在填报高考志愿时思路会变得异常清晰。

四、结束语

校长的课程领导力之统筹涉及内容很多，其"预测→计划→实施→指挥→掌控"是互相联系、互相渗透的，笔者以为倘能做到思想统筹，步调一致；组织统筹，上下一心；资源统筹，形成合力；家庭、学校、政府、社会各司其职，各尽其能，定能形成新时代的教育合力，定能彰显学校的特色课程，办好人民满意的教育。

案例二　贵阳市东升学校：统筹资源建课程
民办教育放光华

一、根据校情，立足现实，探索学校生存发展之路

两个篮球场大小的操场，一大一小两栋五层楼的教室，一幢两层楼的民房式办公室，总面积不过 3000 平方米。在这个高楼林立的现代化省会的中心城市边缘，如果不是楼顶矗立着的闪着金光的"贵阳市东升学校"几个大字和旗杆上迎风飘扬的五星红旗，谁也不会留意这是一所学校，一所容纳了一千三百余名学生的十二年一贯制学校。

这是一所完全由个人出资举办于新世纪之初的平民式的私立学校，在教育资源相对匮乏的新世纪初期，她的出现正好满足了大量进城务工人员子女求学的需求。学校开办之初，仅有学生几十名，且完全来自流动人口之家。随着经济的发展和进程务工人员的增加，短短数年间，学校由最初的几十名学生发展到鼎盛时的25个教学班，1300余名学生。这几幢建于20世纪90年代末的低矮楼房与周围鳞次栉比的高楼极不相称，也与四周浓浓的现代气息格格不入，处处显现出她的寒酸和简陋；随着贵阳市"教育立市"战略的确立，贵阳市的教育进入发展的快车道，短短几年，一所所名校如雨后春笋般拔地而起，新增学校无论是校园环境、师资力量还是办学理念都堪称一流，相较之下，我们这所学校的劣势渐渐凸显出来，甚至一度面临生死存亡的境地。2017年8月，由于学校地处贵阳市城市建设的重点工程210国道改扩建工程的拆迁范围，要么拆迁，要么停办。拆迁选址新建学校办学对一所民办学校来说无疑困难重重，停办又会使1300多名学生面临失学境地。经过多方努力，最后在观山湖区委、区政府的关心和支持下，学校将高中搬离原址，借地过渡办学，至此，学校涉险渡过倒闭境地。

经过长期办学的实践和探索，我们明白一个道理：学校要得到生存和发展，就必须摒弃浮躁、激进的思想，沉下心来做教育，踏踏实实育好人。但是如何做好教育？如何育好人？我们也感到很迷茫，后来，作为学校管理者的一员，我有幸加入"贵阳市魏林名校长工作室"这个优秀的团队参加学习。经过学习，我了解到学校课程建设的重要性，我也逐渐明白：学校必须依靠课程来培养人。课程是学校教育教学工作中最为重要的育人载体，是学校发展的核心动力，而构建学校课程体系是学校各项工作中的重点工作，是学校实现内涵发展、教师实现专业发展以及学生实现全面发展的核心载体。

"构建课程体系，促进学校发展"或许就是学校绝处逢生的抓手。为此，学校围绕这个思路，多次召开学校校情分析会，分别对教师、学生、家长开展调查研究，多次向有关专家请教，通过反复商讨、研究，最终学校领导班子达成共识——构建学校课程体系，实现学校内涵发展。

二、因地制宜，统筹资源，开启课程构建之旅

学校课程体系的构建是一个庞大的系统工程，所涉及的环节方方面面，如果不做好统筹协调工作，任何一个小环节的疏漏都有可能影响整个课程的建设与实施。学校要构建出科学合理有效的课程体系，在做好课程规划的基

础上，结合学校实情，做好统筹工作，即兼顾各方面的利益，进行通盘筹划后按照实际情况做出计划或安排。比如：如何兼顾国家课程、地方课程和校本课程在学校课程建设中的合理体现；如何统筹基础课程、拓展课程、德育课程、体艺课程等不同类型、类别的课程在学校课程体系中的科学布局；如何合理利用社会、家庭和学校各种资源以及如何进行课程效果的综合评价等等，这些都是我们在进行学校课程顶层设计时必须纳入的各种资源统筹范围。

（一）立足学情资源，确立学校育人目标，为课程开发指明方向

要开发课程，就必须先要明确开发课程的目的和意义，即要培养什么人。为了确立学校的育人目标，学校通过组织班主任和科任老师逐一家访、有计划召开家长座谈会、不定期召开学生代表座谈会、发放问卷调查等方式开展调查研究，根据调查的信息，我们得知：学校70%的学生都是来自农村的进城务工子女，他们从小在农村生活、成长，大部分学生之前都和祖辈一起生活，从小就缺少父母的关爱；随父母进城之后，这些同学家庭经济收入普遍偏低，物质条件相对贫乏，家长的陪伴和引导较少，正确的人生观和世界观尚未形成，又受到当前一些不良社会风气的影响，再加上大多数家长的文化程度偏低，教育方式方法又较为简单粗暴，以致不少同学的性格显得孤僻和乖张，部分同学甚至显得粗暴、野蛮、自私，大部分同学又因为学习成绩不好而自卑、怯懦……针对学生的这些特点，结合学校的现状，我们又分别从学校教育管理层面、教师层面、学生及家长层面召开"关于确立东升学校育人方向及办学愿景"的专题研讨会，收集了很多来自不同层面的意见和建议。经过梳理和研讨，我们认为：我们的学生既然跟随父母从农村来到了城市，我们就不能让他们被这座城市所抛弃，一定要让他们从心理上尽快融入这座城市，或者说不让他们厌弃这座城市；我们的学生虽然以后不一定人人都能成为各个行业的中坚力量，但我们一定要让他们明白我们每个人都是这个世界的创造者；我们的学生不一定人人都能成为叱咤风云的领袖人物，但我们一定要教育他们成为不贻害社会的好人。正因如此，学校课程构建团队又围绕学校课程建设的意义和目的展开研究和讨论，通过集思广益、反复论证，最终提炼确立了学校"友善、自信、阳光"的育人目标，旨在为一个个家庭培养出健康、乐观的子女，为社会培育出一批批友善、阳光的城市建设者。

（二）统筹协调校内外管理资源，为课程建设提供管理和政策保障

育人目标确定了，学校就要围绕这一目标着手课程的开发、设置、完善和实施。想要做好这一系列的工作，校长首先必须要统筹好校内校外管理资源，为课程的开发和实施提供保障。

在贵阳市魏林名校长工作室专家团队的指导下，在贵阳三中等兄弟学校的帮助下，我们主要做了以下几个方面的工作：

1. 充分统筹学校行政资源，成立学校课程领导小组，明确职责，为课程建设提供管理保障

（1）校长与分管教学副校长：根据校情规划学校三类课程（基础课程、拓展课程和兴趣课程）总体的建设方案，指导三类课程的教学与管理工作，及时指出改进方向，确定每学期课程工作重点，并指导课程教学部门开展工作。

（2）教务处主任与分管课程的副主任：对学校制定的各类课程方案提出建议，具体安排、部署学校三类课程的教学工作，落实三类课程的管理制度和教学常规工作；加强教研组长队伍建设。

（3）教研组长：随时了解本学科组的现状，并组织组员参与学校国家课程校本化、地方课程本土化、校本课程特色化的开发工作，并能定期确定研究主题，组织好校本研修活动，从而引领组员在专业上有所发展，更好地服务于三类课程的教学。

2. 充分统筹校内外人力资源，为学校课程建设提供人才保障

学校充分利用观山湖区以"集团学校"的形式开展"结对帮扶"活动为契机，积极与区内的优质学校北师大贵阳附中、贵阳三中、贵阳一中普瑞国际学校结成"结对学校"和"集团学校"，主动向他们学习管理经验，师资培训经验，共享他们的优质资源，加强教师队伍建设，为学校课程建设提供人才资源。

学校积极抓实校本研修，构建学习、交流、研修平台，加强开展以课堂教学研究为主体的研修活动，注重互助合作、成果共享，促进教师的专业发展。

（1）整合多种资源，采用集体备课、"请进来、走出去"等多种形式，开展校本教研。建立以"自我反思、同伴互助、专业引领"为核心要素，以教学反思、结对帮扶、协作教学、经验交流、专家指导等为基本形式的校本教研制度。

（2）利用有效资源，为教师专业发展搭建平台，包括完善学习平台、夯

实研讨平台、构建交流平台、搭建展示平台。

（3）学校发挥骨干教师的引领示范作用，采用"师徒结对"等方式，加强对青年教师的培养，并借助外力，请专家进行教学研究方面的指导，拓宽教师的视野。优化队伍结构，形成优质师资团队。

3.统筹校内各职能部门资源，完善和落实课程管理制度，为学校课程建设提供制度保障

（1）完善基础型课程管理制度。进一步完善基础型课程的校本化实施，努力推进课堂"三段式五环节"教学法，以学校"四环十六射"校本教研为抓手，完善听评课制度，从而有效地保证基础性课程的教学质量。

（2）完善拓展型课程的管理制度。对拓展型课程教材的开发、组织、考核等进行研究和指导，并定期调查，反馈实施情况，从而保证拓展型课程的教学质量。

（3）完善兴趣型课程的管理制度。教务处和政教处指导和审核兴趣课开课课程，在招生、实施、评价等方面予以指导，做好过程管理，并对兴趣型课程及相关兴趣活动中的成功案例加以总结和推广，从而形成具有东升学校亮点的课程文化。

学校做好各管理及职能部门的统筹协调工作，各部门分工协作，各司其职，充分调动各部门的积极性，最大限度地发挥各部门的职能作用，保障学校课程的开发、完善、实施等方面的工作得以顺利开展。

（三）统筹现有课程资源，开发校本课程，为构建学校课程体系奠定基础

有了管理和政策保障，学校要构建什么样的课程？怎样构建课程？构建出的课程是否科学合理？是否能实现学校的育人目标？是否能形成科学稳定的课程体系？这些具体问题都必须考虑。为了实现课程育人的目标，学校先从两个方面入手，初步构建学校课程。

1.整合学校德育活动，构建德育课程，落实"立德树人"根本任务

"起来！不愿做奴隶的人们，把我们的血肉筑成我们新的长城……"每个星期一的早上，伴随着熟悉的旋律，雄壮的国歌声总会在8：00准时响起。这是东升学校每周风雨无阻的升旗仪式。说到育人，必先育德，想要有德，必先爱国。教育学生爱国，就从这每周的升旗仪式开始，晴天，全体师生在

操场上集队升旗；雨天，各班同学在班主任老师的带领下，在教室里面对讲台上方的国旗奏唱国歌以代替升旗仪式。学校高中部没有专门的国旗队和主持人，而是由每个班轮流主持并执行升旗任务，开学初，由每班自主选拔护旗手和主持人进行训练，并由政教处检验合格方可执行升旗任务。国旗下讲话，是由该班选拔学生代表和教师代表根据政教处安排的主题做国旗下讲话。这样安排，主要是让更多同学都能加入执行升旗任务的活动中，以培养他们的民族自豪感，增强他们的自信心。

学校的德育工作，主要就在育德。十八大以来，党提出了"立德树人"的根本任务，要求不断深化教育体制改革，健全"立德树人"落实机制。习近平总书记在全国教育大会上的讲话中就教育的改革发展提出了"九个坚持"，其中第二条就是"坚持把立德树人作为根本任务"，为落实"立德树人"根本任务，培养社会主义建设者和接班人提供了重要的方法论。总书记指出，要把"立德树人"融入思想道德教育、文化知识教育、社会实践教育各环节。这就要求我们全方位地将"立德树人"渗入国民教育，落实到教育教学和管理服务各环节。要深入开展爱国主义教育、国家安全教育、民族团结教育、法治教育、诚信教育、文明礼仪教育等不同的教育活动，坚持教育与生产劳动、社会实践相结合。

为落实"立德树人"根本任务，使学生树立正确的世界观、人生观和价值观，实现价值培养，学校重视加强意识形态教育，并以践行社会主义核心价值观为核心进行德育课程建设。秉承这一理念，学校把之前开展的各种活动集中起来，进行梳理、分类、整合，把这些零散的活动统筹构建成学校的德育课程。比如在全校开设晨会课程、唱响国歌等课程，根据学生不同的年龄阶段并结合学校实际情况统筹开设相应的德育类课程：小学低年级开设文明礼貌、与同学手牵手、我爱班集体等课程，教育学生讲文明、懂礼貌、团结同学、热爱班集体；小学高年级开设学校是我家、生我养我的地方、可爱的祖国等课程；七年级设置新生适应营、认识我的学校等课程，教育学生爱学校、爱家乡、爱祖国；八年级设置我的团员梦、青春你我他等课程，教育学生树立成长意识、担当意识；九年级开设放飞梦想、中考心理辅导等课程，让学生受到理想教育、感恩教育等。高一高二年级开设畅享军营、文明礼仪培训、生态文明伴我行、生涯规划等课程，培养学生的文明习惯、规范意识、环保意识、生涯规划意识。

通过这些课程培育和践行社会主义核心价值观,强化教育引导、实践养成,使学生牢固树立社会主义核心价值观,从而形成正确的世界观、人生观和价值观,使教育真正落实"立德树人"的根本任务。

2.统筹国家、地方课程,开发校本课程,实现学校育人目标

为了实现"友善、自信、阳光"的育人目标,学校根据小学、初中、高中学生的身心特点与学科教育发展的特点,统筹校情、师情、学情,学校在保障开齐开足国家基础型课程的基础上,统筹整合9大学科资源,因地制宜,开设了四类拓展课程,设置了语言文字类、数学信息类、自然科学类、社会文化类等四个类别的12种拓展课程。如下图。

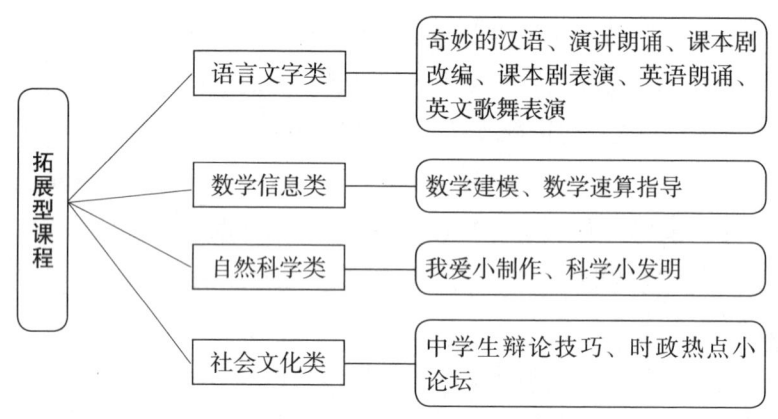

```
              ┌─ 语言文字类 ── 奇妙的汉语、演讲朗诵、课本剧
              │                改编、课本剧表演、英语朗诵、
              │                英文歌舞表演
拓展型课程 ───┼─ 数学信息类 ── 数学建模、数学速算指导
              │
              ├─ 自然科学类 ── 我爱小制作、科学小发明
              │
              └─ 社会文化类 ── 中学生辩论技巧、时政热点小
                               论坛
```

"在实施课程育人计划的过程中,以国家课程为依托,根据学校的实际情况,努力实现国家课程和地方课程校本化,校本课程特色化,既实现国家育人目标,又培养出具有地域和学校特色的优秀人才。随着学校课程的不断完善和实施,老师明显感到教得越来越轻松,学生学得越来越容易,原来大多数死气沉沉的课堂活起来了,学生的自主学习热情被点燃了,学校的学习氛围也浓厚起来了。"提到课程重构后的变化,学校教务处杨玲霞副主任不无感慨地说道。

3.整合社会、家庭、学校等资源,丰富课程项目和充实课程内容

为了使学校课程更加丰富多彩,更加契合学校和学生实际,学校结合实情,充分整合社会、家庭和学校等各种资源,利用课内、课外和寒暑假,兼顾学科课程及其他课程,丰富课程项目和充实课程内容。

学校根据《贵阳市基础教育课程实施方案》所规定的课程结构、科目设置及其课时数，结合校情，充分利用教师的个人优势资源、家长群体中优秀的人力资源、贵阳市大数据区块链发展中心、贵阳市城市发展规划展览馆等场馆及金融城周边社区的硬件和软件资源；充分利用学生课内课外、寒暑假的有效时间，统筹设计，合理布局，科学地安排基础型课程、合理地开设拓展型课程、有效地开发兴趣型课程。基础型课程包括语文、数学、英语、物理、化学、生物、地理、思想政治、历史、音乐、美术、信息技术和体育与健康，共13门科目；拓展型课程除了以上四大类之外还包括心理健康、综合实践、生态文明、禁毒教育等地方课程；兴趣型课程开设了传统武术、花样跳绳、啦啦操、合唱、山水画、棋类、创意美术、葫芦丝演奏等8门课程。

一天下午，高一年级赵涵（化名）同学走进我的办公室，诚惶诚恐地对我说："老师，我们学校可不可以开设一门围棋兴趣课啊？"

我想了想回答说："围棋课不需要专门的场地，也不需要投入多少资金，从这方面说应该是可以的，但是我们学校没有会围棋的老师啊！所以开设围棋兴趣课还有一定的难度。如果以后有了相关的老师我们可以考虑开这门课，你看如何啊？"

"哦！"他听完我的话脸上露出了些许失望的神色。

"你喜欢下围棋吗？"我问他。

"喜欢！"

"棋艺如何？"

"初二时就过了围棋业余四段，初三因为中考就没继续考段了，现在想继续在外面学又不现实。"

"你棋艺水平很高嘛！"我不禁说道。随之一个大胆的念头在脑中闪现："要不你考虑一下来做这个围棋教练！如果可以，我们就把围棋课开起来，怎么样呢？"

"我还是学生，怎么能当教练哦？不行不行！"他连忙摆手连忙推辞说。

"你怕耽误你的学习时间？"

"这倒是没什么问题，只要我把时间合理安排好就行了。"

"那你担心什么？"

"我是怕我的水平有限，教不了。"

"对自己没有信心？不相信自己的实力？"

他惶恐地点点头。

"不亲自去做一下怎么知道自己不行呢？不怕，大胆地去尝试一下，也许并没有你想象得那么困难哦！我相信你能行的。"

就这样，学校的围棋兴趣课开设起来了。赵涵同学的棋艺越来越精进，自信心也越来越强了。

看着他自信满满的样子，我心里感到一阵阵满足。从学生发展上看，课程成就了学生，也成就了学校。

（四）统筹课程评价，检测课程设置的合理性、有效性、科学性

没有评价的课程就是无效的课程。学校的课程是否合理，是否有效，是否能达成育人目标，关键在于课程评价，课程评价也是需要统筹的。为了检测学校课程是否合理、有效、科学，学校逐步探索和建立促进课程发展的评价体系。

首先，建立促进教师发展的教师考核评价体系。实行"以学论教"，即以学生的学习情况和效果来评价教师的教学实效，以此帮助教师改进课堂教学行为，引导教师投身课堂教学改革。建立以教师自评为主，行政、教师、学生、家长共同参与的评价制度，促进教师不断地对自己教学行为进行反思，充分调动广大教师工作主动性和创造性，使教师不断提高教学水平。

其次，探索并构建促进学生基础性和个性发展的评价体系。采取多元化的评价，把学生自评、互评、教师评价、家长评价有机结合。突出评价过程性和综合性，关注学生情感、态度、行为方式的发展，帮助学生认识自我，建立自信，引导学生主动学习，提升学生综合素质。

三、统筹开发，落实课程，学校迎来发展希望

各类课程的统筹实施，极大地改变了东升学校学生的精神风貌，翘课逃学的现象没有了；打架斗殴的事件绝迹了；游戏成瘾的学生收心了；贪玩厌学的孩子看书了……

各类课程的统筹实施，极大地丰富了东升学校的文化内涵，楼道中一声声"老师您好"悦耳动听；舞台上一幕幕"霸王别姬"荡气回肠；武术课一阵阵"哼哈嘿哈"地动山摇；演唱会一声声"飞得更高"直冲云霄……

各类课程的统筹实施，极大提升了东升学校的社会影响力，市级区级各类比赛荣誉榜上有了东升学校的名字：贵阳市"班班有歌声"合唱比赛二等奖，观山湖区"禁毒知识竞赛"二等奖，观山湖区"花样跳绳"比赛团体第三名等。在各级主管部门领导心中有了对东升学校扎实办学的肯定，在社会各界的眼中有了对东升学校教书育人的认可。

各类课程的统筹实施，极大巩固了东升学校的稳定发展。学校的学生流失率从2016年的20%减少到现在的不足1%，甚至2019年3月高中部总学生数在上学期的基础上还增加了15人，教师的稳定性也有较大幅度的提升，2018-2019学年度全校教师除一位因亲人生病请假外没有一人离职。作为民办学校，生源的流失和教师的频繁流动是影响学校发展的两大重要因素，而这两年我们在这两个方面都得到了保障，极大地巩固了学校的稳定发展。

总之，在学校统筹课程建设的过程中，需要考虑的因素很多，需要统筹的资源也是方方面面。但我们坚信，只要本着求真务实的工作原则，结合学校自身实际情况，拓宽思路，开阔视野，充分挖掘并整合各种可以利用的资源，努力形成学校课程体系，这个课程体系尽可能体现学段的特点、学生的特点、学校的特点、教育的特点，这样的学校课程一定是最有生命力的，一定是学生最喜欢的，一定是教师们最认同的，一定是最容易得到社会认可的。统筹实施这样课程的学校，哪怕处于逆境，也同样可以在夹缝中走出一条属于自己的金光大道，为"建成文化强国、教育强国、人才强国、体育强国、健康中国"和"深入实施科教兴国战略"等战略目标贡献自己的一份力量。

课程建设

课程建设是校长课程领导的过程,属于课程具体操作的范畴,表现的是校长的组织管理能力。课程建设指的是在规划蓝图和资源整合的基础上,充分利用校内外资源,组织团队实施课程立项,拟定课程方案、课程标准,确定课程内容、课程资源,开展课程实施、课程评价等环节,对学校课程进行具体的设置和落实。

一、相关概念

(一)课程建设

承上来讲,课程建设是课程规划、课程统筹的接续环节,不仅包括确定课程纲要、编选教材和教参、创建授课计划及教案、组织课程实施、开展课程评价等基本内容,还涉及教育思想观念、教学过程、教学方法和手段、师资队伍、教学管理制度建设、教学条件等多方面内容。所以,课程建设是学校教学工作的关键领域,直接体现学校的教学水平、教学效果,也可以说直接影响人才培养的质量。

在本书中,课程建设亦可理解为学校课程开发的技术要求。校长需对课程建设进行规范和指引,更需要重塑学校文化、明确育人目标、转变管理方式,逐渐把学校教师团队建设成为探究、分享、交流的学习共同体。

(二)校长课程建设力

校长的课程建设力是以校长为核心的课程团队为提升学校课程品质,在课程建设过程中所体现出来的研究、编撰、组织、执行和评价的能力。校长课程建设力的基本特征包括三个方面。

第一,它体现着校长的教育观念。即是对培养什么人、为谁培养人、怎样培养人等核心教育观念是基于校长的教育观来回答的。这是取决于党和国家的教育方针、学校教育文化历史及校长当下教育实践与思考,无论是落实"立德树人"的根本任务,还是推动"核心素养"落地实践,很大程度上都取决于校长对于课程的理解、建设和实施。此是课程建设力最为基本的价值取向。

第二,它会融入多元的教育主体。即学校课程必会融入多个要素,包括教师、学生、资源、学习环境等教育要素的协同运作,校长领导学校在很大程度上乃是通过实施课程领导来实现的。然而,课程领导并不只是校长一个人的事情,而是需要以校长和教师为主体和主导,同时兼顾学生、家长、课程专家等其他课程利益相关者的多元参与,从而呈现出不同学校的不同课程样态。

第三,它将构建共生的课程共同体。即只有对各个课程要素进行良好的把握与深度的协调,进而形成良好的课程学习资源、和谐互动的师生关系,最终建立落实蕴含学校本然的教育理念的课程体系。这是课程建设领导力所应然形成的课程共同体。

(三)课程建设的内容

一是制定课程纲要(课程方案)。课程纲要是课程教学的规范性指导文件,是进行教学工作的基本依据。二是编选教材和资源。教材资源是教学内容和课程体系的集中体现,是教师教学和学生学习的主要参考。三是调配师资和培训。教师是课程教学的组织者和实施者,是确保课程顺利实施、教学目标达成的关键。在课程实施之前,应组织开展教师的系统培训,达到教师胜任教学的目的。四是创建授课计划及教案。授课计划是教学时间和内容的具体安排,是课程教学有序实施的保障。五是组织课程实施。授课教师要积极开展研究、研讨,根据学习者的身心发展规律和个性特点因材施教,积极采用启发式、探究式、开放式的教学模式,整合资源和现代技术,保障课程教学顺利推进。六是开展课程评价。建立一套科学的课程考核制度,以评价树立导向,引领课程建设的正确方向。七是整理课程文档。完备的教学文件和档案直接反映了课程建设的水平。对课程纲要(课程方案)、授课计划、课表、教案、学业评价资料、教学总结分析、教材及基本资源、课件、教学影像资料等要认真收集整理。

二、价值和意义

（一）课程建设的价值

1. 适应时代的要求

随着我国普通高中课程改革的深化和推进，个性化、特色化办学成为教育的价值指向。今天，学校的课程意识已经被唤醒，但是面对人类知识的汪洋大海，学校的课程应该选择什么样的知识、谁的知识等问题都现实地摆在校长的面前。随着时代的变化，随着高质量教育体系建设对高中学校的要求，随着普通高中学生发展指导的实施以及新高考改革的落实和推进，我们的普通高中在应对学生选择、师资调整、教室配给之外，更应关注社会对改革后的人才培养、人才选拔等要求，适时调整课程建设的方向，这是时代赋予普通高中课程建设的首要要求和所提出的主要问题，其满足的程度和回答的适切性就是普通高中进行课程建设的重要价值体现之一。

2. 各界对校长的期望

在学校教育变革中，课程建设从来都是一个无法回避的主题。国内外正如火如荼地进行着课程改革，尤其是新高中课程的改革。作为带领学校课程建设的学校领导人——校长，除了需要发挥领导、监督、协调等管理职能之外，还应掌握学习国家教育政策、新高考改革方案、课程与教学改革方案，指导和引领教职工积极探索实践——这是国家、社会、家长、学生以及教师所期许和瞩目的。在学校内部，校长是领头羊、支持者、协调者和组织者，需要超越以往管理体制下的上下级科层关系，更注重民主、合作与分享——让各界（如家长）参与其中。课程建设就是校长以课程领导力促使学生核心素养落地最直接的方式。在这样的背景下，校长的课程建设力，正是校长的职责所在。这就需要校长带着教师们按照课程规划的设计，进一步明晰课程的目标，根据学校实际情况制定整体详细的实施方案，开展课程的实施。如此的课程建设乃是当前普通高中校长对各界关于学校教育期许满足的现实体现。

（二）课程建设的意义

1. 课程建设，达到育人之目的。学校育人目标的实现，课程是主要途径。课程建设最核心的是要思考"培养什么样的人"的问题。在课程建设中，应追溯学校发展的历史，分析社区的政治、经济、文化、生态及生活等需求，只有准确把握学校生源状况，正确判断师资水平，真正明确学校课程建设的方向和内容，才能水到渠成地建设适切的课程，在丰富学校课程样态的同时，实现特色办学、优质办学。在实际教育过程中，随着社会环境的不断变化，学校的课程也应随之而变化，这种变化是对校长课程建设力的考验。校长只有通过变革课程，"建成"课程，才能使学校育人的具体目标得以动态和真实地实现。只有澄清和达到自身的教育目的，学校才能够坚守核心价值与教育信念，也才能浓缩与提炼办学理念和办学目标，最终实现学校育人的目的。

2. 课程建设，丰富课程之样态。通过课程建设，进一步界定学校的教育应该办成什么样子，继而思考增加什么样的课程，优化什么样的课程，明确了课程的种类和价值，进而使得明确选择什么样的知识、谁的知识有了标准与尺度。另一方面，在课程建设中，校长还应自觉地传承中华优秀传统文化、革命文化、社会主义先进文化，传承从学校发展历史中凝练的学校文化，呼应时代发展，不断开拓创新，积极构建特色鲜明、富有活力的学校课程体系，不断呈现更丰富、更有生命力的课程样态，积极为育人服务，努力建设高质量的学校教育。

3. 课程建设，提高教师之能力。一方面，传统的课程管理模式是比较呆板和机械的，主要目的还是为了课堂上的有效管理，而忽视一些灵活性、个性化的管理，一定程度上也束缚了老师们的手脚，换句话说就是限制了他们的创造力，直接影响教师们往更专业化方向发展。另一方面，学校的传统管理模式，增加了教师负担，老师关注点不是花更多时间在研究上，而是应付各种检查、各种会议，日久天长，教师们的自主性减低。通过课程建设，可以激发教师们去思考、反思和总结，为他们的专业化发展提供资源和土壤，发挥他们的研究能力、创造潜力，不仅帮助教师们理解真正的课程，还能提高他们的专业水平。

三、路径和方法

（一）课程建设的路径

课程建设的路径，同通常的问题回答和矛盾解决一样，都可分为几步。在一定意义上可以认为，因在时序和逻辑上的统一，课程建设的路径与课程开发的要素是一致的，也即由目标、内容、方案、组织、实施、评价等六大要素组成。

1. 目标。目标是指其本身所需要实现的和欲想达到的意图，它明确规定了在某一教学阶段学生通过对课程内容的学习后，在德育、智育、体育、美育及劳动教育等方面所要达到的理想状态。目标为课程建设路径中的内容、教学目标和教学的方法奠定了基础。在课程建设中，制定目标可谓是最为关键的一步，这一步是一切课程建设的逻辑起点，只有发现了真问题，才能够建设适切的课程目标。另一方面是发现学生学习的真实难点。在这个阶段，学校需要明确一系列问题：学生对课堂有什么建议？学生对教师的管理和领导方式有什么建议？学生对班级建设有什么建议？这些问题是课程建设诸路径中目标制定的原点和"机会"。

2. 内容。内容是指各门学科中特定的事实、观点、原理和问题，以及处理它们的方式。学者廖哲勋和田慧生将课程内容定义为根据课程目标在人类经验体系中择取素材，并按照一定的逻辑顺序编制而成的知识和经验体系。如果说目标制定回答的是人才培养的质量与规格问题，那么内容选取则回答的是"教什么"的问题。内容的选取最重要的就是分析难点、问题背后的原因，需要采取运用科学的研究方法。作为校长和学校一方，当明晰问题后，就需要对学校和学生的具体问题去进行调研，用教育科学研究方法去分析和表达。在这一过程中，要对所获的信息进行后续的判定，最终根据判定结果来确定课程的内容，用新的内容来解决老的问题。

3. 方案。方案，顾名思义即是依循一定方法而成的系统计划。通常情况下，方案的提出一定要基于学生认知出发开发和建设课程，这样建设出来的课程方案才具有科学性、可操作性。在方案提出之后需进行合适的呈现。对于学校，尤其是对普通高中而言，合适的呈现更加重要，因为这一阶段的老师和学生往往十分"繁忙"，若以不当烦琐的方式呈现，其效果必定大打折扣。一般都建议以图表和条目的方式对课程建设的方案做出呈现，这便要求课程建设最终的总结和撰写更加精炼直观，实现可视化，让全校更加易于执行和推进。

4. 组织。组织从广义上讲，是指由诸多要素按照一定方式相互联系起来的系统。从狭义上说，组织就是指人们为实现一定的目标，互相协作结合而成的集体或团体，如党团组织、工会组织、企业、军事组织等等。在课程建设中，所谓组织（Organization），是指具有明确的课程目标导向和精心设计的课程结构与有意识协调的课程活动系统，同时又同外部"系统"保持密切联系。课程建设组织的形成和运行遵循教育内部的规律以及组织运行的规律。合理的组织可以有效甚至高效推进课程建设进程，反之则会起到消极和负向作用。这样，课程建设的组织要求校长和教师们明确其建设的主题和概念、原理、技能、价值观。而从实施的角度看，所有课程建设组织的都会涉及"范围""连续性""序列"以及"整合"四大方面。

5. 实施。课程建设在实施当中，需要体现基础教育教学规律的要求，以提升品质为导向，选择并且序化教学的内容，改革教学方法、教学手段和考核方法。这就需要校长和教师们重视学生们在校学习与实际表现的一致性，有针对性地采取教育信息化的手段、任务驱动、项目导向、课堂与家庭一体化等等行动导向的教学模式，按照知识、技能、关键能力、核心素养、价值观念的目标来组织实施。

6. 评价。教育部《基础教育课程改革纲要》《贵州省义务教育课程设置方案》及《贵州省基础教育课程改革义务教育课程计划》中明确要求，要进一步完善三级课程建设体系，确保国家课程和地方课程都得以贯彻落实，开发建设学校课程，构建包括国家课程、地方课程和学校课程在内的完整的学校课程体系。由近年来的学校课程建设可看书，很多学校和校长都将课程评价作为课程建设的重要路径来抓好落实，从学生学业发展的评价、教师实施工作的评价、课程本身的评价三个方面实施评价。如此可在学校课程的实施过程中采取边实施边评价、边评价边完善的方式，不断完善、创新课程评价体系。

（二）课程建设的方法

校长的研究方法及能力，是课程建设的关键所在。基于如上课程建设的路径，将从以下几方面阐述课程建设的具体方法。

1. 理论研究与思辨方法。校长课程建设力体现之一就是对研究方法的掌握，除了要有问题导向的研究意识，还应具备理论研究和思辨方法。学校课程建设中理应思考"应该选择什么样的知识、谁的知识"，校长需要开展一定的理论研究和掌握相关的思辨方法来回答这些根本问题。学校只有采用这样的方法来明确自己的教育，才能赋予普通高中课程建设以灵魂；只有通过形上思维来澄清自身的教育目的，学校才能坚守其核心价值与教育信念，也才能够浓缩与提炼办学理念和办学目标。如此界定学校的教育，明确课程的价值，进而明确选择什么样的知识、谁的知识也就有了标准与尺度。

国内一些学校的课程建设已经为我们提供了有价值的理论经验。

（1）江苏省苏州市第十中学。该校的教育特色定义为"诗性教育"，认为"诗性教育，是对受教育者所进行的旨在树立他们崇高理想和远大志向，促进其人性境界提升、理想人格塑造以及个人与社会价值的实现的教育，其实质是素质教育，其核心是涵养具有人文意识的创造与创新精神"，具有"本真、唯美与超然"三个特征。在诗性教育的引领下，学校通过外部学术支持，以理论向度为线，建构了诗性的课程文化，即课程目标的制定首先考虑学生的需求，体现学生的个体差异性，然后遵循时代性、基础性和选择性的原则，追求其课程内容与社会进步、科技发展、学生经验的紧密联系，关注学生的生活体现，满足学生理智、情感、审美、道德、生活的需要，以促进学生良好心理品质的形成、健康审美情趣生活方式的养成。

（2）山东省潍坊第四中学。该校是地处城乡接合部、生源多样且质量不高的学校，确立了"崇美崇实、信心铸就成功"的信心教育。这种信心旨在"点燃禀赋各异学生的自信，使每个学生成为他们内心向往的精彩的自己，培养释放正能量的合格公民，让不同层次的家庭都看到教育的希望"。它非常类似于卢梭的"天赋"教育理论。在信心教育的关照下，借助如天赋教育、实用主义教育的理论范式，从学生禀赋与差异出发，学校开发出了一系列贴近生活、走进社会的课程，譬如"生活处处有经济""法律连着你和我""造型与体验""历史就在我们身边""企业学子行"等。

（3）复旦中学。该校的"人文教育"结合百余年来学校注重培育学生人文精神的办学传统理念，以思辨的方式构建了"文理相融、人文见长"的人文教育模块，开发出了独具特色的复旦中学"文化"主体周综合课程。"这一课程由四大领域构成：人文视野模块包括西方文化掠影、文化与人生、跟着环球画看世界等课程；文化探究模块由寻梦复旦园、相辉文化讲谈、史料解析入门等课程组成；科学素养模块包括数学与人文、掌中求索、绿色家园、燃烧与爆炸等课程；艺术素养模块则由男篮女舞课程组成。"

可以说，借由理论研究和思辨方法，学校一旦正确地界定自己的教育，这种教育就会犹如一盏探照灯，照亮学校课程建设前行的道路，明确课程价值定位，并赋予学校课程建设"灵魂"长足发展下去。

2. 案例研究与个案方法。普通高中在向特色高中转变的过程中，课程价值的澄清只是第一步。教育理想转化为现实，还需在办学理念的关照下建构学校课程。在这一过程中，许多学校逐步形成了分层、分类的思想。从课程功能来看，有人文课程、科技课程、社会课程与身心课程；从管理层级来看，有国家课程、地方课程与校本课程；从课程分类来看，有必修课程、选修课程与自修课程；从课程形态来看，有学科课程、活动课程与综合课程。各种具体的课程又可以按不同的标准归属到不同的课程中去。但课程建设的难点是如何根据学校的办学理念去建构课程。此时案例研究与个案方法则不失为一个非常有用的方法。

（1）深圳中学。该校在创办学术性高中的过程中，即以他校的经验为范本进行模仿，经过多次的剖析、琢磨和精进，逐渐建构了"本校的课程"。这种"本校的课程"由基础学术课程和学力课程两部分组成。基础学术课程是参加高考和学业考试所需要学习的各学科课程；学力课程由认知技能、自我成长、文化审美、体育健康、实践服务、研究创造等六个课程群组成。该课程在结构方面，集众家之长，线条清晰，十分便于管理与评价。

（2）山东聊城第二中学。在分析其他学校办学理念的基础之上，聊城二中提出了自己的"生本教育"理念。在这一理念的指引下，学校打破多年来单一的培养方式，渐次形成"宜文则文、宜理则理、宜艺则艺、宜体则体"的多元人才培养机制。该校还通过个案分析的方法，分析学生的文化知识基础薄弱等特点，开发出了符合校情、学情的校本教材，开设了各种学科延展课程，设置从初中到高一过渡的"桥梁课程"，适当地将国家课程校本化。所谓"桥梁课程"是指站在高中课程的角度，使学生通过学习实现"旧知"与"新知"的有效衔接。而学科延伸类课程是从学科知识中找一个点，并通过这个知识点将学习扩展到社会生活的应用层面，整合涉及这个知识点的各种鲜活案例，让学生学会从生活应用的角度把握知识。学校在有效案例的指点之下，提供数量、质量俱佳的校本选修课程，满足学生的多样化选择和多元化发展的需求。

（3）上海市建平中学。该校着眼于学生能力的提升，从 4S、3C、DBL与思维广场四个方面对课程进行了整合。学校的研究起点是对日本中学的案例分析。4S 指的是社会实践、科技人文、项目设计与学生社团的整合，即学生通过社会实践发现问题,然后在科技人文讲座中开展讨论;3C 是创新、创造与创新三门课程的整合;DBL 是指基于设计的学习;思维广场则通过课程设计,将语文、历史、政治三个学科整合在一起。

构建特色学校课程是普通高中向特色转变的必由之路,也是课程建设和新高考改革的必然选择。特色需要服务、服从于学校的办学目标和价值定位,不是追求标新立异,而应将学校教育理念转化为办学的个案。换句话说,学校须立足于自身实际,着眼于学生发展需求,合适借助案例,研究自己的个案,准确定位课程的价值功能,调动师生参与课程的积极性,制定出规范的课程建设规则。

3.行动研究和定性方法。在课程建设中,从学术角度看,一般先确定自己的研究范式,但实际的研究过程中,其实范式不重要,最为关键的是主要解决问题,所有方法为己所用。行动研究是一线最常见的研究,还应与定性方法结合。学校课程建设是一个合作共生的过程,一个螺旋前进的过程。这一过程不仅要靠课程专家、校长和教师身体力行,也需要社区、家长、学生的理解、参与支持。学校需要积极吸纳家长参与课程建设,发现问题、形成行动方案,再充分调动家长资源,为改革营造良好的社会环境。

(1)浙江省杭州二中白马湖学校(小学部)。该校的家长学院课程,最先是对家长的相关组织(如家委会、家长理事会)及其运行进行调研判断,从中发现问题;然后对相关问题进行反馈和研究,研审出相应的行动方案;之后再依方案付诸行动,一步一步接近目标;中间也有反馈,其间对方案做相应调整,再行动和实施;最终解决问题。具体而言,该校依此环节,基于班级或年级,成立了10多个"系",设立相关主题课程,这既丰富和补充了学校课程,同时也成为提升家长育人能力的重要途径。中间,学校有组织地优化统整资源,引导师生共同开发新建课程资源,将这些资源形成小型的资源包,再以学科为单位收集、归类和统整,分类纳入学校课程资源库。最终,学校有目标地创生共建资源。实际上,学校在重视师生分享课程资源的同时,利用他们的知识和智慧来推进资源共建共享的良性发展,即把课程资源的开发主权还给广大师生,调动师生参与资源开发的主体性和积极性,通过师生的生活背景、经验结构和知识信息的多样性与多元性,推动课程资源建设。

(2)江苏省汾湖实验小学。该校采用了"分布式课程领导"的方式进行团队建设。他们强调每位教师都能成为某一领域的专业领导行动者，与追随者自由组成团队。每个团队聚焦一个领域，不同的领域分布在整个教研组及学校。在成就每个教师的同时，增强了团队的力量。校长通过行动研究的定性方式，引领了学校课程建设，促进教师课程领导力发展。

　　回过头来诘问，究竟什么是课程？如果把课程理解为国家规定的各学科教学内容的总和，那课程对学生而言就是前人留下的知识文化及这些知识的逻辑构架，它就成了独立于师生主体之外的缺乏情感与温度的一个物件。实际上，课程应该包涵学生的兴趣、学生的经验、学生的情感。课程建设需要对学生发挥积极的影响，需要关注学生学习质量指数和幸福指数。校长应当努力让课程去关心学生学习过程中的情绪和情感，学生通过怎样的方式学习，头脑中构建了怎样的学习方式，养成了什么样的学习习惯，在何种程度上激发了他们的潜能……教育的起点是学生的差异性，教育的终点是让学生成人成才。虽然教育是有限的，但学习却是无限的。接受教育不是学生的天性，主动学习才是人的天性。校情各不相同，学校师生各不相同，故课程建设也应该不同。校长领导的课程建设应该为学习而设、师生共创，教师依学而教，学生主动学习，共同获得美好并且有价值的学校课程体验。

　　最后强调，课程的特色化并不是普通高中课程建设的最终目的，而将特色课程转化为学生素质才是课程建设的主旨。课程改革不仅需课程方面改革，更需要教学改革。倘若教学不能随着课程改革而改革，再好的课程体系也只是摆设而已。从现实层面上，"教师讲，学生听"这种教学形态固化障碍必会让任何课程的实施都举步维艰。只有改变教学，课程才能真正地落地生根。

参考文献：

　　[1] 托马斯·J.萨乔万尼.校长学：一种反思性实践观[M].张虹,译.上海：上海教育出版社，2004：88—89.

　　[2] 陶行知.陶行知教育名篇[M].北京：教育科学出版社，2005.

　　[3] 纪海英,郭本禹.从新行为主义到社会建构主义：班杜拉研究范式的转变[J].心理科学，2006,29（1）：3.

　　[4] 郭乐静.基于特色学校建设的校本课程开发[J].教育理论与实践，2018,38(35)：2.

　　[5] 陈雨亭.学校整体改革的内涵与实践维度[J].教育科学研究，2018(11)：51-

55+67.

［6］王艳娟.生命教育视域下校本课程的创设与实施——以郑州市郑东新区众意路小学为例［J］.中国教育学刊,2018（S1）：177-180.

［7］范涌峰.校本课程与特色学校关系的断裂与重构［J］.中国教育学刊,2018（05）：63-67.

案例　赤水市第八中学：以启源文化为核心，建设特色校本课程

【摘要】学校文化建设引领下的课程建设是学校为实现育人的核心，对培养什么人、怎样培养人、为谁培养人发挥着不可或缺的作用。校长要以校园文化为核心，引领校本课程建设，构建特色校本课程体系。本文主要围绕校园文化引领下的校本课程建设进行阐述，以启源文化为核心建设特色校本课程，从启源文化的挖掘、校本课程的建设、校本课程体系构建等几个方面做阐述，以文化为引领建设特色校本课程，实现以课程育人的核心目标。

【关键词】启源文化　校本课程　课程体系

习近平总书记指出："教育是国之大计，党之大计，教育兴则国家兴，教育强则国家强。"课程是学校为实现育人的核心，对培养什么人、怎样培养人、为谁培养人发挥着不可或缺的作用。校长的课程领导力是学校课程引导力的重要组成部分，校长在组织团队对学校课程进行规划设计、统筹整合的基础上，重点是建设学校课程，这样才能把蓝图落地落细落实。一般说来，校长在建设学校课程体系时，要坚持在国家三级课程管理体系下，注重课程文化与地域文化、学校文化相结合，课程形式与育人内涵相结合，凸显学校特色。近年来，贵州省赤水市在"丹青赤水，多彩校园"文化的引领下，校本课程建设取得了丰硕的成果，特别强调以地域文化、校园文化为核心，建设适合学校实际的特色校本课程。下面谨以赤水市第八中学（以下简称"赤水八中"）校本课程建设为例，供大家参考。

一、地域多彩的文化资源赋能特色校本课程体系建设之源

赤水八中所在地贵州省赤水市官渡镇，地处云贵高原与四川盆地交接地

带，位于赤水市东部，东北面与四川省泸州市合江县接壤，东南面与本市石堡乡、遵义市习水县相连，西与本市葫市镇连接，北与本市长期镇为邻。镇所在地距赤水市市区72公里，东南离习水县县城36公里，北距合江县城46公里。

官渡镇历史悠久，文化底蕴深厚。北宋时期，官渡就是川盐入黔的主要通道，人员往来较多，基本形成贸易集镇。南宋端平元年（1234年）袁世盟平南时，官兵到官渡渔湾下渡口，由官府设渡口，兵马渡过河，得名为官渡。袁世盟部分官兵落户于此，定居此地，集市贸易日渐繁华，称官渡场。民国四年（1915年）划分为仁怀、赤水、习水三县时，习水县县城设于此地，1950年4月习水县城从官渡迁往温水，后迁至东皇。1965年春官渡划归赤水管辖，官渡镇现为赤水市第一大镇，赤水的副中心城镇。

镇境内有以"清慎勤廉碑"和"贞节牌坊"为代表的廉政文化；有"红军墓"和"红军战斗遗址"为代表的长征文化；有以贵州省非物质文化遗产"游氏武术"为代表的武术文化；有以"崖刻"和"宋墓"为代表的古文化；有以"丹霞地貌"和"桫椤"为代表的世界自然遗产文化；有以"原始森林"和"巅湖"为代表的自然生态文化；有以"十大竹乡之首"为代表的竹文化，有以"石拱桥"为代表的桥乡文化；有以"昔日三十五载老县城"为代表的人文文化。丰富多彩的文化资源，为赤水八中校本课程体系建设提供了丰厚的地域文化养分。

二、以"启源"为核心理念构建学校多元的课程文化生态

围绕学校的昨天（过去）、今天（现在）、明天（未来），着力于以下三个方面：

（一）追根溯源：彰显文化的多维意蕴

1.追溯中华文化之源，弘扬中华优秀文化

学校的启源文化特别强调追溯中华五千年优秀文化，在中华文化上追根溯源，弘扬优秀传统文化。学校组织语文组问祖寻根，收集、选择、梳理、编写各年级优秀传统文化必读教材，分初高中读本，内容从四书五经、《道德经》《增广贤文》《三字经》《弟子规》等优秀篇目中选择。以国旗下讲话、特色大课间、一级一品、艺术节、主题班会等常规教学为手段，以学生诵读、演讲、体验等主动参与为教育形式，以中国五千年优秀传统文化为主要教育内容，建设学校课程，形成浓郁的学校文化氛围，使学生通过课程受到文化的浸润和熏陶，从中学会学习、学会生活、学会做人，从而实现学生对伟大祖国的认同，对中华民族的认同，对中华优秀传统文化的认同，弘扬和传承中华优秀文化。

2. 追溯官渡文化之根，传承本土特色文化

学校课程建设以赤水八中所在地官渡古镇九大本土文化为引领，即廉政文化、长征文化、武术文化、古文化、世界自然遗产文化、自然生态文化、竹文化、桥乡文化、人文文化等为基础，深入挖掘整理适合课程开发的文化，作为学校课程建设资源，培养学生爱祖国、爱家乡的情怀，追溯官渡本土文化之根，用厚重的地域文化来指导校本课程建设，达到文化浸润育人的效果。

3. 追溯学校文化之脉，继承学校历史文化

以"源—袁—缘"为线索建设学校课程，源即袁，源即缘。首先，"源即袁"是为纪念赤水八中创始人袁吉皆老先生，袁吉皆先生是官渡所在地的开明人士，他生前立下遗愿，变卖田产创办吉皆中学，其后人从1941年起开办学校，这就是赤水八中的前身。其次，"源即缘"，即缘分，从同学情、师生情、父母情、民族情、国家情等层面，让学生珍惜现在拥有的一切，学会饮水思源，学会感恩，追溯八中悠久厚重的办学历史，用一代又一代的八中人"博爱宽厚、勤耕苦读、敢为天下先"的精神来感化和教育学生，促进学生养成良好生活和学习习惯，端正学生做人做事的态度，培养学生的乡梓情怀，形成独具赤水八中特色的"缘"文化课程体系。

（二）正本清源：实施"教与学之源"融合推进的课程文化

1. 开展"教之'源'课程文化"活动

学校课程建设落地落细，必须紧紧抓住教育教学的各个环节。教之"源"，意即：备课要"深"，上课要"实"，作业要"精"，教学要"活"，手段要"新"，活动要"勤"，考核要"严"，辅导要"细"，负担要"轻"，质量要"高"。坚持狠抓教学质量、走内涵发展的道路、形成办学特色的重大举措。我们紧紧围绕官渡地理资源、自然资源、社会资源、人力资源、传统资源，在课程建设中以"人与自然→亲近自然→关注家乡"的自然环境；"人与文化→感受人文→领略地方"的传统文化；"人与社会→走进社会→认识城乡生活"

关注现实世界；"人与自我→认识自我→塑造和培育乡村孩子优秀品质的自我人生"四个板块打造"启源"文化校本课程，以八中悠久厚重的办学历史、深厚的文化底蕴和一代又一代八中人传承下来的八中精神来激励和鼓舞全体学生，坚定文化自信。

2. 打造"学之'源'课程文化"环境

从学校课程规划设计、统筹资源、开发建设、守正创新各个环节，学校领导班子紧紧依靠干部队伍、教师队伍，主动向学校所在地官渡镇党委、政府汇报，征求社区群众、学生家长意见，引导学生主动参与，本着课程建设"服从国家、服务教师、成就学生、发展学校"的原则，构建和谐统一、多元共建的课程建设文化氛围。以学校礼仪、家庭礼仪、社会礼仪的系统学习，使学生初步打下"做人"的基础，努力做到在校是个好学生，在家是个好孩子，在社会是个好公民。

（三）源远流长：启传统文化与人类知识等智慧之源，构建启源课程文化

围绕学校、教师、学生未来的发展愿景，心怀梦想，憧憬未来，脚踏实地，仰望星空，努力实现人生自我，超越梦想，铸造生命辉煌。大胆规划学校未来的发展愿景，大胆规划老师的发展愿景，帮助学生树立远大的理想，并为之而奋斗。用赤水八中优秀杰出的校友来激励学生发展，给每一个学子树立梦想墙，启智慧之源，立四方之志，修身、齐家、治国、平天下。

启源教育，基本含义就是启迪智慧，追求本源，为教育教学开启源头活水，开拓和创新教育教学活动。启源教育，以"古今吉成于一体，万源皆归于一流"为文化主题，开启赤水八中教育教学可资利用的"传统文化、人类知识、教育规律和生命认知"等源泉和动力，提升办学质量。启传统文化之源，以国学传承、弘扬民族精神为学校化追求；启人类知识之源，以特色校本课程建设、启发学生智慧为教学基本任务。

三、"启源"校本特色课程体系的结构要素

学校以启源文化为核心，建设六大特色校本课程，即经典国学浸润课程、官渡津梁九章特色课程、感恩孝悌特色课程、丹青赤水特色课程、游氏武术健身课程、红色经典歌曲传唱课程等。六大校本课程的目标和形式具体为：

经典国学浸润课程以学习传承中国优秀文化为目标，以诵读为实施形式；官渡津梁九章课程以学习传承地域文化为目标，以现场教学为实施形式；感恩孝悌思源课程以教会学生懂得感恩为目标，以感恩主题活动为实施形式；丹青赤水特色生态课程以传承红色文化和绿色生态文化为目标，以现场实地教学、研学旅行为实施形式；游氏武术健身课程以传承非物质文化、强身健体为目标，以游氏武术特色课程、社团和大课间为实施形式；红色经典歌曲传唱课程以传承红色文化为目标，以传唱红色歌曲为实施形式。

四、"启源"特色校本课程体系建设的实践样例

（一）经典国学浸润课程

1. 课程目标

浸润千古文章，成就百家人才。以经典国学为源，汲取并弘扬广大源远流长的中华文化，涵养中国文化情怀，树立文化自信心。

2. 课程实施形式

首先，学生传承经典文化，润儒雅之气。以中学语文教科书为源头，延伸相关经典古文章，开发校本教材，进行主题学习。通过晨读、自习、文化艺术节等时间，开展读书进行经典诵读系列活动。

其次，教师伴着经典发展，修四有之风。汇编经典箴言、名家名篇，校本读物；举办"与教育先贤对话、与教育名家对话"等读书交流活动。

再次，师生沐浴廊道经典，做启源之人。通过吉皆长廊、正源楼等廊道的国学内容，使学校环境"人人可学、处处可学、时时可学"。

3. 课程实施阶段

初高中分段实施、分年级组建，做到"四统一"：教材统一、服饰统一、课程统一、教师统一。

（二）官渡津梁九章课程

1. 课程目标

根植乡土自然，情怀四方之志。充分利用好官渡丰厚、悠久的人文、自然资源，培养和造就有本土情怀、四方之志的社会津梁之才，传承官渡镇内的九大本土文化，即廉政文化、长征文化、武术文化、古文化、世界遗产文化、自然生态文化、竹文化、桥乡文化、人文文化，建设官渡的津梁九章特色课程。

2. 课程实施形式

（1）入学和离校课程

重视学生入校和离校两个重要节点的教育，采取课内外集中学习、讲故事和现场教学形式，培养对学校、官渡以至于赤水文化的自信心和认同感。学生现场听讲官渡县衙吴大老爷清慎勤廉的故事、现场听讲贞节牌坊的来历，实地参观"崖刻"和"宋墓"、实地走访丹霞地貌、各类乡土桥梁等，以官渡镇特色九大乡土文化为引领，通过教师讲解、学生参观、学生体验这九大本土文化，并作为课程实施，厚植乡土情怀。

（2）师生红色经典合唱团

编辑整理基于地方文化传统的红色经典歌曲，以歌唱团的形式，组织师生开展兴趣活动，学习红色经典艺术，传承优秀革命传统。

（3）讲四渡赤水故事

编辑整理四渡赤水故事，由老师向学生宣传讲解红军长征途中，尤其是四渡赤水的故事，了解四渡赤水的背景、过程、结果和重大意义，对学生进行红色传统教育，学习老一辈革命家不怕困难、不怕牺牲的革命主义精神。

（4）武术社团活动

游氏武术是贵州省非物质文化遗产，是官渡独有的文化名片，学校传承好游氏武术这一地方特色文化，以游氏武术为主题，组织师生对中国传统武术的精神、文化、招法进行"感、悟、行"，实现强身健体、塑造完美人格的价值追求。

3. 实施阶段

构建以官渡本土九大文化为核心的津梁九章特色校本课程，或讲座，或体验，或参观，或研究，让学生认识脚下的这片土地，唤醒文化自知和文化自觉，坚定文化自信。

（三）感恩孝悌思源课程

1. 课程目标

饮水思源，不忘根本。以学校历史、"双算双恩"活动，倡导感恩孝悌教育内容，培养不忘根本的有情、有缘、有孝的高情商的师生。

2.课程实施形式

（1）校史学习课程

以学校发展历史为学习内容，组织学生系统、完整地了解学校发展历史，认识学校优秀校友、了解办学成就，增进对学校历史成就的自豪感，增强建设好学校校风、学风的责任感，实现文化自觉。

（2）教师结对仪式

认真策划和设计学校教师青蓝工程、师徒结对活动，增进结对的仪式感，提升教师文化品位，增进教育质量。同时，加强结对活动的评价激励，营造知恩、感恩的教师群体文化。

（3）孝亲师生评选

在学校的教师、学生中开展孝亲评选活动，组织家书助家风活动，营造家庭和睦、孝敬父母、尊老爱幼的优秀家风，达到齐家的人文追求。

（4）双算双恩活动

在师生之间，每期开展双算双恩系列活动。教师之间开展单位算账报民恩，个人算账报国恩活动，培养一支感恩党、感恩祖国、感恩政府、感恩社会的教师队伍，不忘初心，担当起教书育人的责任和使命。在学生之间广泛开展感恩系列活动，利用专门的感恩教材，通过国旗下讲话、演讲比赛、征文比赛、主题班会等形式，对学生开展感恩教育，从小让学生感恩党、感恩祖国、感恩政府、感恩教师、感恩父母、感恩社会，做一个知恩图报的新时代中学生。

3.课程实施阶段

精选中华优秀节孝故事，探寻本土孝老爱亲突出优秀家庭，以家庭走访、社区服务、广播之声、板报、主题班会、手抄报、演讲比赛、课题研究为载体，把传统项目课程化，按课程计划开展，分年级实施。

（四）丹青赤水特色生态课程

1.课程目标

传承赤水红色文化、绿色生态文化，对学生进行红色革命传统教育和生态环保教育。

2.课程实施形式

围绕赤水市提出的"丹青赤水，多彩校园"主题，结合赤水红色文化、生态文化两大特色地方文化，组建丹青赤水研学旅行课程，采用现场教学，把学生带到四渡赤水纪念馆、四渡赤水战斗遗址、赤水大瀑布、四洞沟、竹海森林公园等地，对学生进行红色文化和生态文化专题教育。

3. 课程实施阶段

分年级、分学期组织学生定时到赤水红色革命圣地箭滩古战场、赤合特支旧址、四渡赤水遗址、黄陂洞战斗遗址进行红色革命传统教育，以研学旅行和现场教学为主要实施形式。分年级、分学期组织学生前往月亮湖、赤水大瀑布、四洞沟、燕子岩等地进行现场参观学习，学习传承赤水生态文化。

（五）游氏武术健身课程

1. 课程目标

学习传承官渡镇游氏武术非物质文化遗产，弘扬游氏武术文化，学习游氏武术拳法，强身健体。

2. 课程实施形式

利用体育课、大课间、社团活动、地方课时间组织游氏武术教学，组织初级、中级、高级三类班级，学习游氏武术拳法，编造游氏武术动作在大课间全员参与表演。成立专门的社团传承游氏武术文化和拳法。

3. 课程实施阶段

学校聘请本地游氏武术传承人到校教授，校内体育老师参与，成立专门的初级、中级、高级游氏武术专班，以年级为单位组建班级，共计4个班，每班人数40人，每周统一时间、统一训练、统一教授、统一服饰，全校大课间所有学生参与游氏武术训练和展演。请官渡本土游氏武术传承人士进入校园作为外聘教师，学校成立游氏武术社团，按照初中组、高中组、成人组三个组别为不同层次的社团，由专业外聘武术老师组织教学，按照初级、中级、高级三个层次开展教学活动，学校安排专项经费负责采购师生所需的武术装备，支付外聘武术教师的薪酬。同时，学校邀请武术教练协同本校体育教师，根据游氏武术拳术动作要领，结合学生身体特点，编出了一套全员学生参与的游氏武术简单拳术动作，作为大课间特色项目，每日作为大课间的体育课程来开设，实现"文明其精神，野蛮其体魄"的体育教育价值，助推学校文化建设和特色学校建设。

（六）红色经典歌曲传唱课程

1. 课程目标

传承红色革命传统教育，传唱红色革命歌曲。

2. 课程实施形式

由音乐老师和班主任组织实施，利用音乐课、班团课、社团课等形式组织教学，传唱红色革命歌曲。

3. 课程实施阶段

精选红色经典歌曲，编写红色经典歌曲创作背后的故事，唱响主旋律，传递正能量，全员参与，做到"六固定"：固定时间，固定地点，固定学员，固定指导老师，固定内容，固定展出。

总之，课程建设需要校长做好规划、统筹、建设和创新这四个环节，在课程建设过程中，要以校园文化为引领，以校园文化为指导建设课程，充分挖掘学校当地的传统文化，统筹各种可以利用的资源，科学合理地建设校本课程，安排好师资，提供好各种保障，做好监督和评价，把课程建设落到实处，实现立德树人的总目标。通过文化引领、文化浸润做好课程建设，真正发挥课程育人的功能。

课程创新

课程创新是校长课程领导力的核心，属于课程价值追求的范畴，是与时俱进的表现，凸显的是校长及其团队对课程的反思修正与创造能力。

一、相关概念

（一）课程创新

课程创新是指学校立足已有课程的基础上，本着满足学生需要和国家社会需求，把握历史进程与时代发展的特点，充分整合利用校内外资源，或者打破课程边界形成新的创新课程、新的课程模式、新的课程体系。课程创新简言之则是在创新思维引领下开发、开展、整合和优化现有课程，形成新的课程体系。就广义而言，课程创新在学校课程体系建设过程中无处不在，无时不在发生着，包括校长的决策和统筹课程体系建设的全过程和全方位中打破课程边界，整合课程资源，优化课程体系；包括教师在对学科课程的分析理解和传授过程中，通过教师对学科课程知识的理解分析判断，得出包含有自己的认识和观点的知识传授给学生的实践行动；还包括学生在课程学习中形成的自觉创新活动，能从新的课程中助力发展。

（二）校长的课程创新力

校长的课程创新力是指校长通过对新教育理念和新课程改革的准确把握，在现在学校课程的基础上，本着满足学生需要和社会需求，把握历史进程和时代发展特点，利用学校现有的课程设置，整合各种资源，打破课程边界，对学校现有课程进行创造性转化、创新性发展的能力。

（三）校长的课程创新力的内容

校长对学校课程创新的领导力体现在何处？有句话说"校长的远见卓识使学校领先一步，则领先一个时代"，可以看出校长视野的广度决定着学校未来发展的高度。同时，台湾学者李锡津也指出："有什么样的校长，就有什么样的课程领导。"而课程的发展，与校长的眼界和格局息息相关，这要求校长不仅需具备专业的学识，还需拥有开阔的视野，在领导学校课程建设方面，更需要以创新思维对学校课程进行领导、规划、开发、设置、实施、管理和评价。

二、价值与意义

课程创新的根本意义在于可以真正优化教育教学资源，整合各种力量，通过课程创新实现课程的丰富、拓展、延伸，从而提升教师知行力，激发学生学习力，促进学校内涵发展；课程创新就其历史意义而言，则会潜移默化地影响地方课程、国家课程的教育教学方向，会促进整个人类社会文明进步和发展。

（一）有利于落实国家教育的根本任务

"国无德不兴，人无德不立。"习近平总书记一贯高度重视培养社会主义建设者和接班人，把立德树人作为教育的中心环节，作为我国教育的根本任务。基础教育课程改革理应站在"基础"的意义上来思考课程创新的基本价值追求。为此，课程创新首要的问题不是为什么创新，更应该是为"谁"创新。如果我们将课程创新服务的对象真实地扩大为"一切学生"，那就是课程创新要致力于"育人"，对人才培养的质量，全面提高人才水平，让学生能够成为有用之才都具有非常重要的意义。

（二）有利于助推课程改革的深入发展

1. 承前启后的历史价值

课程创新有对传统课程的继承，对现有课程的改造，对新课程的开发，对不同层次领域课程的整合优化，因此就历史意义而言，它是纵向贯通的，有一定的承接性，进行课程创新不仅能够影响地方课程、国家课程、国际课程等不同层次课程的呈现形式，在一定程度上还不断地影响着这些课程的教育教学方向，进而助推整个人类社会文明进步和发展。

2. 与时俱进的现实价值

创新的意义在于满足客观存在的需求，并能够有效解决工作生活中碰到的和即将碰到的问题。课程创新最大的价值就在于它的时代价值，课程创新必须随时代的变化而变化，随时代的发展而发展，它是常新的，是符合时代需要，国家发展要求的，并能够有效地引导学校教育教学的方向。课程创新是推动学校教育教学发展，展示学校特色的原动力。课程创新的模式其实很多，但任何创新都不能脱离教育的时代背景，也不能脱离教育教学的实践，而且要在教育教学的实践中有针对性地进行创新，为时代社会服务。

3. 引领未来的发展价值

课程创新不仅在于对过去课程的继承，满足当前客观存在的需要，更重要的在于它的革新应当能够引领课程的丰富、深化和发展，实现课程改革的目标。

（三）有利于促进学校文化的日益丰富

课程创新是课程富有生机和活力的重要保证，是丰富课程文化的应有之义，是能够筑牢学校文化底蕴的重要举措。课程创新能够永葆课程文化的生机活力，让学校文化日益丰富，让学校焕发生机、历久弥新。课程创新通过继承原有课程，改建、拓展、延伸、优化现有课程，进一步完善学校的课程体系，使之更科学、更合理、更优化。课程创新不仅能完善、丰富学校课程体系，还能够促进学校文化的日益丰富。

（四）有利于提升教育主体的核心素养

1. 提升校长的课程领导力

具有"最中国学校"之称的诗意校园苏州第十中学的校长柳袁照，在分享自己担任十几年校长的经验时说："校长在本质上是一位教师，但又与教师不同，区别在于校长的影响，要以理念引导学校的发展，而引导教师发展，必须让其内心的坚守和创造呈现在课堂上。"可见学校课程创新之重要，校长课程创新的领导力之重要。而校长领导课程创新的意义何在？学者们众说纷纭，但基本观点都达成了共识，即校长对课程创新的领导是必要的。例如沙国禅提到"校长的领导主要表现为对课程的领导，校长的领导力主要是课程领导力，校长应当有自己的教育价值观、教育理想、教育信念，应具有创新意识，对国家、学区发起的课程变革，也应创造性地实施，并为此果断制定清晰而长远的课程策略与目标"[1]。姚永指出"学校发展离不开创新，要从根本上解决学校教学理念落后的现状，就必须对以往的教学模式进行反思和改变，校长作为课程开发的领头羊，只有首先指明课程开发的方向，才能保证学校课程开发的顺利有序进行"[2]。谢玉绅谈及"学校管理离不开课程引领，作为学校校长，只有具备了深刻的课程理解力、独特个性的课程开发力和协调高效的课程统整力，才能实现学校的跨越式发展"[3]。还有赵国弟也强调"校长作为学校的第一责任人，在新课程改革背景下，课程的实施关键是校长课程领导力的提升，并将校长的角色定位为教育思想的引领者、学校课程的规划者、教学创新的实践者和教学资源的拓展者"[4]，等等。

2. 引领教师转变课程观念

从我国新课改的实践来看，校长课程创新领导力对教师的课堂教学的意义主要体现在：第一，能够灵活有效地促进国家课程和地方课程的实施，创新教学方式；第二，能够因校制宜，推动教师积极主动开发校本课程；第三，能够建立开放的领导机制，激励教师创生课堂；第四，能够注重学校课程文化建设，发挥学生能动作用[5]。从这个意义上来说，课程创新引导教师不断转变教学观念，不断改进课堂教学方式，努力探索师生互动的课堂教学模式，力求能促进学生的个性化发展。

3. 助力学生发展个性特长

新课程改革的核心直指以人为本，即"一切为了学生的发展"，主要任务要求更新观念、转变方式、重建制度，即更新教与学的观念、转变教与学的方式、重建学校管理与教育评价制度，从根源上则是在课程设置上就得做出改变和创新。以上海课程改革发展为例，上海一直作为国家课程改革的先试先行区，课程改革一直走在时代的前列，改革从1988年开始至今有30多年之久，历经打破旧常规，建立新体系，重构新课程的教育教学观念的转变，在尝试和修正中不断开发和完善，实现了以强调培养学生创新精神、实践能力和健全人格的完善的课程体系。上海中学是发展课程创新较为成功的范例，其校长冯志刚在《走在建构世界一流的创新型、研究型高中新起点上》一文中提到学校要成为研究型、创新型的高中，一定要有适合聚集学生特点、适合学生个性与潜能开发的课程体系，让学生能有选择地去主动学习，他主张让学生在丰富的课程体系的海洋里"游泳"，他们不需要游遍海洋的每一个角落，可以沿着自己感兴趣的领域构成的"泳道"去体验、去探索。

三、路径与方法

课程创新是学校课程开发、可持续发展非常重要的一个任务，是学校内涵发展的重要组成部分，是学校课程发展的目标，是学校办学特色的重要展示。进行课程创新要遵循一定的原则，要有政策遵循，要体现时代性、整体性、有序性、层次性的特点。具体来说就是要掌握好课程创新的路径和方法。

（一）课程创新的路径

课程创新的路径，包括从课程的内容上进行创新有利于不断完善课程体系，从课程的结构和立意上进行创新有利于课程的适性转化。

1. 从课程的内容上创新

课程的内容从层级上来看可以分为国家课程、地方课程、校本课程。从国家课程来看要进行课程内容上的创新主要是校本课程的创新，校本课程的开发可以依据国家课程开发和设置与国家课程相关的校本课程，例如国家课程有语文、数学、英语、物理、化学、生物、信息技术、政治、历史、地理、音乐、美术、体育，可以就这些课程内容开发出阅读写作课、奥数竞赛课、英语口语课、物理探究实验课、时事评论等拓展性校本课程；可以结合地区特点开发具有区域民族特色的校本课程，例如根据民族地区特色开展苗绣课、芦笙课、蜡染、独竹漂等，还可以根据地区科技资源发展情况开设航空航天、生态文明课等校本课程；还可以结合学校特点和需要、师资、生源等开发各种校本课程；随着国际社会的发展，经济全球化、政治多极化、文化多样化的趋势，需要培养具有国际视野的人才，有能力和条件的学校还应开发国际课程。

2. 从课程的结构上创新

课程结构是指不同层次和不同类型的课程按照国家要求，结合地方和学校的特点构建的课程体系。课程结构上的创新，可以体现课程创新适应不同阶段、全体学生、不同学校发展的实际需要而进行的创新。从这个方面进行的课程创新可以从横向和纵向两种结构来进行。从横向看，不同课程内容的课时数量在整个课程体系中的占比变化可以是课程结构的创新。例如语文必修课与选修课的课时比例，语文课与数学课、英语课的课时比例，语文、数学、英语与政治、历史、地理课程的课时比例根据不同学期的任务要求、师资力量、生源情况有所调整，这是课程结构创新。从纵向看，同一课程在不同阶段上的课时数有所不同或者不同的阶段有不同的课程都是课程结构上的变化创新。例如高中的数学课，高一5节，高二5节，高三8节；高一、二选修课比重较大，高三选修课比重最小；高一、二有校本选修，高三只有必修和必要性选修课程。

从课程结构的整体来看，还可以打破课程边界，整合课程资源，实现课程结构的创新。例如研究性学习可以与很多课程内容进行整合，将不同的选修课在同一个时段开设，此类课程需要指导教师将研究性学习的基础研究方法、研究路径、研究原则、如何选题、项目实施等知识进行集中培训，然后根据个人兴趣和需要选择适合自己的项目或者选修课进行学习，同时也在学习训练的基础上进行研究，此种课程既能实现课程学习与项目研究相结合，国家课程与校本课程相结合，还能整合和利用资源，对于学生来说一举两得。

3. 从课程的立意上创新

课程立意是课程计划、标准、内容以及课程实施的灵魂，是教师教学活动的指导思想，也是学生学习活动的中心。课程立意是课程的价值指向，也是学校实现的人才培养目标，即学校教育教学理念。每个学校对学生培养的目标和学校的发展理念就是课程设置的立意，也即是学校所有的课程设置都应该与此主题相关。课程立意的创新要符合几个要素，即正确、鲜明、深刻的课程立意。

一要正确。正确是立意的基本要求。课程立意正确，是指所确立的主题反映自然的本质和规律；反映历史发展的本质和主流；符合社会历史的发展规律；符合学校的历史定位和发展需要（例如某学校教育理念是本真教育，本色育人，回归自然，回归人的天性；某校的教育理念是培养国家需要的人才），根据立意来选择和开发课程，能够围绕这一立意的课程均可开设。二要鲜明。课程立意要鲜明是指所确立的主题是非分明，能旗帜鲜明地表示赞成什么，反对什么，毫不含糊，反映一种积极的、健康的思想，给人以有益的启示（如某校的校训是坚持做有品德、有学识、有体魄的人）。三是深刻。所谓深刻是指所确立的主题能反映生活的本质及内部规律，能揭示事物所包含的深刻的思想意义，能对学校文化具有一定传承的发展意义。

（二）课程创新的方法

课程创新一般意义理解是丰富课程、完善课程体系，实现"课程体系的构建"，但是课程创新不仅是"课程体系的构建"问题，还应该要重视课程构建的科学性、合理性、优化趋向，实现"课程的适性转化"，即课程创新应当适合国家、社会、阶段、学生发展的需要使之具有合理性；适应教育教学的规律使之具有科学性；适当安排、协调、整合课程资源使之具有优化趋向性。

1. 创新循变化，为国育良才

课程创新在设置上必须坚持国家教育的大政方针和政策，符合国家的教育观和人才观。2018年全国教育大会上，习近平总书记发言指出"要在学生中弘扬劳动精神，教育引导学生崇尚劳动、尊重劳动，懂得劳动最光荣、劳动最崇高、劳动最伟大、劳动最美丽的道理"；2019年中共中央办公厅、国务院办公厅印发了《关于深化新时代学校思想政治理论课改革创新的若干意见》；2020年10月，中共中央办公厅、国务院办公厅印发了《关于全面加强和改进新时代学校体育工作的意见》和《关于全面加强和改进新时代学校美育工作的意见》；2020年十九届五中全会关于落实《中共中央关于制定国民经济和社会发展第十四个五年规划和二〇三五年远景目标的建议》提出的教育改革发展任务，建设高质量教育体系，提升全面受教育程度。这些国家教育文件政策的出台都是为了推动各级各类学校积极落实党中央、国务院的育人目标和育人任务，学校也当根据这一国家教育政策变化，重视思想政治课，增加劳动教育课，加强学校体艺课程，实现"五育"目标，真正为培养德智体美劳全面发展的社会主义建设者和接班人做出教育工作的贡献。

2. 创新不离实，课以生为本

（1）因校制宜，将国家课程、地方课程与学校实际相结合

"国家课程校本化"一词源于国家在推进课程改革过程中，教育部提出"赋予学校合理而充分的课程自主权、为学校创造性地实施国家课程、因地制宜地开发学校课程，为学生有效选择课程提供保障"而得名，统一的课程标准下有不同的学校、师资、学生、教学资源、办学理念等因素的制约，这也决定了国家课程校本化实施的必要性。其实际意义是将国家课程与学校历史、现实条件、办学理念、育人目标、文化特色等相结合，对课程进行统筹安排和系统设计，从而实现国家课程的创造性转化，属于课程创新的典例。如何贯彻实施国家课程校本化，一方面要求校长在把握国家课程标准和学校实际基础上，利用创新思维并进行决策引领，另一方面要求教师结合教学大纲和学校实情进行多层次多维度探索和实践。

地方课程更多强调的地方文化的传承，通过实地取材和实地学习，不仅实现活化教学，促进课程适应性转换，还能有效对学生进行文化熏陶，滋养

学生的本土情怀，增强学生的民族认同感，拓展学生多元思维，彰显地方文化内涵。

（2）因地制宜，将国际课程、外来课程与本地实际相结合

"国际课程"是一种为国内外学生设计的课程，在内容上趋向国际化，旨在培养学生能在国际化和多元化的社会工作环境下生存[6]；"外来课程"包含国际课程，指的未被国际公认的与国内传统课程有差异，但对学生成长有积极指导意义的课程。随着世界各行各业发展的全球化，学校要培养适应社会需求、适应时代发展的创新型人才，就必须借鉴国外先进的理论技术和丰富的教学经验，但又要立足于国家教育方针及学校实际情况，实施国际课程、外来课程本土化是培养学生具有中国灵魂和国际视野的必然要求。例如，STEM 课程在中国的开展其实是国际课程本土化的典型课程，STEM 教育发源于美国，现已成为国际教育改革的新坐标，是整合科学、技术、工程、数学四个学科要素的新型课程形态，目的是聚焦科学技术的应用和创新，培养学生的创新精神和实践能力[7]。作为中国本土学校要引进 STEM 课程必须使之具有中国本土化的特点。

（3）因人而异，将地方课程、校本课程与学生实际相结合

学校办学首先要明确"要办什么样的学校，要培养什么样的人"，也要正确认识"学生的实际情况是怎样的"。每所学校都有其各自的办学理念和育人宗旨，而校本课程是实现特色办学、本真育人的依托工具，故统筹规划校本课程体系建设，实现各美其美、美美与共，凸显校本课程的特色。这里指的学生实际不是某个、某些学生，而应该是学校全体学生的实际，应坚持"一切为了学生，为了一切学生，为了学生的一切"的教育理念。

如何实现地方课程、校本课程与学生实际的结合？应该综合考虑学校实际情况从办学目标、教师发展、学生成长几个方面展开，特别是学生成长的需要。根据本校学生的学习特点、能力水平、性别比例、家庭条件等，开设符合学生实际需要的校本课程。

3. 着眼整体性，结构最优化

（1）注重课程结构的优化趋向

课程结构是指不同层次和不同类型的课程按照国家要求，结合地方和学校的特点构建的体系。随着社会信息化、智能化、国际化、学科交叉、资源

共享已成为人们的共识，课程的设置也需要打破不同层次和类型课程的边界，实现课程内容、课程资源的整合。校长作为优化课程结构的主导者，引导时要注意三个方面的内容：一是要注重继承与创新并重。一方面继承学校现有的良好课程基础，整合学校、家长和社区的优质资源，进行开发利用；另一方面又在现有的基础上开发优质的师生资源，充分发挥教师的专业特长，进行改革、完善和创新。二是关注动态生成（即关注课程的生本化）。课程在开发过程中教师专业的成长、学生个性的张扬、学校特色的突显与生本课程的开发、实施与评价是并行的，是在开发中实施、在实施中生成、在评价中完善的。因而课程生本化的开发要关注其动态生成性。三是注重实效性。校本课程的生本化开发必须从学校实际出发，从教师实际出发，从学生实际出发，一定要确保师生主体性的发挥，充分尊重学生的差异和需要，使学生得到真正的发展[8]。

（2）注重课程体系的整体性、有序性

整体性。课程创新要求设置完整科学的课程体系，使课程与教学更具科学性和可操作性，能在原有课程基础上有所摒弃和超越，形成一种包容式和开放式的有机课程体系。例如学科设置上应有必修课程和选修课程、校本课程；根据学生发展特点上应有科学课程、文史类课程、艺术课程、体育课程；从活动空间上应设置校内课程、校外课程；从课程目标上应设置理论课程、实践课程等，要注重课程体系的完整性，着眼于课程体系的整体性来进行课程创新。

有序性。课程创新还要求课程设置必须符合人和事物的客观发展规律，不能本末倒置、舍本逐末进行，即遵循课程创新的有序性原则。并且在课程建设的过程中，作为校长应该要有高位的价值追求、完整的构建体系、联动的运行机制和全员的参与模式[9]。课程的设置要根据教材内容的逻辑特点以及学生的年龄特点进行循序渐进安排和推进；要根据课程内容的难易程度及关联度适时适当的设置，做到环环相扣、层层递进、顺势而为。

4.创新循规律，主次相联结

课程创新在设置上不仅要遵循教育教学发展规律，还应遵循学生成长规律，教育教学过程应遵循循序渐进、因材施教等规律特点，遵循学生不同年龄阶段的特点在不同年级构建不同的课程体系，构成课程体系的不同课程对于不同年级学生在教学的地位也有所不同，对于不同任务的学生来说地位也是不同的，应有主次之分。围绕核心课程，开展其他相关课程，才不会主次颠倒，才不会"眉毛胡子一把抓"，在学生学习好核心课程的同时，提高其他学科的素养，也让学有余力的学生，能充分发挥其潜能。

5. 创新不忘本，行远不忘初

不能因为创新而忽略文化的传承，新与旧结合育人目标的实现需要以文化为根基，需要校长站在对历史的继承和对前沿的展望的节点上，对学校课程创新进行规划统筹，需要教师们齐心协力对课程创新进行思考、行动和再创造。习近平总书记曾说创新可大可小，关键在于善于提炼，体现原创性、时代性和主体性，注意把握挑战和机遇，因势而谋。

学校未来的发展离不开课程，课程的发展离不开创新，学校课程创新离不开校长的引领，只有把握当下、放眼未来，路才会越走越远。在课程创新的路上，我们还任重、道远！

参考文献：

［1］沙国祥. 浅论校长的课程领导力［J］. 初中生世界，2017（48）：26-27.

［2］姚永. 校长如何推进学校课程的开发与实施［J］. 好家长，2017，000（017）：129.

［3］谢玉绅. 校长课程引领力浅探［J］. 小学教学参考：综合版，2018（3）：1.

［4］赵国弟. 课程执行中校长角色的转型［J］. 基础教育参考，2017（14）：4.

［5］周惠敏. 提升校长课程领导力探索学校课程建设之路［J］. 中学课程辅导（教学研究），2016，10（023）：259.

［6］陈翊. 国际化课程和本土课程的比较及对策［J］. 北京教育学院学报：社会科学版，2013（1）：48-52.

［7］王懋功. 国际课程本土化的新探索［J］. 上海教育，2014（19）：1.

［8］秦文贤. 优化课程结构助推素质教育［J］. 教育：教学科研（下旬），2013（6）：2.

［9］胡敏. 校长的课程领导力——优秀校长的核心素养［J］. 科普童话，2018（07）：89.

案例 贵阳市第五中学：棠荫亭下 桃李芬芳

一、课程起点

当您走进贵阳市第五中学的大门，最吸引您眼球的会是什么呢？路过一排人物雕塑，便能望见一处园子，园内绿树掩映，碧叶荷塘，蜂歌蝶舞。郁郁葱葱的树荫下，一座高不过四五米、方不过丈余的亭子定能映入您的眼帘，鲜红的柱子，泛红的瓦片，四个翘起的边角透着它的别致，它，便是棠荫亭。

棠荫亭述说着怎样的故事呢？民国十八年（1929年），贵州正安县人郑绍臣初到贵阳，作为贵阳县长，他推行新政，整饬社会，在大力发展经济的同时，不忘发展教育，多方筹措资金，修缮了贵阳市威清门附近的火神庙（又名炎帝宫，据乾隆《贵州通志》载：该庙建于崇祯十四年（公元1641年），后遭损毁（仅残留几个石墩在校园内），改建为贵阳县立中学，延聘留学早稻田大学的王佩芬（号梦淹）为校长，结束了近代贵阳县没有中学的历史，是贵阳近代教育史上的一大盛事。

郑绍臣升任省财政厅长后，筑人为敬仰他重视地方教育、创办贵阳第一所县立中学之功绩，在校园内建棠荫亭勒石为铭，其《棠荫亭铭并序》，寥寥800余字，道不尽其壮举，却让他的身影，变得清晰可见。棠荫之名，取"柳栽今尚在，棠荫君讵怜"之意。相传周代时，"召伯巡行南国，曾在棠树下听讼断案，不厌劳烦，后人爱召伯而敬其树，便以'棠荫'为'去官而有遗爱'为美誉"。棠荫亭从此便深植在这片沃土之上，五中人也一直以棠荫内涵底蕴为文化基因传承弘扬。

从1930年建校初期，王梦淹校长就紧扣棠荫文化提出县中的校训为"敬业乐群"，标语是"科学救国"。他对校训和标语做了精辟的诠释："训以敬业，欲诸生养成责任心也；训以乐群，欲诸生养成其团结精神也。"以"科学救国"为标语，"欲诸生悉心研究科学，而应用于民生与国防也"。围绕校训及标语的内涵，以课程体系建设为抓手，开设了国文课、英文课、农业课、用器画课、算术课、书法课、物理化学课、音乐图画课、外国史课、军事课等课程，以全方位课程建设引领学生的成长与发展。

二、课程演变

（一）新中国成立前至成立初期的课程重组改建

抗战期间，沦陷区逃难及躲避战乱的人口的大量涌入，使贵阳市城区人口暴增，教育需求量迅速增大，导致贵阳县立中学的办学规模也逐步扩大，学校牢牢抓住课程体系这根绳，有条不紊地进行教学管理，到1937年学校奉命改为职业中学，学校新增了培养学生职业能力的课程内容，后因日本轰炸贵阳，学校于1939年迁至洛湾。1941年贵阳县立中学改称贵筑县立初级中学，同年8月贵阳解放后，在贵阳县中旧址设立贵阳初级中学，学校又恢复初期的课程体系，1945年初迁花溪，再迁青岩，后又迁回花溪。1950年，学校搬回炎帝宫，招初一新生两班，并接收原市立中学的4个班。1952年，又接收原程万中学的4个班，在这期间学校课程体系相对稳定，1956年增办高中后，学校开始增建了高中课程体系，并把学校名改为贵阳市第五中学一直沿用至今。

（二）"南三北五"的辉煌——20世纪80年代的课程拓展

20世纪80年代，贵阳市第五中学迎来了自己发展中最为辉煌的时期。在当时老百姓的口中，"南三北五"已然成了贵阳最杰出教育的代表，"南三"即旧址位于城南老阳明路花鸟市场旁的贵阳市第三中学（现位于贵阳市观山湖区），"北五"即位于贵阳老城墙"北门"附近的贵阳市第五中学。学校注重培养学生德、智、体、美、劳全面发展。在课程安排上，坚持以生为本原则，在国家课程的正常开设下，进行课程体系的拓展，不仅关注主要考试学科的课程，更关注学生体质健康及艺术素养的发展，体育学科课程进行了选学篮球课、足球课、排球课、田径课等的走班教学，艺术学科课程进行了书法、篆刻、服装设计、现代舞、拉丁舞等的走班教学，为学生提供多元选择，真正体现课程育人的效果。

（三）时代背景下的产物——高二分流的课程延伸

20世纪90年代初，因分类报考、划片招生等教育改革政策的改变，五中人一时未能紧跟改革步伐，社会影响力逐渐式微，往昔的辉煌渐渐远去，为学生谋求更好的"出路",让孩子们能够有一技之长成为当时学校领导最大的任务。

在这样的背景之下,"高二分流"这个具有时代特点的产物应运而生。"高二分流"即让一部分孩子的身份转变为职业高中生,孩子们通过分流后,在能够掌握一技之长的同时,得到了更多的进入专科院校继续深造的机会。学校对职高班课程进行量身的延伸,专门建构了高职班课程体系,有计算机等级考级课、语文、英语、数学高职校本课程。

(四)历史使命的转变——新时期的课程优化

每一次新政策的到来,都是学校命运的转折点,都是学校领导智慧的又一次展现。当 2012 年市政府提出市级教育行政层面直管高中,区级教育行政层面管义务教育的部署后,学校领导班子结合学校实际,做出学校走普通高中特色发展之路的定位。从此学校课程体系去掉了初中课程,优化了现有高中课程,学校高二分流这一特定历史时期的办学方式于 2012 年不得不退出了学校历史的舞台,这一年学校考虑的不再只是如何为孩子们寻找升学的途径,而是重点放在如何帮孩子提升上大学的品质上,这一历史性任务又一次进入了贵阳市第五中学发展的历史长河中。

在继承中发展,艺术教育总眷顾着一直愿意追随它的学校,2013 年,贵阳市第五中学在已获得贵阳市高中美术教育实践基地的前提下,被省教育厅授牌"贵州省艺术特色学校"。同年起学校开始举办高中美术特色班,创设了一套适合美术班的课程体系,2016 年为了使艺术特色校的内涵更丰富,辐射更广泛,学校组建声乐特长班,在美术班课程体系的构建经验下,重组美术、音乐班课程体系,从多角度、多维度、多层次优化开设艺术课程,几年来至少有 800 余名学生通过艺术高考被心仪的院校录取,很多学生凭借自己的努力,走出了国门,被世界一流美术学院录取。同时贵阳市第五中学在近几年的贵阳市普通高中入出口评估中多次获一等奖,2016 届获得普通高中一等奖的第一名。

在一代代学校领导及老师的用心用情付出下,2019 年年初,贵阳市第五中学又入选贵州省教育厅全省第一批普通高中"特色学校"建设支持计划项目学校,是贵阳市唯一一所以艺术特色入选的学校。至此,全体师生更加坚定了学校走艺术特色发展之路的定位。

三、课程创新的原动力

从 1930 年建校初期"科学救国"课程体系的初建,到 20 世纪七八十年代的"体艺"课程拓展,又到 20 世纪 90 年代"高二分流"的"职业"课程延伸,再到 2013 年"艺术"特色课程优化,90 岁"高龄"的贵阳市第五中学在岁月的更迭中从未举足不前,课程创新永伴他们左右。学校一直秉承棠荫文化的育人内涵,结合特定的时代背景,以生定教,始终坚持以课程文化为魂、课程创新为本的办学理念,他们认为:国家课程是底气,地方课程接地气,校本课程重朝气,即国家课程"校本化"是学校课程开发和实施的关键,国家课程"校本化"是教师专业发展的最高境界。

(一)生源结构促创新

无论是 20 世纪 90 年代的"高二分流",还是当下的"艺术特色办学",生源结构的变化是促使学校不断进行课程创新的原动力。如何让文化基础薄弱的学生在短时间内补足短板,让孩子们在高考时考取心仪的院校,成了学校新时期的课题。

贵阳市第五中学教育人清楚地认识到,在学校不具备完善的硬件(无住宿、无食堂等)、没有能力利用早读晚自习等时间督促孩子们全身心投入学习、家长配合程度不高、学生学习自觉性不积极等实际情况下,想要提升孩子们的学科学习质量,实在是一件很困难的事。所以,另辟蹊径,探索其他发展之路的落脚点,一定是落在狠抓课程创新上。

(二)课堂教学模式促创新

一路走来,贵阳市第五中学从"贵阳市艺术学科基地"到"贵阳市高中美术学科教育基地",又到"贵州省艺术特色学校",再到"贵州省第一批特色艺术项目计划学校",贵阳市第五中学的艺术教育得到了长足发展并打下了坚实的基础,从全国普通高中美术新课程改革开始,学校课堂教学模式怎样与校情一脉相承,抓手又落到了课程创新上。在长期的实践过程中,他们已逐渐自修自改形成自己的教学特色,学校为了更好地找到自己的办学方向,为学生开设了更多适合发展、自主选择的走班艺术课程。在落实新课改的目标的驱动下,五中不断对艺术课程方案进行重新设计,构建了一套科学、合理的以艺术为特色的高中课程教学模式的体系。

（三）学校办学定位促创新

从初中学校到职高学校又到初高中一体的完中学校再到完全高中学校。学校怎样让自己的办学回归本真，形成自己的特色培养体系，课程创新与学校发展再一次融在一起。90年来，学校对艺术的重视、对学生艺术素养的培养代代相传，学校自从21世纪初获得高中美术学科教育实践基地开始，借助全省综合素质试点校的契机，以建设高中艺术课程资源库为基础，通过师生们"在艺术中学习""在艺术中生活"的方式，明确学校走艺术发展之路的定位，改变教师为中心、教材为中心、课堂为中心的课程教学方式，使师生在合作中学习，在生活中学习，提高学生艺术素养，努力培养学生的实践能力、创新能力。继续在同级同类学校中发挥辐射作用，提升教师实施课程的水平和能力，提高艺术教学质量，培养一批在中学艺术教育领域有思想并付诸实践的知名教师，打造全市乃至全省的知名教师专业发展团队。

四、课程创新

（一）课程立意的创新

贵阳市第五中学一直遵循教育性、实践性、自立性、愉悦性、发展性的原则，以敬业乐群、立德崇学为校训，以本位育人、回归人性的教育为根基。在校园内开展形式多样、寓教于乐的各项课程活动，在兼顾知识与兴趣结合的情况下，努力让学生积极参与学校课程创新，充分发挥学生的潜质，关注学生的个性发展，帮助学生在校园文化活动中树立起正确的世界观、人生观及价值观。在每年6月中旬举行高三毕业典礼暨"6·26"禁毒文艺会演，11月中旬举行科技文化节等常规活动中，在活动现场都安排美术、书法等艺术类学生的成果比赛，充分展示学生的学习成果，为各艺术社团搭建展示的平台，同时，学校将美术特长班同学的习作展示在各教学楼的廊道内，定期举行美术特长班同学的画展，增强学生的审美认知，提升学生的文化自信。通过课程项目化、活动化的创新，为营造学校艺术氛围、提升学校文化、丰富课程立意的内涵提供了实践、升华的空间。

（二）课程内容的创新

学校根据学生的需求，合理调整课程内容，提供适合学生选择的课程。要求高一年级每位学生每学期在学校当轮开设的艺术课程中任意选修1门。

艺术模块课可以在每学期上半期后，重新选择不同的课程，也可根据学生的生涯规划选择调入艺术专业班插班进行学习。

艺术模块课程的成绩评定采用学分累计制，学生修满规定学分，学校将发放相关结业证，未达到规定学分者先安排补考或是改修。

教学按照国家课程计划和课程标准的要求，在用好教好国家教材的基础下，根据艺术教育的规律和学生心理发展特点，创编有计划、有内容、有创新的高质量学科课程内容。

（三）课程结构的创新

1. 面向全体学生——高中美术校本模块课

（1）鉴赏（知识与欣赏）——必修（高一上）。

（2）绘画（水粉画、素描、动漫）——选修（高一下）。

（3）工艺（民族刺绣、扎染、蜡染）——选修（高一下）。

（4）书法（楷书临写）——选修（高一下）。

（5）篆刻（印章图文）——选修（高二上）。

（6）设计（服装设计）——选修（高二上）。

2. 面向全体学生——高中音乐校本模块课

音乐鉴赏（必修）、音乐社团（选修）、音乐训练队（选修）。

结合《贵阳市第五中学高中美术、音乐校本模块课一览表》，学生自己选择喜爱的课程。

3. 针对立志参加美术高考的学生——高中美术特长班专业课

美术特长班实行小班化教学，紧密围绕美术高考开设素描、速写、色彩以及美术理论专业课程，每班配备老师按专业授课，全程讲解、示范、点评。

在构建教学大纲的同时，为了更高效地落实教学大纲，自2013届起，贵阳市第五中学探索了"工作室制度""班级包干制""学科授课制"等多种授课模式，最终确立了以"学科授课制"为主的授课模式。

4. 针对立志参加音乐高考的学生——高中音乐实验班专业课

音乐特长班实行小班化教学，紧密围绕音乐高考开设声乐、视唱练耳、基础乐理专业课程，配备老师按专业授课，全程讲解、示范、点评。

有严格的课程安排、考核方法、考勤制度。为了确立教学进度，明确各学期教学目标，确定了《贵阳市第五中学视唱练耳教学安排》《贵阳市第五中学基础乐理教学安排》，并以此为蓝本，继续研修，不断修订、完善。

5. 针对全体学生综合素质评价——高中社团课程

为了更好地落实学生综合素质评价机制改革，以学生个体为评价对象，努力做到对每一名学生有比较全面、客观的评价，以促进学生的个性发展，全面和谐发展为目的，围绕学校办学定位，积极大力兴办学生社团课程的拓展，课程涵盖了综合音乐类、美术类、传媒类、创客类、体育类等。

6. 面向全体教职工——五中教师美术、音乐班专业课

书法、素描、水彩、油画、水粉风景、声乐、民族舞蹈先由教师个人申报，经学校进行合理分析与评估确定后，充分利用学校现有场地、各专业功能室、专业课程等资源向教职工提供教学。活动课以学期为周期，每年学术联会上，老师们将举办一场艺术与学科融入的盛宴。

五、课程再创新

回顾90年来的办学历程，贵阳市第五中学始终没有忘记自己的使命与责任，下一步他们的努力方向：一是争取2021年成为省级特色艺术类示范性高中，学生规模达到2000人左右，成为艺术类高考成绩最好的公办学校之一；二是占地规模和硬件条件能成为艺术类重点院校单招校考考点、贵州省艺术类统考考点；三是成为全市乃至全省艺术教育的辐射中心，将学校的优质课程与教育理念辐射全省，引领全省艺术教育发展；四是成为省市级甚至国家级艺术类大型比赛、展演活动、会议的承办组织单位及指定单位；五是联合全国顶尖艺术高校（如中央美术学院等）对学校进行课程建设、生涯规划等领域的引领，让学校更好、更快地进入新高考的运行轨道，真正成为贵阳市乃至贵州省的艺术教育高质量发展的示范学校之一，发挥带头辐射作用。

（一）艺术学科国家课程校本化的创新

围绕国家艺术教育教学大纲进行再研究与学习，在省内高等院校的大力支持下，结合本省传统民族民间美术工艺及音乐文化底蕴，落实国家课程校本化，运用现代教学科技信息手段，分阶段实施并预计在三年内成为省级美育示范课程学校之一。

第一阶段：借助省级艺术特色项目校的优势，组织多种交流活动，探讨学校艺术教育的课程体系，聘请省内外专家进行指导，邀请教育同行参与交流、

碰撞思想，从而再确定学校课程的内容、结构、教学方式及深度。

第二阶段：通过积极主动参加校内外美术、音乐学科赛课及示范课形式进行学习、打磨，使学校每一位美术、音乐教师业务能力得到大力提升，授课达到精品示范课的要求，能实现一定数量的高质量课程作品或成果。

第三阶段：突破艺术高考成绩，通过夯实基础，提升教学软硬件条件，加大内外力对校考定向培养体系的补充，增加艺术类单招校考专业，在国内外艺术类重点大学、综合类重点大学的合格率、录取率上逐年提升，成为全省一流、重点艺术高校的优质生源基地之一的艺术特色示范高中。

（二）艺术高考课程的创新

围绕国家教育改革进行高中艺术高考的深入研究和实践，细化和完善公办艺术类高考项目的教学管理办法和评价体系，分阶段实施并在三年内实现成为全省规模大、有引领的省级公立艺术类特色学校之一。

第一阶段：内修与外学并重，一方面总结学校近年来积累下来的经验与得失，多重开展集体备课教研、教学内训及技能岗位大练兵等形式，让老师仔细研磨艺术教育校本课程体系与艺术高考的契合度；另一方面要坚持注重合作与学习，借助各种机会向省内外同类学校多咨询多探讨多学习，与优秀的艺术团体合作发展。

第二阶段：拓宽办学思路，增加艺术类高考出口比例及途径，学校主动与中央美术学院、贵州大学等多家院校结成对子，用空杯心态去学习，长期聘请合作院校的知名专家对学校专业课程进行指导和引领。每半学期请专家对学生作品进行一对一的点评，提出学生后续努力的方向及明确老师下一阶段的教学定位。目的是注重提升艺术教学团队教学能力，助推艺术特长生升学品质。

（三）艺术教学模式的创新

根据学校办学定位，结合学校校情学情，将棠荫文化植根于学校的教育教学，艺术教学模式也聚焦在"一、四、四、六"棠荫校本研修模式下，以此促进艺术教师思想的改变（艺术是需要留白的），使课堂教学体现"透、瘦、漏、秀、修、皱"的理念。在"教思考、教体验、教表达"中切实提高学校艺术教学质量。促进教师与学生的多元个性化发展，为学生艺术素养提升奠定核心竞争力。力争用3至5年的时间，将艺术课程体系打造成一个在全省具有引领力的示范性名片。

（四）艺术特色办学结构的创新

在现有教师团队基础之上，进一步补充教学团队人员，增加艺术教师及艺术特长生数量，积极改善教学软硬件设施设备，在棠荫文化的牵引下，对校园艺术文化进行营造、对学校艺术环境进行改造，在学校的自主招生中，加大力度融入对艺术教育特色化办学的思考及创新。学校将迈小步不停步，力争在3年内将艺术特长生在全校学生占比提升至70%，由艺术特色班向艺术特色校迈进。

讲到这儿，您对棠荫文化的课程发展有了一定的了解吧！他们的根是由一代代五中人，在常规中创新，在传承中发展积淀而来的。

学校的辉煌已成为历史，发展的根基在课程，课程的根基在创新，创新的根基在校长，学校领导只有把握当下，放眼未来，路才会越走越远。长风破浪会有时，直挂云帆济沧海。站在新的历史起点，他们豪情满怀，充满着生机与活力。展望未来，心潮澎湃，棠荫文化、厚积薄发、五中新韵、艺术之花，薄天羽翼、如诗如画，在教育高质量发展、课程创新的路上还任重道远！

教师课程知行力

"基础教育课程承载着党的教育方针和教育思想，规定了教育目标和教育内容，是国家意志在教育领域的直接体现，在立德树人中发挥着关键作用。"[1]如何发挥教育者践行课程教育功能的能力和课程对受教育者引导的作用，就是课程引导力的内涵。课程引导力包含校长课程领导力、教师课程知行力、学生课程学习力。教师对课程的认知、设计、实施和评价就是教师的课程知行力。

一、研究背景

改革开放四十年来，教师与课程的关系一直处于发展变化中，从课程意识萌芽的初期，到课程意识觉醒的改革时期，又到课程观树立的发展时期，再到课程知行力全面提升的深化时期。

（一）初期——课程意识萌芽

1981年，国家颁布了中小学课程计划，国家采取了统一学制和教学大纲，"在整顿、建立正常的教学秩序，提高教学质量等方面起到了较好的作用"[2]。同时促使教师无论是备课、上课还是评课都会思考：为什么教？教什么？怎样教？为什么要这样教？这是实现课程价值与课堂实效的前提与保障，这也恰恰是课程意识的萌芽。

"在古代的教育实践中，教师集课程开发者和实施者于一身，承担着选择和实施课程内容的双重职责，随着社会的进步，教育的发展愈加专门化，导致教育专家与教师的初步分工，教师作为课程的设计者和实施者的双重身份开始分离。"[3]教师因为长期实施单一的国家课程，教学意识较浓厚，课程意识淡薄，更多地采用灌输式的教学方法，实施"结构化"和"封闭式"

的课程活动。随着中小学课程计划的实施,教师的课程意识被逐渐唤醒。

课程意识是指对课程的敏感程度,它蕴涵着对课程理论的自我建构意识、课程资源的开发意识等几方面。处于教学第一线的教师,其课程意识的强弱程度直接影响着教学质量的高低。课程意识除关注教学目标本身的合理性之外,还关注实现教学目标的过程是否有教育意义。和教学意识相比,教学意识更多地关注教学的技术问题,而课程意识则更多地关注教学的价值问题,即关注人本身,关注教学究竟是为了什么的问题。[4]

（二）改革——课程意识觉醒

1985年,中共中央、国务院召开改革开放后的第一次全国教育工作会议,印发了《中共中央关于教育体制改革的决定》,明确指出教育系统存在着"在教育思想、教育内容、教育方法上,从小培养学生独立生活和思考的能力不够,发扬立志为祖国富强而献身的精神很不够,生动活泼地用马克思主义思想教育学生很不够,不少内容陈旧,教学方法死板,实践环节不够重视"等列系列问题。同时,成立了国家教育委员会。对高中课程改革设定了两步走的规划:第一步是调整1981年的教学计划,第二步是制定与义务教育课程方案相衔接的普通高中课程方案。这个时期,教师的课程意识开始觉醒。1986年,全国中小学教材审定委员会成立,这一组织的成立标志着中国基础教育的教材由国家全部控制的历史正式结束。1996年,在中华人民共和国成立后普通高中第一个课程计划《全日制普通高级中学课程计划（试验）》中又规定,"普通高中课程由中央、地方、学校三级管理",这一时期的课程改革在灵活性方面得到了很大的提高,教师有了部分课程自主权力。从20世纪80年代中后期到90年代,教师力图通过改革促进课堂教学质量的提高。在改革中,教师对课程的教材进行增补、删减式的改造,教师和课程有了真正意义上的接触,教师的课程意识开始觉醒。

（三）发展——课程观确立

1999年,国务院出台《关于深化教育改革全面推进素质的决定》,2001年又相继出台《关于基础教育改革与发展的决定》《基础教育课程改革纲要（试行）》,标志着我国进入了新一轮课程改革,全面推进素质教育,强调课程本质上是一种教育进程的大课程观。《改革纲要》中明确提出:"国家课程标准是教材编写、教学、评估和考试命题原依据,是国家管理和评价课程的基础。应体现国家对不同阶段的学生在知识与技能、过程与方法、情感态度价值观等方面的基本要求，规定各门课程的性质、目标、内容框架，提出教学和评价建议。尤其关注具有方法论意义的学习方式和学习能力，关注更加深远、更本质的学生情感、态度和价值观等品质的发展。"教师从以往的"备教材"转向以课程标准为主要依据的"备课程"。

大课程观下的课程意识意味着"教师即课程"，教师既是课程的研制者，也是课程的实施者。2000年，教育部基础教育司制定的《全日制普通高级中学课程计划（实验修订稿）》规定：地方和学校安排的选修课占课时累计数的10.8%—18.6%，同时学校还需要承担开发"综合实践活动"。从政策层面上给校本课程开放提供了保障。因为有政策的支持和指引，教师开始积极主动地开发课程资源，并在实施过程中不断调整课程、完善课程体系。教师在校本课程中不再是单纯的实施者，还是课程的设计者、开发者和评价者。在参与校本课程的研发和实施过程中，教师的大课程观开始树立，课程能力不断增强，专业能力不断提高。

2003年，教育部印发《普通高中课程方案（实验）》和语文等十五个学科课程标准（实验），指导普通高中课程改革的实践，基本建立起适合我国国情、适应时代发展要求的普通高中课程体系，促进了教师教育观念的更新，推进了课程观的逐步清晰、确立，提升了教师队伍的整体水平。

（四）深化——课程知行力

2010年出台的《国家中长期教育改革和发展规划纲要（2010—2020年）》提出："全面提高普通高中学生综合素质。深入推进课程改革，全面落实课程方案，保证学生全面完成国家规定的文理等各门课程的学习。创造条件开设丰富多彩的选修课，为学生提供更多选择，促进学生全面而有个性的发展。"为课程改革和课程建设指明了国家课程校本化、地方课程本土化、校本课程特色化的方向。

为把党的十八大和十八届三中全会关于立德树人的要求落到实处，充分发挥课程在人才培养中的核心作用，进一步提升综合育人水平，教育部2014年出台《关于全面深化课程改革 落实立德树人根本任务的意见》，并先行启动普通高中课程修订工作，提出："合理确定必修、选修课时比例，打牢学生终身发展的基础，增加学生选择学习的机会，满足持续发展、个性发展需要。

坚持知行统一原则，加强职业体验、社会实践等方面的课程。"随着课改的深入，课改越来越贴近生活，越来越关注学生发展，越来越走进学校，同时，让学校真正成为课改的创生地，让学校的课程更具校本的特点，也让教师真正成为课改的研究者、开拓者和创造者。[5]

在这个新时期，尤其强调教师的课程知行力。教师对"课程"的认知是一切可以外显的教学风格、教学方法、教学模式的内在根源，也是教师的行为之源，直接决定着他们对课程的设计、实施和评价，同时也随着自己的教育实践而不断加深发展。[6]

但是，在课程改革的过程中，我们发现还存在着"教师课程意识薄弱、执行观念严重、服务对象错位的不足"，导致"有教学，没课程；有教师，没学生；有执行，没思考"等问题。[7]《普通高中课程方案（2017年版2020年修订）》提出：教师"深入理解普通高中课程改革要求，准确把握课程标准和教材，围绕核心素养开展教学与评价。关注学生学习过程，创设与生活关联的、任务导向的真实情境，促进学生自主、合作、探究地学习，注重对学生学习过程的评价，提高课程实施水平。"因此，教师必须充分认识到课程是落实立德树人根本任务的重要载体，真正树立大课程观，建立自觉的课程意识，通过教师对课程的知行力，发挥课程的育人功能，促进全体学生的全面发展。

二、理论基础

（一）"知行合一"的哲学思想

明朝中叶，封建统治出现了严重的政治危机。明武宗正德元年（1506年），兵部清吏司主事王守仁，因触怒了皇帝，被廷杖四十之后，发往贵州，谪贬为龙场（今贵州贵阳修文县城）驿丞。在龙场生死边际情境下，王阳明对生命的本质及其价值如实证悟后，心学从此昌明。并从这个原点开始，形成他的心学体系。这个博大精深的思想体系，由"心即理""致良知"与"知行合一"等理论构筑而成。

心学主张心是世界的本原，无心即无物，认为"心"是天地万物的渊源，提出"心即理"的主张，求"理"就是进行内心的反省，宣扬"心外无物""心外无理"的命题，属于主观唯心主义哲学。

"致良知"学说认为良知就是本心，就是理，天理就在自己心中，只要克服私欲、回复良知、知行合一就能成为圣贤。"致良知"是王阳明教育哲学思想的核心，其思想内涵体现了学习主体性教育的基本精神，是把一定的社会道德规范转化为人的自觉意识和行为，强调主观立志和主体精神的力量，强调人的自我更新，倡导学习要自求自得。

"知行合一"学说又在"心即理"与"致良知"之间架起了一道桥梁，走上了一条通往"良知"的道路。"行之明觉精察处即是知，知之真切笃实处即是行。""知行合一"其实就是一种知行互动的认知方式，是致良知的手段，其目的是获得真知去指导行动而后又获得真知。王阳明反对将知行分作两截，主张求理于吾心。他说："知是行的主意，行是知的功夫；知是行之始，行是知之成。只说一个知，已自有行在；只说一个行，已自有知在。"知行是一个功夫的两面，知中有行，行中有知，二者不能分离，也没有先后。与行相分离的知，不是真知，而是妄想；与知相分离的行，不是笃行，而是冥行。他提出知行合一，一方面强调道德意识的自觉性，要求人在内在精神上下功夫；另一方面也重视道德的实践性，指出人要在事上磨炼，要言行一致，表里一致。

（二）"知行合一"的教育思想

贵州省智库专家工作坊坊主、贵州省及贵阳市首批名校长魏林始终坚持做"知行合一 正德厚生"的教育。魏林校长认为，知是良知，是认识事物的道理；行是人的实践，是在实践中运用此道理，知与行密不可分。知行合一的教育，就是在教育中，用知行合一的思想，实现学、思、用贯通，知、信、行统一，引领受教育者个体的自我完善，以及对受教育者进行人生指导的教育。其教育思想内涵契合党的教育方针，契合教育的初心，契合中国梦的实现。

1."知行合一 正德厚生"——教育之本在立德树人

"立德树人"贵在知行合一。知行合一就是强调理论认知与生活实践的统一。知，即应该树什么人；行，即怎样立德树人。

党的十八大、十九大报告中均明确指出：要坚持教育优先发展，全面贯彻党的教育方针，坚持教育为社会主义现代化建设服务、为人民服务，把立德树人作为教育的根本任务，培养德智体美全面发展的社会主义建设者和接班人。这是党中央结合新时代新形势的时代背景明确了的教育的根本目标。

中共中央办公厅印发的《关于培育和践行社会主义核心价值观的意见》明确指出：“坚持育人为本、德育为先，围绕立德树人的根本任务”，"把培育和践行社会主义核心价值观融入国民教育全过程"。在理论与实践的结合上，厘清"立德树人"与培育和践行社会主义核心价值观之间的内在关联性，加强青少年社会主义核心价值观教育，对于全面贯彻党的教育方针，培养德智体美劳全面发展的社会主义建设者和接班人，具有重要理论和实践意义。

"立德树人"强调以德立人，树人以德。立德是树人的前提和基础，树人是立德的目标和追求。立德树人所立的"德"，不仅仅是指道德品质和道德能力，还包括理想信念、人生价值追求和法律素养等，它是一个人的思想政治素质的综合体现，是一个人世界观、人生观、价值观、道德观、法制观的集中反映。立德树人所树的"人"，是有理想、有道德、有文化、有纪律的德智体美劳全面发展的社会主义建设者和接班人。社会主义核心价值观是社会主义核心价值体系的内核，反映了社会主义核心价值体系的丰富内容和实践要求，它融国家层面的价值目标、社会层面的价值取向和个人层面的价值准则为一体，确立了立德树人的价值根据和价值标准，明确了新的历史时期"德"的科学内涵。倡导富强、民主、文明、和谐，倡导自由、平等、公正、法治，倡导爱国、敬业、诚信、友善，积极培育和践行社会主义核心价值观，是新时期赋予立德树人的新任务新要求，也是新时期立德树人的必由之路。

2."知行合一　正德厚生"——教育之道在致良知

王阳明认为，"致知"就是致吾心内在的良知。这里所说的"良知"，既是道德意识，也指最高本体。他认为，良知人人具有，个个自足，是一种不假外力的内在力量。"致良知"就是将良知推广扩充到事事物物。"致良知"也就是知行合一。"良知"是"知是知非"的"知"，"致"是在事上磨炼，见诸客观实际。"致良知"即是在实际行动中实现良知，知行合一。

把"良知"赋予新时代的特色即为人之潜能，把"致"理解为人的认识过程，从受教育者个体的潜在素质的发挥和得益程度上着眼，遵循以启发、解放独立个性为主导的教育原则，致良知的教育思想，符合人类的心理特点，切合教育的心理程式，切合当下提倡的发展中国学生核心素养。

教育是一项四维的事业，在知上，我们当殚精竭智；教育是一项良知工程，在行上，我们当问心无愧。我们要凭着自己的良知传道授业，唤醒学生的良知，并让学生的良知不断充实和完善。在我们的校园，在这一方灵魂的净土，教师要用自己的正义，用自己的良知，守护校园的纯净和阳光，去感染和教化学生，引领他们养成健康的审美情趣和积极的人生态度，在他们的心灵深处播下良知的种子，洒下良知的阳光。[9]

3."知行合一　正德厚生"——教育之梦在民族复兴

梦想是激励人们发奋前行的精神动力。当一种梦想能够将整个民族的期盼与追求都凝聚起来的时候，这种梦想就有了共同愿景的深刻内涵，就有了动员全民族为之坚毅持守、慷慨趋赴的强大感召力。

《礼记·大学》说："古之欲明德于天下者，先治其国；欲治其国者，先齐其家；欲齐其家者，先修其身；欲修其身者，先正其心；欲正其心者，先诚其意；欲诚其意者，先致其知，致知在格物。物格而后知至，知至而后意诚，意诚而后心正，心正而后身修，身修而后家齐，家齐而后国治，国治而后天下平。"儒家"平天下"的终极梦想，就是要达到天下合理、平衡、公正、公平、有序、和谐的社会理想状态，而实现这样的梦想，也是需要知行合一的。

2012年11月29日，习近平总书记正式提出"中国梦"，并将其定义为"实现中华民族伟大复兴，就是中华民族近代以来最伟大梦想"。中国梦是中国人民幸福之梦，是国家富强之梦，是中华民族伟大复兴之梦。中华民族伟大复兴的伟业对于教育的发展提出了更高的要求。正如《中国教育现代化2035》指导思想明确："将服务中华民族伟大复兴作为教育的重要使命，坚持教育为人民服务、为中国共产党治国理政服务、为巩固和发展中国特色社会主义制度服务、为改革开放和社会主义现代化建设服务，优先发展教育，大力推进教育理念、体系、制度、内容、方法、治理现代化，着力提高教育质量，促进教育公平，优化教育结构，为决胜全面建成小康社会，实现新时代中国特色社会主义发展奋斗目标提供有力支撑。"不仅对教育是实现中华民族伟大复兴中国梦的重要助力做了清晰定位，还进一步提出了"更加注重知行合一"的基本理念。在推进教育现代化的过程中，知是基础、是前提，行是重点、是关键，必须以知促行、以行促知，做到知行合一，才能实现教育梦，助力中国梦。

（三）知行力

知行力，是人们将知识或其他资源转化为行为执行力，以达到实现某种目标的能力。

国家基础教育课程改革专家组成员崔允漷 2004 年提出"课程执行力"的概念。"执行力"，意指"贯彻战略意图，完成预定目标的操作能力"。

知行力，是执行力的延伸，即知行合一的能力，强化运用知识的力量来实现目标的能力。"知"，即教师从战略层面解决对课程引导力的思想认识问题，"行"，即教师从战术层面解决课程引导力的执行问题。知行合一，是阳明文化的精髓，讲究的是一种战略和战术的高度统一，以认知指导行动，从而实现目标。习近平总书记强调"知是基础、是前提，行是重点、是关键，必须以知促行、以行促知，做到知行合一"。教师的课程知行力就是要求将教师的课程观念转化为自觉的意识和行为。

三、教师课程知行力

（一）教师课程知行力的内涵

教师课程知行力是教师将课程资源通过对课程的认知、设计、实施和评价，转化为行为执行力，以达到实现课程教育功能的能力。

1. 教师对课程的认知力

教师在教育教学活动中，应树立自觉的课程意识，主动学习和了解课程建设的有关理论，自觉践行课程理念；树立大课程观，拓宽和利用一切课程资源，掌握学生个性化发展特征，为学生的自主发展提供多样性和选择性的课程引导。

2. 教师对课程的设计力

一是教师对校本课程的开发。教师要在具体的学校情境中，根据学生发展需要，结合自然资源、公共关系和地方文化，自主开发校本课程。对教师来讲，校本课程开发从课程决策、目标拟定、方案设计到课程实施及评价，这些环节不是单纯的教学能力所能应对的。尽管许多地方或学校都开发出了不少校本课程，为了避免教师开发的校本课程出现"课程失魂，过程失范，教师乏能，结果乏效"的问题，迫切要求教师要有广阔的课程视野、更高的课程能力，能深入思考并践行"培养什么人、怎么培养人、为谁培养人"的问题，从而开发出丰富多彩的优质校本课程,为不同发展方向的学生提供更多选择和发展机会。[10]

二是对国家课程、地方课程的再创造。教师在对课程目标和价值认同的基础上,在教学设计中自觉地根据抽象的课程目标、学校和学生具体的教育情境,来制定有针对性的教学目标,把握学科核心素养,优化教学内容,适当选择教学的方式、方法和手段,主动搜寻、合理开发与利用有价值的课程资源,以进行国家课程校本化,地方课程本土化的课程实施,使课堂教学"既见树木又见森林"。这是一种自觉的、深入的、系统的、高端的、富有创造性与生命力的"二次开发"。

3. 教师对课程的实施力

教师对课程的实施力是教师将编制好的课程计划付诸实践,实现预期的课程理想,达到预期的课程目的,实现预期教育结果的能力。教师根据课程标准这个重要依据通过教学活动将编制好的课程付诸实践。在实施的过程中,因自然资源、公共关系、地方文化、学生学情的不同,课程计划是可以调整和改变的。

4. 教师对课程的评价力

教师根据学生特点、自身特点、学校实际条件、社会需要等现实因素对课程的课程思想、课程目标、课程标准、课程方案等进行评价,有利于学科课程的建设、改进与完善,以促进整体教学质量的提高,有利于校本课程的开发与建设;同时也促进教师自身的审视与反思,有利于其正确认识自身学科课程优、缺点,并对课程进行适度的调整,以提高教学质量,也在一定程度上促进其专业化成长。

教师课程知行力中认知是基础,设计是前提,实施是途径,评价是依据。

(二)教师课程知行力的外延

1. 教师的洞察力

洞察力是指深入事物或问题的能力,是人通过表面现象精确判断出背后本质能力。教师洞察力的实质对多种信息的教育学意义和价值的明智判断,具有要点聚焦性、适度敏感性和内在伦理性的特征。[11]

2. 教师的研究力

教师研究力是教师在课程实施过程中,针对课程的认知、设计、实施、评价提出问题、思考问题和研究问题的高级能力。其核心是校本研究，就是以校为本的研究，从学校的实际出发，以课程实施过程中教师所面临的各种具体问题为研究对象，凭借学校自身的资源优势、特色和学生学习力进行的教育教学研究，其目的是改进和提高学校教育教学水平，提升学生学习力。

3. 教师的驾驭力

驾驭，就是调度、控制的意思，属于领导学范畴。驾驭力是一种非权力性影响力，它是一种能力。驾驭力包含了三方面能力：领导能力、管理能力和培养能力。教师的课程驾驭力是说明教师是课程的驾驭主体，要对课程和所有学生负责，教师需要领导学中的驾驭力，才能有效地设计、实施和评价课程。教师驾驭力的高低取决于自身的综合素质、个人魅力和个体影响力。[12]

4. 教师的沟通力

沟通能力包含着表达能力、倾听能力和设计能力（形象设计、动作设计、环境设计）。沟通能力看起来是外在的东西，而实际上是个人素质的重要体现，它关系着一个人的知识、能力和品德。新课程改革给教师的教学方式和学生的学习方式带来了革命性的变革，对教师的教学沟通能力也提出了更新更高的要求。教师的教学方式由传统的统一化、灌输化、教条化走向新课程的选择化、互动化、创新化；学生的学习方式由传统的"个人学习""注入学习""认识学习"走向新课程的"合作学习""对话学习""探究学习"，因此，在新课程理念下教师的教学沟通能力具有举足轻重的作用。[13]

5. 教师的表现力

表现力指完成某项具体的工作过程中，所显示自身潜在能力特点的凸显和流露。教师专业行为表现力的表征包括：即兴性、公开性、个别性、合宜性、表演性，教师专业行为表现力已经超越了技术、科学的范畴，进入情感和审美的艺术表现领域，它的价值体现在其感召作用、解放气质、愉悦本质以及返归教育的本真与创造的智慧、教师专业风范等方面。[14]

参考文献：

[1] 中华人民共和国教育部.普通高中课程方案（2017年版2020年修订）[S].北京：人民教育出版社，2020.

[2] 中华人民共和国国家教育委员会.现行普通高中教学计划的调整意见[J].学科教育，

1990（02）：7-8.

[3] 陈静. 教师课程意识薄弱的成因及对策[J]. 幼儿教育，2005（10）：26-27.

[4] 陈雨亭. 教师课程意识的理解与重建[J]. 江苏教育，2014（06）：18-19.

[5] 成尚荣. 课程透视[M]. 上海：华东师范大学出版社，2018.

[6] 陈雨亭. 教师课程意识的理解与重建[J]. 江苏教育，2014（06）：18-19.

[7] 李锋. 基于标准的教学设计：理论、实践与案例[M]. 上海：华东师范大学出版社，2013.

[8] 魏林. 做"知行合一"的教育[EB/OL].（2020-12-21）.https：//mp.weixin.qq.com/s?__biz=MzIzNDc3MjMxNQ==&mid=2247487552&idx=4&sn=8849c00a161a9ed57793eb8650e06f38&chksm=e8f01274df879b62e3ddb0cddef2f9300f8bfff0eb2acb2c32b4310b767ba061adb68ab07e7b&scene=27.

[9] 宁全蓉. 转变理念尊重生命自主发展——浅析"教育之道在致良知，在亲生，在止于至善"[J]. 科学咨询（教育科研），2013（03）：38.

[10] 刘英琦. 教师课程能力提升：为何与何为[J]. 中国教师，2018（03）：91-95.

[11] 赵艳红，徐学福. 论教师洞察力[J]. 教育研究与实验，2013（03）：56-61.

[12] 仲思奇. 浅谈教师的课堂驾驭力——读《驾驭论》有感[EB/OL].（2016-05-04）. https：//mp.weixin.qq.com/s/nY_W10ZQfmtmtfpzts063Q.

[13] 郭萍倩. 论课程改革视野下发展教师教学沟通能力的重要性[J]. 湖北经济学院学报（人文社会科学版），2008（02）：175-176.

[14] 杨小秋. 教师专业行为表现力：价值、表征与习得[J]. 教育研究与评论（中学教育教学），2009（04）：12-15.

课程认知

知行力，就是知行合一的能力。当今社会，知行力被越来越多地关注和研究。具体到教育领域，随着时代对教师职业素养要求的不断提高，课程知行力越来越受到重视，成为衡量教师能力的重要标准之一。

魏林校长团队在对课程引导力的探究中，将教师的课程知行力分解为认知、设计、实施、评价四个要素，而教师对课程的认知力就是课程知行力的首要环节。

一、相关概念

（一）认知

认知，指人们获得知识、应用知识、信息加工的过程。人脑接受外界的信息，进行加工处理，转换为内在的心理活动，进而支配人的行为，就是认知的过程。感觉、知觉、记忆、想象、思维等认知活动按照一定的关系组成一定的功能系统，从而实现对个体认识活动的调节作用。

（二）课程认知

课程认知，指教师对课程的概念、编制、实施、评价、功能、价值等方面的认识和理解，包括对课程的育人目标、方针的明确，对课程内容、实施、评价等方面的掌握和驾驭。教师通过对课程的认知，树立明确的课程观、教育观、教师观、学生观，进而落实"培养什么人、怎样培养人、为谁培养人"的问题。

课程认知最终要服务于课程育人这个目标，因此，"为谁培养人、培养什么人、怎样培养人"这个三个问题上贯穿了课程认知的全过程。这决定了课程认知的任务是：教师要在教育教学活动中，树立自觉的课程意识，深入理解课程要求，准确把握课程标准和教材，围绕核心素养开展教学与评价，关注学生，促进学生的全面发展。

二、价值和意义

（一）课程认知的价值

1. 课程认知指明课程设计的方向

我们的课程要达到什么育人目标，它遵循什么方针去育人，这些问题应该在课程认知阶段就得到明确的解答，用以指明课程设计的方向。

培养什么人，是教育的首要问题，事关国家的命运前途。当前，我国正处于中国特色社会主义建设的重要历史关头，新时代的教育承载着为实现中华民族伟大复兴培养建设人才的重任。这样的背景下，教师应该首先明确一个目标——新时代的建设者需要同党和国家事业发展要求相适应、同人民群众期待相契合、同我国综合国力和国际地位相匹配。教师对这方面的认知，是一切教育活动的基础和根源，是进行课程设计之初必须明确的方向。

2. 课程认知奠定课程实施的基础

课程操作的具体过程包含设计课程、实施课程、评价课程等诸多环节，完整的教育是通过这些环节的实施最终达到通过课程来育人的目的。教师对课程的编制、实施、评价等的认知程度，是课程成功的基础。

当前我国的课程设置实行的是三级课程管理制度，即国家、地方、学校三级课程管理。国家课程的主导价值在于通过课程体现国家的教育意志，地方课程的主导价值在于通过课程满足地方社会发展的现实需要，校本课程的主导价值在于通过课程展示学校的办学宗旨和特色。三级课程虽各有侧重，但又相互支撑、相互融通，教师在教学过程中，必须做到让三者形成合力，才能引领学生可持续发展。

教师在正确认知教育模式的基础上，建立教学模块，通过具体的教学实施，达成每个层次课程的目标，完成教学任务。

3. 课程认知确定课程评价的标准

教师主体性的发挥决定了课程运作的效果。而教师对课程认知的准确程度，影响到他将对课程的认识、理解转化为课程执行力以及实现课程价值功能的能力。

实践是有意识、有目的、能动性的活动，课程的具体实施也应该是有目的、有计划、有方法的主观性过程。对课程效果进行评价、根据课程效果进行反思并获得提升，要在正确的"课程认知"的指导下开展，才能取得应有的效果。

（二）课程认知的意义

1. **课程认知促使教师审视思想、明确育人目标**

长期以来，我国基础教育对课程的认识存在着这样一种现状，很多一线教师只是简单地将教材、将学科作为课程来理解并实施，由于对课程认识的局限、片面甚至模糊，导致课程作为育人核心的价值发挥受到严重影响。

课程认知的第一步就是要树立正确的课程观。在此要求下，作为教育的实施者，教师必须主动审视思想，明确育人目标，才能保证课程的实施方向正确。

2. **课程认知促使教师重视学习、提升专业素养**

学然后知不足。认知的过程也是学习的过程，更是发现自己不足之处的过程。教师的职业角色任务是传递知识，进而引导、帮助、促进学生的成长。实施课程的过程，也就是教师完成其角色任务的过程。对课程进行认知，就是审视课程目标、编制、实施、评价的过程，也正是教师衡量自身能力的过程。我能不能做到？能不能做好？如何做好？认知的同时，每一名教师都在不断叩问自己的内心，基于角色任务的要求，会促使教师重视学习，不断努力提升专业素养。

3. **课程认知促使教师主动交流、激活教学思路**

认知是获得知识、应用知识、信息加工的过程。人们在认知中发现问题，提出问题，进而思考如何去解决问题。教师在课程认知的过程中，获取课程实施的内容，对之进行内化，思考如何将知识、观念传递给学生，并使他们获得成长。这个过程需要教师活跃的思维，丰富的知识储备，敏锐的观察力，更需要集体的智慧。同行之间的交流，可以产生思想碰撞，帮助教师高效地理清脉络，激活思路。

三、路径和方法

（一）课程认知的路径

1. **关注方针政策，认准育人目标**

育人目标因社会制度、民族文化传统、教育思想不同而异。在封建社会，教育的目的是培养遵守伦理纲常的"圣贤君子"，近代中国的教育从富国强兵的愿望出发，更注重培养科技人才，洋务派倡导"培养技术人才"；教育家蔡元培先生的"五育并举"为一个时代的教育注入了新的内涵。

中华人民共和国成立后，党关于教育方针的表述不断演变。从建国初期的"为人民服务""为工农服务""为生产建设服务"，到20世纪50年代后期的"为无产阶级服务"，到20世纪90年代的"为社会主义现代化服务"，再到党的十八大提出的"坚持教育为社会主义现代化建设服务、为人民服务，把立德树人作为教育的根本任务，培养德智体美全面发展的社会主义建设者和接班人"。

随着时代的发展，党和国家对"人"的要求不断变化和提高，对教育的需求也在不断地注入新的元素。教师要做好课程的认知，把准育人方向，就需要时刻关注党和国家的方针政策，保持清醒的头脑。

2. 把握时代脉搏，适应课程发展

改革开放以来，我国基础教育改革取得了丰硕的成果，课程改革在其中发挥了重要作用。1996年，国家教委颁布《全日制普通高级中学课程计划（试验）》，规定普通高中课程由中央、地方、学校三级管理，教师有了部分课程自主权。2014年出台的《关于全面深化课程改革落实立等树人根本任务的意见》要求"职业体验、社会实践等方面的课程"。2017年《普通高中课程方案》修订，明确提出"围绕核心素养开展教学与评价"，"促进学生自主、合作、探究地学习"。

为了适应时代发展的需求，在课程改革的过程中，课程观不断发展，课程对教师不断提出新的要求。教师的定位不再只是单纯的课程实施者了，他们同时应该是课程的设计者、开发者、评价者，或者说"教师即课程"。教师对自身角色的认知要不断发展变化，对自身要求要不断发展变化，才能适应课程的发展变化。

3. 了解学生现状，做好因材施教

真实的教育就应该因材施教。学生作为教育的对象，是教师课程认知的出发点和落脚点。教师要从学生的实际情况、个别差异出发，有的放矢地进行有差别的教学，使每个学生都能扬长避短，获得最佳发展。在教育教学中根据不同学生的认知水平、学习能力以及自身素质，教师选择适合每个学生特点的学习方法来有针对性地教学，发挥学生的长处，弥补学生的不足，激发学生学习的兴趣，树立学生学习的信心，从而促进学生全面发展。

（二）课程认知的方法

1.通过学习夯实课程认知的基础

赫伯特·西蒙认为，人类认知有三种基本过程：问题解决、模式识别能力、学习。在课程认知的过程中，学习是必不可少的。课程不是一个处于静态的事物，而是不断发展变化的动态过程。在知识大爆炸的今天，课程的内容也应该与时俱进。连续不断地学习是我们获得正确认知的最好方法。只有通过不断的学习，才能保证认知能力的不断更新，进而夯实课程认知的基础。

2.通过实践检验课程认知的水平

实践是课程认知的出发点、动力、条件和归宿。我们强调课程认知的重要性，目的在于更好地实施课程、评价课程、提高课程育人的成效。课程认知的第一步是树立正确的课程观，课程观就是一种理念，而实践就是把理念转换成现实，把想法变成现实。在课程认知中遵循的教育理念是否正确，教育方法是否得当，教育目标是否达成，教育效果是否理想，都需要实践来给出检验结果。

3.通过评价提升课程认知的层次

对课程认知水平的高低，最终会通过其课程育人的效果反映出来。要了解效果，自然需要通过评价机制。

课程评价就是评估任何一种特定的教育活动的价值和效果的过程。课程评价的对象包括"课程的计划、实施、结果等"诸种课程要素。课程评价对象的范围很广，它既包括课程计划本身，也包括参与课程实施的教师、学生、学校，还包括课程活动的结果，即学生和教师的发展。

案例　教师的角色转变：从主角变配角

一、信息技术课"信息技术及其发展"

"董老师，请您上节公开课，好吗？"2008年，对于一个年轻老师来说能够上一节全市公开课是很大的荣幸，我感谢教研组给我的这个机会但同时又很忐忑，因为这是新课改后的公开课，我该怎么做呢？上什么内容呢？探究式学习？合作学习？老师在课堂上该是个什么地位呢？带着一串的疑问，我先尝试着按原来的教学方法去上，从头到尾我讲学生做，最终学生就只限于学会我教他们做的那个操作，效果很不好。教研组的老师们和我一起认真研究，为我出谋划策，有老师提出："能不能换个角度来试试，大胆让学生来做、来讲，看看是什么效果？"也有老师说："没有这样去做过，万一失败了怎么办？老师在课堂上不主管怎么行？"各种疑问在组里展开，在思想观念中一直认为老师在课堂上角色的定位都是主角，变成配角后能把课上好吗？老师的尊严还在吗？

最后，在教研组全体同仁的支持下，我尝试了新的教学方法，课题定为"信息技术及其发展"，围绕着"孤岛求生"的一个活动让学生体验信息技术的概念以及信息发展的五个阶段，整节课我以分组—抽签—分派角色—准备材料—汇报—互评—总结几个阶段进行，环环相扣，我仅仅是作为一位主持人在活动中不时串下词，而学生们则变成了课堂的主角。整节课下来，学生的想象力、表现力得到了很好的展示，和老师之间的关系更亲密了，课堂气氛和谐融洽，教学目标也完成得很好。这节公开课获得了好评，同时，还荣获了2008年贵州省一等奖。

二、通用技术课"控制的含义"

这节课教学内容为苏教版《技术与设计2》第四单元"控制与设计"的第一节"控制系统的工作过程与方式"的第一课。从总体上看，本单元内容较专业，特别是后面控制系统的工作过程，开环、闭环控制系统等内容，难度均较大，对学生技术素养要求较高。

作为本单元的第一课，更重要的作用是迅速让学生对本章内容有大致了解并产生继续学习的冲动。那么在教学内容的安排上就不宜太难还要有趣，教学形式宜轻松活泼且符合学生认知特点。所以经过技术教研组老师们的共同建议，本课将简单控制系统的设计这一内容提前，将后两个目标融入一个设计活动中，达到激活学生思维、积极主动参与学习实践、活跃课堂的效果。此外，学生在本堂课上产生的作品，可作为后面教学的有力素材，让整个单元的课程连贯起来。

在这节课中，老师以生活中实例为背景，运用任务驱动法，充分调动学生的主动性，以小组活动的形式积极参与到控制系统的设计中来。学生设计层出不穷，体现了思维的多样性。同时，教师给学生一个将设计变成现实的机会，在制作中锻炼学生的动手能力。让学生体会到，技术不光是纸上谈兵，在实际制作中，会遇到可靠性、可操作性、加工难易等书上体现不出的新问题，是对学生能力的新考验。整节课学生活动从设计到制作、评价都由学生互相完成，体现了以学生为主体的思想。学生在活动中既有分工，又有合作。既体验了控制，又分享了成功。本节课荣获"贵州省第二届通用技术优质课比赛一等奖"。

三、信息技术课"编程解决问题和智能信息处理"

一听到标题，就知道这是一节理论性很强的课程，如果把握不好，效果会很差，"这节课的目标是什么？难道是要让学生学会编程吗？不对"，"学生了解算法的重要性，从而能迁移到生活中去解决实际问题，在问题解决过程中提升学生的信息素养"，教研组老师们研讨下来更倾向于后者，以学生为本才是最好的。最后授课老师采取了小组合作、任务驱动等教学方法完成这节课，课堂上听到老师说得最多的话语是"这个小组说得不错，其他小组有没有不同的看法""同学们的想象力好丰富""努力再想想"等等，而学生们的话语是"这个观点我有些意见""我是这么看的""你的第2步有些问题""第3组的观点我同意，因为……"等等。本节课荣获"贵州省第六届中小学幼儿园优质课观摩交流活动一等奖"。

这三节课是从我自己及身边得到的案例，每一节课我基本都参与了研讨，在研讨过程中，焦点的问题都在"教师的角色定位到底是什么"，而三节课堂上的实际情境观察，都让我们感受到教师角色转换以后，与学生形成一种合作伙伴的关系，学生与老师之间的语言交谈增加了，容易迸发出新的创新思维的火花。以前，老师在讲，学生不问，学生有想法也很少敢大方地讲出来，害怕受到指责、批评，而现在教师变为了配角，学生们的胆子变大了，思维更活跃，这使我深深感觉教师真正以学生为主体，课程围绕学生来设计，与学生融为一体，成为探究小组的一员，学生容易听进去，发现问题也可以及时了解、及时解决。

新一轮课改即将来临，课程对教师的科学素养提出了很高的要求，教师的角色转换，要从学生的角度去熟悉探究过程，把握探究过程，更加自觉地去学习适应时代发展要求的教育理论，改革课程教学。发挥教师对课程的认知力，掌握学生个性化发展特征，为学生的自主发展提供多样性和选择性的课程引导，要变单一的科学知识的传授为全面的科学素养的教育，要把以课堂为中心的教学转换为引导学生走向自然、走向生活、走向社会。

课程设计

今天我们探究课程引导力，就教师而言，要以自觉的课程意识引导育人目标的实现。教师对课程的设计，需要教师形成自觉的课程意识，树立正确的课程观，具备一定的课程设计能力，进而对课程要素进行深思熟虑的规划。

一、相关概念

（一）设计

设计是把一种设想通过合理的规划、周密的计划、通过各种感觉形式传达出来的过程。人类通过劳动改造世界，创造文明，创造物质财富和精神财富，而最基础、最主要的创造活动是造物。设计便是造物活动进行预先的计划，可以把任何造物活动的计划技术和计划过程理解为设计。

（二）课程设计

关于课程设计的认识。越来越多的研究者把课程设计界定为一种计划或方案，是一个有目的、有计划、有结构地产生课程计划（教学计划）、课程标准（教学大纲）以及教材等系统化活动。它是在学校教育环境中，旨在使学生获得的、促进其迁移的、进而促使学生全面发展的、具有教育性经验的计划。这种课程观突破了课程局限于课堂教学中，把范围拓展到整个学校教育环境中加以界定。突破了以往只注重知识、经验的积累的局限，把积累、迁移、促进学生发展等多方面因素作为指标。

不同的关于课程设计的定义大致可分为两类：一类是技术取向的，如普拉特（Pratt）认为：课程设计是课程工作者从事的一切活动，这包含他对达成课程目标所需的因素、技术和程序，进行构想、计划、选择的慎思过程；另一类则为理性主义取向，如有学者认为课程设计是指教育科研机构的专家学者对课程的研究并拟订出课程学习方案，为决策部门服务，拟订教育教学的目的任务，确定选材范围和教学科目，编写教材等都属于课程设计活动。

新近的对课程设计的研究成果则试图综合这两种观点。如《简明国际教育百科全书课程》中对课程设计的定义为"课程设计是指拟订一门课程的组织形式和组织结构",并指出它决定于两种不同层次的课程编制的决策。

今天在魏林校长的带领下探究课程引导力,我们认为课程设计是教师为达成教育目标,结合自己积累的教学经验与所学习的教育理论,通过已有的教育理念,对课程要素进行整合规划的过程。教师对课程的设计是在学校校长课程规划下,考量学生的学习力进而对课程开发、再创造的过程。因此,教师是通过课程设计建起了学校校长课程规划与学生学习之间的桥梁。

二、价值与意义

长期以来教师的角色基本上是"国家课程的执行者"。多年来,我国的课程在宏观和微观层面都由国家相当严格地做了设计规定,教师缺乏课程自主权,而且长期依赖课程标准与统一的教科书,因此课改前多数的教师都还不具备课程设计的能力。

国家新一轮基础教育课程改革对教师的角色期望有了根本的变革,三级课程的实施意味着原来属于国家的课程开发的权力部分下放给学校和教师,从而使课程开发不再仅是学科专家和课程专家的专利,教师也成为课程开发的主体之一。这样,教师不再仅是课程的消费者和被动实施者,而在某种程度上成为课程的生产者和主动的设计者。教师已经从国家课程标准的执行者,转变成"课程的决定者"。因此,教师要自行决定课程内容、课程组织、教材内容,以及教学活动的实施方式等等。换言之,教师不但要自己决定课程,也要对自己的课程负责。在课程的设计与开发中,教师将处于极为关键的地位,这给教师的课程设计提供了空间。由此可见随着课程改革的推进,教师有了更多的课程权力,教师不再只是课程的执行者,而且是课程的设计者、调适者,是课程实施中问题的协商者、解决者,同时,教师的课程地位和对课程的作用也获得新的提升。

现在我们对教师课程知行力的研究阶段中更加强调教师、课程和学校的共同发展。随着课改的深入,学校真正成为课改的创生地,这对教师课程设计与开发的能力提出了新的要求。教师要树立自觉的课程意识,主动学习和了解课程建设的有关理论,自觉践行课程理念;树立大课程观,拓宽和利用一切课程资源，掌握学生个性化发展特征，为学生的自主发展提供多样性和选择性的课程引导。课程知行力阶段教师要在校长的引领下围绕培养学生关键能力、必备品格和价值观念的育人目标对课程进行设计。

课程设计是将课程基本理论转化为课程实践的桥梁，课程设计水平不仅能反映课程理论研究的成果，更是制约教育、教学质量的重要因素。

1. 课程设计是课程认知的具象

教师通过对课程的认知，树立自觉的课程意识，明确育人目标。课程设计是在课程认知的基础上对课程要素进行整合规划的过程，教师对课程的认知程度通过课程设计具体呈现出来，课程认知是教师的行为之源，课程设计是课程认知的外显。

2. 课程设计是课程实施的指南

教师需要思考学校应达到什么样的教育目的；为达到这些教育目的应该提供什么样的教育经验；怎样有效组织这些学习经验；如何确定这些教育目的正在得到实现这些问题从而对课程进行设计。教师对课程的设计为课程实施指明了方向，是课程实施的基础和保障，课程实施是将规划的课程付诸实际教学行动的实践历程，课程设计的意图通过课程实施实现。

3. 课程设计是课程评价的预设

教师课程设计要对课程是否具体可行，适用性如何，是否达到目标，对这些问题要进行价值判断。课程设计关注课程本身的意义和教育价值，是课程评价的预设，是前期的预判，课程评价是对学生学习结果和课程本身进行评价，课程设计的可行性、科学性由课程评价提供依据。

三、路径与方法

课程设计是教师为达成教育目标，结合自己积累的教学经验与所学习的教育理论，通过已有的教育理念，对于课程要素进行整合规划的过程。因此，教师的课程设计应秉承学生为本，以国家要求、学校实情为基本依据，遵循统一性与选择性相结合的原则，以培养全面发展的人为核心，关注人，注重人的长远发展。

（一）课程设计的路径

1. 教师对校本课程的开发。教师要在具体的学校情境中，根据学生发展需要，结合自然资源、公共关系和地方文化，自主开发校本课程。对教师来讲，校本课程开发从课程决策、目标拟定、方案设计到课程实施及评价，这些环节不是单纯的教学能力所能应对的。尽管许多地方或学校都开发出了不少校本课程，为了避免教师开发的校本课程出现"课程失魂，过程失范，教师乏能，结果乏效"的问题，迫切要求教师要有广阔的课程视野、更高的课程能力，能深入思考并践行"培养什么人、怎么培养人、为谁培养人"的问题，从而开发出丰富多彩的优质校本课程，为不同发展方向的学生提供更多选择和发展机会。

2. 教师对国家课程、地方课程的再创造。教师在对课程目标和价值认同的基础上，在教学设计中自觉地根据抽象的课程目标、学校和学生具体的教育情境，来制定有针对性的教学目标，把握学科核心素养，优化教学内容，适当选择教学的方式、方法和手段，主动搜寻、合理开发与利用有价值的课程资源，以进行国家课程校本化，地方课程本土化的课程实施，使课堂教学"既见树木又见森林"。这是一种自觉的、深入的、系统的、高端的、富有创造性与生命力的"二次开发"。

（二）课程设计的方法

1. 了解课程设计要素

（1）目标

教师要思考学生学习的方向和学习过程中各阶段要达到的标准。

（2）内容

教师要设计对学生有意义并具有综合性的内容，而且还要在既定的时间内安排。

（3）教材

教师根据所设计课程对相关资源、材料进行编写形成教材，内容要丰富，有针对性，适合学生。

（4）策略

教师要对学习活动和教学方法进行设计。

（5）组织

教师要对学生的内容经验和学习经验进行安排和统筹。

（6）时间

教师要巧妙地配置有限的课程时间，教师要使学生在整个课程执行期间积极地参与学习活动。

（7）空间

教师对学生的学习场所如教室、图书馆、实验室、艺术室、研讨室、室外场所等根据课程需求进行设计。

（8）评价

教师要对课程是否具体可行，适用性如何，是否达到目标，对这些问题要进行价值判断。对所设计的课程的评价重点可放在定量的测评上，衡量可以观察到的行为。

2. 了解课程设计方式

教师在具体实施国家课程和地方课程的前提下，通过对本校的学生需求进行科学评估，充分利用当地和学校的课程资源，根据学校的办学思想开发设计多样性的、可供学生选择的课程，课程设计的基本宗旨应在于促进学生的素质发展。教师对课程的设计是在学校顶层设计的基础下，结合自己的教育经验，整合教育资源来进行的，在进行课程设计时要考虑课程的科学性、内容的适切性、形式的多样性。

教师课程设计的对象是学生，因此在设计时要对各学段的国家课程要求进行统筹，根据地域特点，针对校情、学情等诸多因素进行课程设计。

（1）学科课程整合

学校在进行国家课程的校本化重构时，教师也是校本课程的开发者，设计者。教师可以根据校长对课程的规划将学生需要作为课程调整、优化、整合的依据。教师要根据学生特点创造性地使用课标，使用教材，对教材进行重新整合，构建学科体系，做到因材施教。除了学科内部的纵向整合，还可以是学科之间的横向整合，这个过程也是教师对国家课程的再创造。

（2）学科课程拓展

教师基于学校实际，以学生为中心，以发展学生核心素养为方向，根据自己的专长及学科特点对学科课程进行拓展设计，为每个学生的个性化发展提供选择性强的学科拓展课程。

（3）实践课程综合

教师结合学科课程特点、地域特色、本土文化等资源，研究学生学习方式，组织学生学习，引导学生在调查研究、讨论探究等活动中进行生动的学习，运用学科知识和能力解决遇到的问题，发展社会责任感。

（4）学段课程统筹

教师根据不同学段学生的认知特点结合学校实际设计课程，如针对高一新生设计初高衔接课程、生涯规划指导课程等。

参考文献：

[1] 魏林. 课程引导力探究·基础篇[M]. 贵阳：贵州人民出版社，2016.

[2] 索南. 课程设计的内涵和教师课程设计能力的探讨[J]. 青海师专学报. 教育科学，2006（S1）：27-28.

案例一　贵阳市第一中学：高中社团课程设计的探索

一、使命与重任

2018年习近平总书记在全国教育大会上强调：坚持中国特色社会主义教育发展道路，培养德智体美劳全面发展的社会主义建设者和接班人。而要达到这一目标，学校育人的使命和关键环节要从稳步提升教学成绩、夯实学科基础、推进课程设置到全面推进素质教育、培养综合实践能力、提升艺术教育质量、构建丰富多元课程体系等方面纵深推进。全面推进素质教育，建构符合素质教育要求的新课程体系，是新课改的核心任务。《中国教育现代化2035》中推进教育现代化的基本理念将着力实施学生的全面发展，大力推进校园文化建设，培养学生创新精神与实践能力，丰富并创新课程形式与评价机制。党的十九届五中全会指出，教书育人的系统工作就需要在准确把握决胜全面建成小康社会取得决定性成就的深刻含义上全面落实立德树人根本任务和努力办好人民满意的教育，这对学校教育尤其是在素质拓展课程的规划设计、功能发挥和综合评价上要统筹兼顾、深入体验和全面提升。作为贵州省第一所一类示范性高中，贵阳一中始终坚持加强学校学生社团建设，这是增强学校共青团工作凝聚力的有力保障，全面构建社团课程体系建设则是提升学校素质教育、艺术教育和增强学生综合实践能力的根本保证。

二、课程设计与答好"三问"

牢牢把握教育改革发展的"九个坚持"和共青团改革中在"四大方面、十二个领域"提出的改革措施将有效促进提升高中生综合实践能力和艺术教育质量，这也是在做好关于深刻回答"培养什么人、怎样培养人、为谁培养人"这一根本问题。

（一）社团课程设计围绕培养人的根本问题

1. 社团课程设计之培养什么人。在培养德智体美劳全面发展的合格建设者和接班人的目标方面，学校坚持推动社团课程的规划、制定和实施，在这一过程中，学校社团课程体系创设始终结合教育教学实际，以落实课改精神为指导，积极探索社团课程改革新路，着眼于改变课程结构过于强调学科本位和缺乏整合的现状。

2. 社团课程设计之怎样培养人。在怎样培养人方面，以学生的兴趣和直接经验为基础，追求每位学生的全面、生动活泼的发展，追求学生生命活力的展现，满足学生成长的需要，培养学生的创新精神和终身学习的能力，增强学生对自然、对社会和对自我的责任感，拓展教学活动空间和活动内容，引导学生在生活中学习、在实践中学习、在应用中学习，提高学生综合素质，并以此完善学校课程体系，促进办学特色的形成。

3. 社团课程设计之为谁培养人。在为谁培养人方面，学校课程构建始终坚持贯彻党的教育方针，一批批综合实践能力突出、艺术功底扎实、发展创新多元的学生身负实现中华民族伟大复兴的重任，坚持为人民服务，为中国共产党治国理政服务，为巩固和发展中国特色社会主义制度服务，为改革开放和社会主义现代化建设服务。

（二）探索课程分布设计

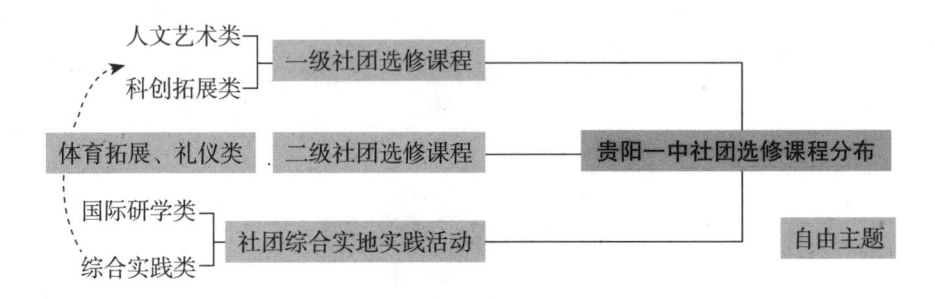

人文艺术类、科创拓展类 → 一级社团选修课程
体育拓展、礼仪类 → 二级社团选修课程 → 贵阳一中社团选修课程分布
国际研学类、综合实践类 → 社团综合实地实践活动 → 自由主题

1. 课程创建。贵阳一中社团课程围绕国家课程、地方课程的核心要求，以选修课程的形式分一级、二级和综合实践活动体系指标创建课程。

2. 课程理念。以"贵阳一中学生十大修养"为基本内容维度作为社团课程分级设计的基础，通过全员、全程、全方位"三全育人"，培养具有中国灵魂、国际视野、健全人格、自主发展、求真向善的未来领袖人才。

3.课程目标。体育、科创、艺术"三驾马车"课程体系并驾齐驱,打造最美德育。

(三)探索课程营设计

1.营地创建。课程营的创建是基于一级社团课程、二级社团课程和社团综合实践活动体系指标为学生群体打造的营地。

2.营地理念。在这个营地当中,志趣相投且适应课程培养模式和实践能力相当的学生共同组建、参与、发展和延伸能力的锻炼。

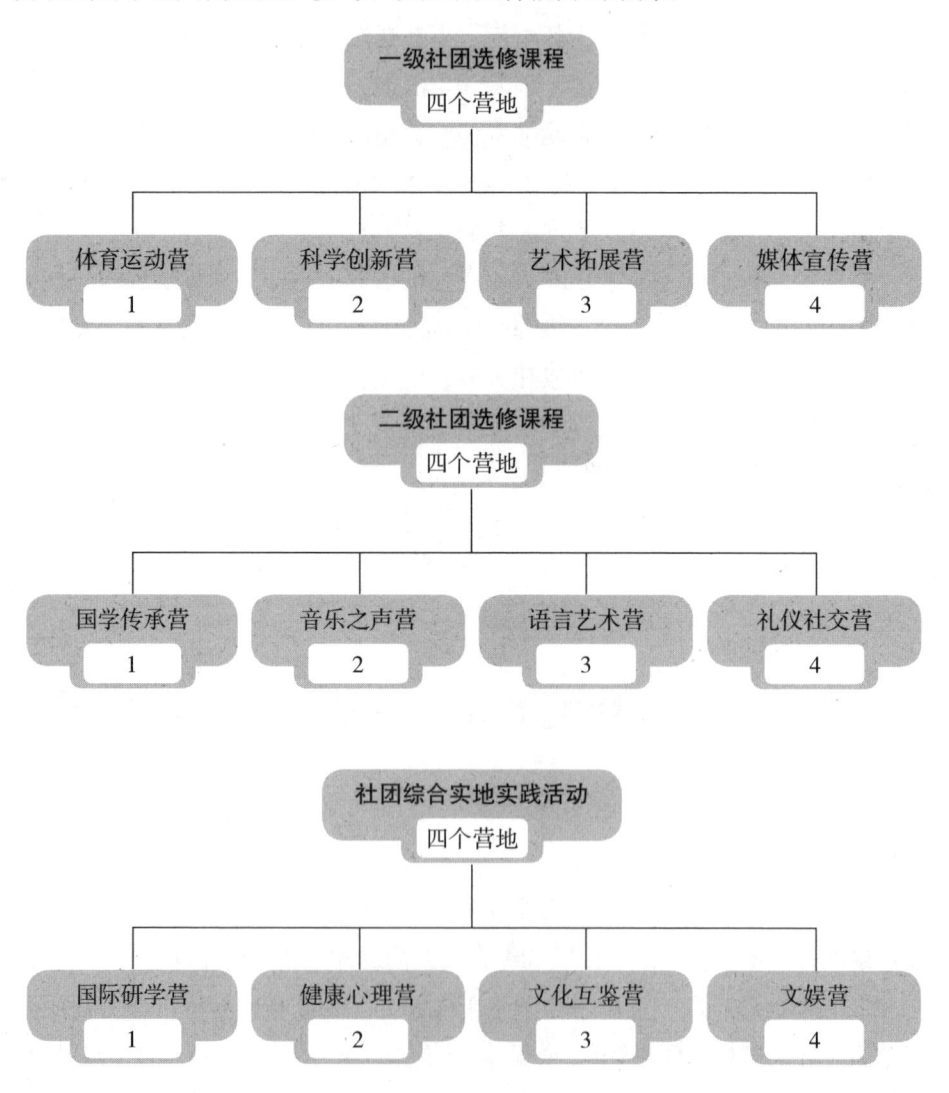

```
           一级社团选修课程
              四个营地
    ┌──────────┬──────────┬──────────┐
 体育运动营   科学创新营   艺术拓展营   媒体宣传营
    1            2            3            4


           二级社团选修课程
              四个营地
    ┌──────────┬──────────┬──────────┐
 国学传承营   音乐之声营   语言艺术营   礼仪社交营
    1            2            3            4


          社团综合实地实践活动
              四个营地
    ┌──────────┬──────────┬──────────┐
 国际研学营   健康心理营   文化互鉴营    文娱营
    1            2            3            4
```

三、课程意义之价值创造

（一）关注目标价值——回归综合实践能力提升

学校综合实践活动课程实施目标，既是综合实践活动总目标在学校层面上的具体体现，又是学校的教育理念和办学特色的体现。整合实施社团综合实践活动课程，基本建成以"规划""探索"为主的学校活动类课程体系，确立"以学生为主体"的活动课程理念，形成以社团活动、社团课程为载体，以学生的兴趣引导、自我策划、自我展现、能力发展、创新提高为"纵坐标"，以社团活动、社区服务、社会实践为"横坐标"，基本形成从目标、内容、实施框架到评估的活动课程新体系。在课程具体目标价值的体现中所关注到的情感目标、知识目标、能力目标和人格目标都是围绕在回归综合实践能力提升的基础上，培养学生对社会生活的积极态度和参与综合实践活动的兴趣，了解在科学技术、语言文化、艺术、综合实践方面的相关知识，丰富对知识的综合运用能力和创新能力，形成对自然的关爱和对社会对自我的责任感。

（二）关注原则价值——尊重个体差异的发展

社团活动课程的原则是基于对学生个体差异发展的需要而制定的，原则的价值体现，也是课程实施主体在发展过程中实践活动能力的挖掘以及开设课程价值的辐射。将社团课程的活动性原则、针对性原则、自主性原则和发展性原则相结合，体现学生活动的特点，活动内容，实现"活动性与教育性"的有机统一；教师自主开发，学生自主选择，充分发挥教师和学生的积极性和创造性；社团活动课程作为特色校本课程之一，它是对国家和地方课程的重要补充，课程的开发和实施以提高学生素质、促进学生发展为目的，为学生的终身发展奠基。

（三）关注人文化价值——满足学生综合能力

社团校本课程的人文化价值的体现是基于学校坚持以文化人、以德育人、创新规划、多元发展的必然结果。学校坚持以文化人、以德育人，尤其坚定文化自信有利于学生综合能力得以满足；有利于推进学校团建工作在"文化育人 校本兴校"体系构建中帮助青少年学生把社会主义核心价值观内化于心，外化于行，并将正确政治方向、价值导向等思想意识形态工作贯穿治校办学、育人育才全过程；有利于培养具有中国灵魂和国际视野兼有的卓越人才；有利于传承中华优秀传统文化和精深地方特色文化的挖掘，贴切于自然、现实和生活的社团课程有助于青少年学生坚定热爱家乡、建设家乡的信念。

（四）关注地方化价值——肩负传承的责任

社团课程的地方化价值更需要引导和带领中学生认识到自身肩负传承的重任，即在中华优秀传统文化、革命文化和社会主义先进文化的学习和运用上下功夫，在多元文化冲击下的传承和弘扬中，要重在疏导，对外来文化的辨别反思和学习要学思悟结合。因此在加强青少年担当意识和文化价值观浸润时，尤其着眼于提升青少年的文化认知、文化自觉、文化实践和文化创新能力，使青少年既有本土文化情怀，又有国际文化视野，以适应新时代的文化自信要求。

（五）关注社会化价值——体现校本课程的前瞻性

社团课程的社会化价值要求学校在开设综合实践活动课程的基础上，体现校本课程的前瞻性。将学生的综合实践课程学习与实践感悟、社会生活有机结合起来，加强体育、科技、艺术育人思想渗透、提升个性化拓展和有效规划的综合素质能力，促进学生全面而有个性的发展，这是课程前瞻性得以实现的有力载体。使学生在中华优秀传统文化、革命文化和社会主义先进文化与地方优秀文化的课程学习方面相结合，让新时代广大青少年能担当起把新时代方向性、全局性、战略性重大课题的重任，提升学生未来生涯规划和职业规划的设定和预见性。

四、课程探索之开发与实施

（一）课程的规划——构建特色开发与实施

社团课程的规划着重在于构建特色开发。学生在开发与实施，制度、审核、选课和考核的特色设定中根据自己的兴趣、爱好、专长选择社团活动选修课；热衷于社团文化的教师、校外人士在自然科学、文化艺术、体育、社会服务等方面有业务专长，他们担任社团活动、社团课程的指导教师，形成有课程组长、指导教师并存的格局，让更多的教师走进社团活动，成为构建特色社团活动课程的开发者、指导者和评价者。

1.实施制度设计之自主选修制。课程计划拟从组织开发时实行，凡具有学校正式学籍的学生，须根据自己的兴趣、爱好、专长从本计划所拟定的各课程中至少选择一项作为自己的社团活动选修课。承认该社团的章程，填写申请表，经过社团的考察，成为该社团正式成员。通过一个学年的学习，通过课程评价后获得相应学分。

2.实施制度设计之教师指导制。学校聘请在自然科学、文化艺术、体育、社会服务等方面有业务专长，热衷于社团文化的科任教师、校外人士担任社团活动、社团课程的兼职指导教师，让更多的教师走进社团活动，成为社团活动课程的开发者、指导者和评价者。

3.社长责任制。社长是社团工作的骨干，是各社团成员的表率，要模范地遵守学校的各项纪律，履行管理社团、组织社团活动、进行社团活动课程学习的各项义务。

（二）课程的统筹——社团活动的组织与开展

学生按照自愿的原则组成，在遵守校规、校纪的前提下，以成员共同兴趣爱好为最终目的，统筹课程设定，开展学术、科技、文化、艺术、体育等有利于学生德、智、体、美、劳全面发展的综合实践活动的学生组织。社团活动的组织与开展中，学生在共同的兴趣与爱好的基础上，自愿结合在一起，进行自我教育、自我管理、自我服务；以促进同学交流，增加知识，增加才干，丰富健康向上的校园文化为根本目的为推动学校校园文化建设而添砖加瓦。学校各部门对于学生社团课程选修和成果展示活动要给予大力支持：安排相关教师具体指导相应的学生社团选修课程，指导教师要精心设计活动，指导教师负责做好活动期间的安全教育工作，做好学生的考勤和评价工作。

社团课程与愿景内涵分析设计表

课程/发展愿景			挑战困难			感恩行善			多元发展			沟通合格		
社团名称	课程内空	课程目标	主动探索	批判思考	学以致用	发现真理	积极乐观	尊重包容	感恩惜福	实现自我	身体强壮	自主鲜明	多元欣赏	开拓创新	自信自立	合作分享	立足本土	放眼国际

（三）课程的整合——学科学段设计特色

做好社团课程的实施关键在于课程的整合，而课程的整合需要结合学科学段设计特色，使关注人文化价值和原则价值作为整合过程中体现学科学段设计特色和满足个体差异发展的愿景，其目的是构建学科体系，做到因材施教。贵阳一中实施社团选修课程分级制，即一级社团选修课程（语言文学类、体育运动类、科学创新类、艺术拓展类、综合实践类）和二级社团选修课程（国际游学类、媒体宣传类、文娱类、语言艺术类、礼仪类），学生从高一年级到高三年级，参与社团课程要立足校内开展活动，学生根据自身对学科知识的认知、运用能力选择适合自己的课程，学生每学期每人选一门（包括社团综合实地实践活动项目）；学生选课也是学科校本课程再构建的载体。

五、课程管理之实施保障

社团课程作为校本课构建中的重要部分，学校领导高度重视，由学校主要负责人担任社团选修课程开发与实施领导小组组长，各部门通力合作为学校校本课程和社团选修课程的开发与实施提供组织保障。课程管理规划中按时足量地配备和安排开设社团选修课程所需的场所、仪器以及各种研究资料等，为活动和课程的开发与实施提供物质保障。完善相关的配套政策和制度，建立激励机制，把指导教师的活动课程开发与实施情况作为教师激励机制的依据之一。

社团课程管理设计表

社团名称	课程内空	课程等级	授课对象	指导教师	课时	人数上限	授课对象	授课地点

六、课程评价之反思与促进

社团活动课程作为学校校本课程体系的一部分，既要通过课程促进学生的发展，又要根据活动类课程的特点制定合理的评价方式，学生通过活动课程的评价可以获得相应的学分。

1.注重过程性评价。社团活动课程师生评价以过程评价为主，看学生在活动过程中体验的深浅、经历的状态、活动的投入。以学生的真实体验、具体收获为目标，多角度、多层面、合理、客观地评价。对学生的终结性评价，突出以学生的作品来进行综合评价的标准，这个作品可以是口头的表达和文字的报告，可以是制作的模型和课件，也可以是学生在活动中的表演。

  2. 注重多元化评价。可采用指导教师点评、社团互评、社员互评、家长参评等多种方式进行，应分别从能力、知识、品德、技能、情感等多方面对学生进行评价。

  3. 注重实效评价。学校要根据评价结果给予相应的精神和物质奖励。

社团选修课程指导教师管理评价表

选修课程	指导教师	评价内容	评价形式（文字、图片、成果）	评价结果
		①努力学习教育理论和专业知识及相关知识，指定并掌握课程标准； ②认真参加各项交流指导活动，加强自身业务进修，促进教学水平的不断提高。		
		①能开发挖掘本社团有意义的课程内容，满足学生兴趣发展的需求； ②促进学生互助共进交往； ③内容有可学性、实用性等，并能及时调整。		
		①能制定简要的课程纲要； ②能根据课程纲要制定一份课程实施计划书。		
		①社团课程开发实施能满足学生的兴趣发展需求； ②重视发展学生的个性特长，能开发出适合学生特点和利于学生发展的社团选修课程； ③重视培养学生的实践能力和创造能力，受到学生喜爱。		

七、社团活动及其课程规划的设计呈现（以拾墨读书社为例）

【社团名称】拾墨读书社。

【课程简介】每一个读书者都是精神上的拾荒者，在精神的时间里疯狂地汲取与拾荒，不过拾起的，是一片片墨香的宝藏。我们阅读，我们留恋，我们汲取，我们升华。拾墨这个名字体现了读书社的一个特点和构建的精神文化。在阅读中收获感悟与得到自我的提升，使社员与学员都可以在一学期后有所收获。

【课程目标】读好书相当于倾听智者的谈话；读好书教会学生如何面对挫折；读好书可以使学生增长更多的知识；读好书可以使学生在书的海洋里遨游。并且，在享受好书带来乐趣的同时，又培养了学生的爱心，在增长学生的知识与阅历的同时，让学生学会关心他人，爱护他人，提高学生的自身修养。

【课程计划】

1. 内容设计

通过一学期（5—8课时）的学习，让学员们亲自尝试自主独立较为全面的阅读，从而拓宽阅读的深度和广度，为学生们进行文学研究做铺垫，让学员们彻底了解研究对象（某作家），从而得出启示。

（1）序

全方位具体介绍课程，提出要求，询问困难，并提供困难解决方案，课程答疑。通过本课，明确学生的目标，规范要求，并对于学生们选取的研究对象（某作家）进行登记，作为资料保存。

（2）第一章

展示读书社研究成果并讲解："作品赏析"——读书社人员通过对某作家不同作品或相同作品从不同角度赏析的文章和片段。通过本课，重塑学生的"读后感观"，消除学生们对读后感长期存在的沉重感，让学生们学会利用应用文来表述自己观点，并应用在探究阅读中。

（3）第二章

展示读书社研究成果并讲解："关于作者"——通过其他书籍和网络的查询，对作家进行简介，并详细叙述作者生平，制作重大事件履历表。通过本课，让学员们体会沉下心来研究一个人物的过程。通过履历表制作锻炼学生们的总结能力。

（4）第三章

展示读书社研究成果并讲解："百家观点"和"作家对比"——从多种角度进行研究。通过本课，开阔学生们研究视野，为报告提供新思路。

（5）尾声

展示读书社研究成果并讲解："总结评价"——总结性议论并反思研究过程中的收获，以及报告的格式要求、制作方法的简介。通过本课，进一步锻炼总结能力并为不知如何书写报告的学生提供帮助，规范报告。

（6）附录

整节课提供给学员们阅读作家作品。通过本课，为学生们提供阅读空间和时间。

2. 课程课时

（1）5个必要（或必修）课时：字母 A—E。

（2）3个不必要（或选修）课时：字母 F。

（3）每个课时 30 至 40 分钟。

3. 课程学习指导下的实践活动——爱心售书活动策划

本活动由学校读书协会主办，贵阳市某书店承办，将以出售书籍的形式在校园内开展为期 3 至 4 天的爱心售书活动。

（1）活动时间与地点

①活动时间：下学期开学初，具体时间视具体情况而定。

②活动地点：科技艺术馆门口或行政楼一楼。

（2）活动进展安排

①活动准备阶段

由读书社的人联络某书店，与其商谈好需要的书籍名称、价钱与数目。另外校内会发放公益性宣传页，宣传卖书活动，如果有机会可以制作宣传片，由校园新闻进行宣传。另外，需制作三张海报（其中有一张某书店承做），张贴于行政楼楼下和国际部进行宣传。

活动进行前一天对某书店送到的书进行清点、登记、存放。目前暂时准备存放在团委办公室或科技艺术馆的心理教室。

活动前由美术教室借8至10张桌子，准备4至5对书立。并提前在活动地点将书本摆放整齐。

本阶段主要由读书协会的对外联合部、宣传部负责。

②活动进行阶段

活动期间将在售书点旁设收费点，设置导购人员数名。另外设置现场维持秩序的人员数名。

活动流程大致为：学生选书—收费点结账—盖章与登记—离开。

本阶段主要由策划部和内系部负责。

③活动后续阶段

每天活动结束后将桌子和没有卖出去的书本放回原处，并清理现场。

为期3天的活动结束后由对外联合部与某书店联系，将没有卖出的书运回，计算盈亏。校内联系爱心社，将盈利的款项捐赠至学校学生组织基金。

本阶段主要由对外联合部和宣传部负责。

4. 课程评价

（1）常规考核

①平时出勤分值。

②平时表现分值。

（2）过程性评价

①认真参加各项课程和实践活动。

②进行"社团课程与愿景内涵"维度分析。

A. 挑战困难方面——对活动实施及小组成员的攻坚克难能力的考查和评价。

B. 感恩行善方面——对活动后续的实施影响。

C. 多元发展方面——评估学生在探究阅读和开展集体性活动的实施。

D. 沟通合作方面——评估小组活动中成员的配合和沟通协调能力。

课程结束时，要求对一个作家进行探究性阅读，从各方面切入进行了解和研究，最后书写报告，以报告形式上交，考核结果按占比分值计算。

总分未达到相应标准则视为不合格，不给予相应学分。

八、结语

教育是提高人民综合素质、促进人全面发展的重要途径，是民族振兴、社会进步的重要基石，是对中华民族伟大复兴具有决定性意义的事业。全面贯彻党的教育方针，全面推进素质教育，建构符合素质教育要求的新的基础教育课程体系，是一场全新、全面的基础教育课程改革。结合学校教育教学实际，以落实课改精神为指导，积极探索课程改革新路，追求每位学生的全面、生动活泼的发展，追求学生生命活力的展现，满足学生成长的需要，培养学生成为社会需要的人才。"十四五"时期（2021—2025年）是贯彻落实全国、全省和全市教育大会的关键时期，是深化教育改革的关键阶段，是推进学校夯实西部领先、国内一流、国际知名品牌高中建设的历史机遇期；在机遇与挑战并存的教育新时代，贵阳一中社团工作建设者将为着力学生核心素养培育，遵循党的教育方针，全面实现育人目标奋斗不止！

参考文献：

[1] 杨龙. 以学习为中心的课程实施 [M]. 上海：华东师范大学出版社，2018.

[2] 杨红兵. 高校学生社团建设存在的问题及对策 [J]. 前沿，2007（04）：90-91.

[3] 方军. 社团课程：让学生在选择中发展 [J]. 素质教育大参考，2013（02）：51-54.

[4] 黄雪军，沈春东. 高中社团课程体系建设的思考与实践 [J]. 科学大众（科学教育），2019（10）：32.

[5] 顾炜. 高中社团课程体系建设的思考与实践 [J]. 上海课程教学研究，2018（09）：7-11+29.

[6] 陆剑星. 构建"学生社团实践活动探究"一体化的校本课程体系 [C] // 上海市青少年科普促进会. 科学素质培养的实践和探索. 中国时代出版社，2009：132-133.

案例二　开阳县第三中学：基于生本教育理念下的校本课程设计

一、一个调查问卷

我们在做一个课题时，对高一的学生进行了一个问卷调查，抽取了不同层次的班级部分学生组成了 300 人的样本，在对样本的分析中发现一些令人深思的问题。

①如果你不喜欢物理，是什么原因造成的呢？其中 D 答案"太难太费劲"占比 67.2%，E 答案"其他：课程枯燥、无意义、课本简单而考试很难等"占比 18.7%。

②你认为学习物理的目的是？其中 C 答案"为了考试"占比 85.7%；D 答案"没有目的，学校安排"占比 9.2%。

③你期望学校、教师在学习方面给你提供哪些帮助？学生的回答就更令人深思了。如希望课本能仔细点，将一些有用的知识点写入课本（有些书上没有，但考试用到）；课程生硬，能否改版课程，编写一套适合文科学生学习的教材（这种估计是文科生写的）；加强对实验和实践能力的培养等。

从上述问卷来看，学生对现行的课程设计不太适应，虽然国家课程经过了多次改版，课程标准、考试大纲等也改动了多次，但很难兼顾全体学生。而作为课程实施的主体——教师，如完全按部就班地按照国家课程和课程标准执行，成为照本宣科的执行者，而不对国家课程进行再创造，就很难充分发挥课程的引导力。在改革的过程中，也曾出现过所谓的"创新、合作、翻转"等一些组织形式，但如果教师没有真正主动成为课程的生产者和设计者，没有自行决定课程内容取舍、课程设计组织、教材内容剪裁，以及教学活动的实施等权力，没有形成独有的"个性化教学风格"，那就达不到实际的、好的效果。

二、高考改革的"新"

本科招生专业选考科目填报表

（请在相应位置上的○和□涂实●■，涂改无效）

学院：_____（盖章）　负责人：_____（签字）　日期：_____

学院	专业名称	选考要求	可选科目 （在浙江可增选技术）
文学院	汉语言文学（师范）	○1门科目，考生必须选考该科目方可报考 ○2—3门科目，考生均须选考方可报考 ○2—3门科目，考生选考其中1门即可报考 ○不提科目要求	□政治　□历史　□地理 □物理　□化学　□生物
文学院	新闻学	○1门科目，考生必须选考该科目方可报考 ○2—3门科目，考生均须选考方可报考 ○2—3门科目，考生选考其中1门即可报考 ○不提科目要求	□政治　□历史　□地理 □物理　□化学　□生物
文学院	网络与新媒体	○1门科目，考生必须选考该科目方可报考 ○2—3门科目，考生均须选考方可报考 ○2—3门科目，考生选考其中1门即可报考 ○不提科目要求	□政治　□历史　□地理 □物理　□化学　□生物
金融学院	金融工程	○1门科目，考生必须选考该科目方可报考 ○2—3门科目，考生均须选考方可报考 ○2—3门科目，考生选考其中1门即可报考 ○不提科目要求	□政治　□历史　□地理 □物理　□化学　□生物

续表

学院	专业名称	选考要求	可选科目（在浙江可增选技术）
金融学院	经济统计学	○1门科目，考生必须选考该科目方可报考 ○2—3门科目，考生均须选考方可报考 ○2—3门科目，考生选考其中1门即可报考 ○不提科目要求	□政治 □历史 □地理 □物理 □化学 □生物
	★数据科学与大数据技术	○1门科目，考生必须选考该科目方可报考	□物理
		○2门科目，考生均须选考方可报考	□物理 □化学
信息学院	计算机科学与技术	○1门科目，考生必须选考该科目方可报考	□物理
		○2门科目，考生均须选考方可报考	□物理 □化学
	网络工程	○1门科目，考生必须选考该科目方可报考	□物理
		○2门科目，考生均须选考方可报考	□物理 □化学
	物联网工程	○1门科目，考生必须选考该科目方可报考	□物理
		○2门科目，考生均须选考方可报考	□物理 □化学

上表是教育部针对先进行改革的浙江、上海等地高考中出现的许多问题制定的《普通高校本科招生专业选考科目要求指引（试行）》的部分节录，并已专门下发通知，要求在上海、浙江、北京、天津、山东、海南等6个高考改革试点省市招生的所有本科院校，在规定时间内按照《指引》要求编报选考科目要求。

改革过程中的试点效果，仁者见仁，智者见智。单从图中纷繁复杂的选科填报表，已经让人头痛不已了。而刚入高一的学生，初中的"奶气"未脱，如何知道"我从哪里来，我将去往何处，我怎么才能去向此处"。所以，对进入高中的学生进行生涯规划是必需的课程。

三、未来已来

2012年，易观数据智能公司董事长、用友网络独立董事于扬首次在公开场合提出"互联网+"的概念。即任何传统行业或服务被互联网改变，并产生新的格局。比如：互联网+安全=360；互联网+广告=百度。中间几年，以马化腾为首的互联网大佬多次提及"互联网+"的概念，2015年马化腾再次提出"互联网+"，最终被国家认可并被纳入政府工作报告。

2015年3月，李克强总理确定"互联网+"行动计划，"互联网+"的概念这才真正为众人熟知。

当今社会高速迅猛发展，在信息无处不在、无所不及、无人不用的全媒体时代，大数据、VR、3D、AI、物联网、云计算等新兴内容已充斥全世界，街上卖菜的老人也使用微信收款，很多地方也开始了"脸卡"时代。在2020年疫情期间，钉钉直播、空中黔课等为学校教育教学注入了新思想，新观念。而国家多次将"互联网+""人工智能"写入政府工作报告。

综上所述，我们不难看出，对于新一代的接班人，学校教育应如何去思考并落实"培养什么人、怎样培养人、为谁培养人"的问题，从而开发出丰富多彩的优质校本课程，为不同发展方向的学生提供更多选择和发展机会。这就需要学校在遵从国家课程框架、生本教育理念的基础上，进行适合于本校的校本课程设计。下面就以贵州省开阳县第三中学（以下简称"开阳三中"）校本课程设计为例来说明这个问题。

四、开阳三中的校本课程设计

（一）背景与意义

普通高中教育，必须落实立德树人根本任务，进一步提升学生素养，为学生的终身发展奠定基础，促进人类事业的传承与社会的发展。引导学生经历科学探究过程，体会科学研究方法，养成科学思维习惯，增强创新意识和实践能力；引领学生认识科学的本质以及科学·技术·社会·环境（STSE）的关系，形成科学态度、科学世界观和正确价值观，为做有社会责任感的公民奠定基础。

所以开发适应时代发展，同时又适应当地特色的开放式校本课程，可以为学生提供动手、动脑的机会，给学生架设一条从知识到生活的沟通桥梁，也可以完善学生的知识结构，培养学生创新思维，发展学生的各方面能力和培养学生的科技人文素养。

（二）课程设计

1. 课程的教育目标

通过校本课程的学习和训练，使学生具备以下知识、能力、素养。

（1）落实立德树人根本任务，进一步提升学生综合素质，着力发展核心素养。

（2）使学生具有理想信念和社会责任感，具有科学文化素养和终身学习能力。

（3）培养自尊、自强、自立的有独特个性、有完善人格、有创造精神、敢于标新立异的人才。

2. 校本课程内容与学时分配

（1）生涯规划课程

学段：高一年级为主覆盖整个高中阶段。

学时：20学时。

教学形式：讲授、研讨、研学旅行。

（2）信息技术与学科深度融合

学段：各年级。

学时：60学时。

教学形式：讲授、做中学、依托学科教室及STEAM教室以及VR、3D、AI、物联网、云计算等新兴技术。

3. 课程教学设计方案

（1）国家课程校本化（以物理学科为例）

①教学目标

A. 对国家课程进行再创造，设计多种层级水平的学校课程。

B. 针对教师教学的薄弱环节，确定重点，促使教师从以知识学习为目标的教学体系逐步转变到以物理学科核心素养为目标的教学体系上来。

②学习的内容及训练项目

学习的内容：受力分析、正交分解法、关联速度问题、滑块——木板模型、类平抛模型、竖直平面内圆周运动、天体运动、动能定理、动能损失公式的应用、动量守恒、带电粒子在复合场中的运动。

训练项目：基于高考模式下的习题改编。

③教学载体（技术模型）

改编教材（内容丰富、有针对性，要适合学生认知发展；开发学生学案，让学生参与编写学案）。

④教学方法手段与资源利用建议

A. 教学方法

宏观方面：采用项目建模教学法。

微观方面：头脑风暴法、案例教学法、四步教学法、引导引用法等。

B. 资源利用

基础教材、教学参考资料、多媒体课件、微课等。

⑤教学环境说明

传统教室分年级、分层次进行，必要时可以在多功能教室进行。

⑥考核评价

模块考核与综合考核相结合。

（2）学生生涯规划

①教学目标

A. 思考并落实"培养什么人、怎样培养人、为谁培养人"。

B. 通过学习引导学生形成正确的人生观、价值观及职业观。

C. 适应高中考综合改革。

②学习的内容及训练项目

学习的内容：对学生的生涯规划与未来规划进行指导，开设生涯规划课程；针对高考制度改革，帮助学生选科；模拟"走班制"教学。

训练项目：根据学生思想及性格特点帮助制定规划，参加或介绍前沿学科及各大学基本情况。

③教学载体（技术模型）

研学旅行、前景分析。

④教学方法手段与资源利用建议

教学方法：分类教学法、个性化教学法、参加教学法、案例教学法、引导引用法等。

媒介资源：新编教材、网络教材、多媒体课件、微课等。

⑤教学环境说明

"走班制"教室、生涯辅导平台、"互联网+"网络教室。

⑥考核评价

结合新高考、走班、职业趋向等进行考核。

（3）信息技术与学科深度融合

①教学目标

实现信息技术与教育教学的深度融合，提高教育教学质量和教育管理决策水平，形成"可感知、可诊断、可分析、可自愈"的新型校园生态。

②学习的内容及训练项目

综合运用云计算、物联网、移动互联、大数据、社交网络、人工智能等新兴信息技术，构建智能感知环境和新型的教育教学空间。

③教学载体（技术模型）

依托"三全两高一大"，促进信息技术与学科深度融合。

④教学方法手段与资源利用建议

基于目前信息技术教材及学生基础，结合"教育信息化2.0行动计划"，分类探索编写教材。

⑤教学环境说明

建设学科教室、STEAM教室以及VR、3D、AI、物联网、云计算等新兴技术专项建设。

⑥考核评价

过程考核与学业考核相结合。

五、校本课程设计对教师提出的要求

（一）转变观念，转变角色

课程理念的重新定位，对长期以来习惯于接受教材的法定地位、维护教材的权威性的中小学教师而言，是一种思想观念层面上的革命。这要求教师不能再仅仅满足于知识的传授，而必须转变角色意识，从教材的执行者转为课程的设计者和研究者。

（二）拓宽课程视野，提升课程引导力

思考并践行"培养什么人、怎样培养人、为谁培养人"，转变教学方式、更新教学方法。开展理论学习和实践研究，使教师们对课程价值的认识，由关注知识向关注人的发展转变；对课程功能的认识，由给出结论向引出活动转变；对课程资源的探讨，要求老师们告别仅仅依靠教科书教学的历史，充分利用和广泛开发新的课程资源。即使是天经地义必须开设的课，也允许打破原有的结构而重新组织内容。

（三）提高职业道德水准

中共中央办公厅印发的《关于培育和践行社会主义核心价值观的意见》明确指出："坚持育人为本、德育为先，围绕立德树人的根本任务"，"把培育和践行社会主义核心价值观融入国民教育全过程"。这就要求教师应具有良好的思想素质和高尚的职业道德，要充分认识校本课程对于学生个人发展所起到的特殊作用，充分认识基础教育阶段各科教学的水平对于提高全体国民素质的重要性，充分认识教书育人的神圣职责，要以强烈的责任心爱生、敬业、做表率，努力营造民主、和谐、合作的良好氛围，为学生全面发展和健康成长创建有利条件。

（四）发展专业能力，形成个性化教学风格

教师应具有良好的文化素质和专业素养，加强理论修养，能够运用教育学和心理学方面的知识，了解学生的情感和需求，恰当地选择和调整教育教学策略，设计恰当的尽量真实的教学情景和丰富多彩的实践活动，吸引学生主动参与实践活动。教师要积极利用和开发多种教学资源，并能够掌握多种评价形式，正确地评价学生在学习活动中的表现，发现并发展他们的潜能，关注个别差异，帮助学生认识自我，建立自信，促进每个学生在已有的水平上的发展。此外，教师要具备对自己的教学行为进行及时反思和改进的能力，不断研究、创造、发展、丰富教学方法。

（五）提高自身素养

注重创新精神、实践能力的培养，将信息技术、通用技术等与物理有机整合，积极了解物联网、人工智能、大数据、STEM等内容，培养精益求精的工匠精神和创意设计能力。

"问渠那得清如许，为有源头活水来。"传统的课程及教学模式下，教

师是课程的执行者，我国国家课程在宏观和微观层面上都由国家严格地做出了设计，长期以来，教师对课程及课标形成依赖性，学生对传统的教材及模式乏味，在沉闷的环境失去学习的动力，要改变这种现状，必须对课程进行设计，让国家课程校本化、地方课程本土化、校本课程特色化，多渠道、多举措为教育注入"活水"，使人才培养之"渠"清如许。

案例三　长顺县民族高级中学：民族团结教育进校园
——民族民间体育运动课程设计与开发

纪实一

党的十九大报告指出："巩固全国各族人民大团结，深化民族团结进步教育，铸牢中华民族共同体意识，加强各民族交往交流交融，促进各民族像石榴籽一样紧紧抱在一起，共同团结奋斗、共同繁荣发展。"

2019年6月，国务院办公厅发布的《关于新时代推进普通高中育人方式改革的指导意见》（国办发〔2019〕29号）提出：到2022年，普通高中新课程新教材全面实施，适应学生全面而有个性发展的教育教学改革深入推进，选课走班教学管理机制基本完善，科学的教育评价和考试招生制度基本建立，师资和办学条件得到有效保障，普通高中多样化有特色发展的格局基本形成。

2020年10月中共中央办公厅、国务院办公厅《关于全面加强和改进新时代学校体育工作的意见》提出：以立德树人为根本，以社会主义核心价值观为引领，以服务学生全面发展、增强综合素质为目标，坚持健康第一的教育理念，推动青少年文化学习和体育锻炼协调发展，帮助学生在体育锻炼中享受乐趣、增强体质、健全人格、锤炼意志，培养德智体美劳全面发展的社会主义建设者和接班人。

纪实二

2010年3月，贵州省教育厅下发了《关于认真做好全省中小学民族团结教育工作的通知》（黔教民发〔2010〕55号），要求各地各校要加强对民族团结教育工作的认识，将民族团结教育工作纳入课堂教学。并要求结合本地本校实际，开展校园广播、板报专栏、文艺演出、知识竞赛等丰富多彩的活动，进行民族团结专项教育。

纪实三

2012年7月，长顺县委、县政府宣布：将长顺民中高中部和县二中高中部进行整合，组建新的高级中学，并命名为"长顺县高级中学"，实行一校三区教学。2013年8月，学校整体搬迁到县城南新区校址，经多方申请和论证，决定更名为"长顺县民族高级中学"，"民族"二字进入高级中学，时任校长提出：让"民族元素""民族团结教育"进校园。

纪实四

长顺县民族高级中学坐落于贵州省黔南州布依族苗族自治州长顺县城，学生民族构成基本情况：2020年学生数3985人，汉族学生705人，占17.7%，少数民族学生共3280人，占82.3%；其中布依族学生2068人，占学生总数51.9%，苗族学生1183人，占学生总数29.7%……

2014年9月，学校获黔南州"传统体育项目学校"荣誉称号。

2015年10月，学校申创贵州省示范性普通高中，提炼了以"和顺"为核心的学校文化，提出把"民族元素"植入学校文化建设，办学理念为"面向全体，全面育人"，办学特色为"明志尚美，艺体双飞"。

2020年7月，长顺县民族高级中学选取了学校德育、校本课程建设、综合实践活动、体育与健康教育、艺术教育五个领域的建设发展与示范，通过了贵州省教育厅省级二类示范性普通高中的评估，成功升格为省级二类示范性普通高中。

场景一

春节，地处贵州省黔南布依族苗族自治州长顺县南部布依族、苗族聚居地敦操乡，正月初二开始至正月十五，青年男女聚集，以丢沙包形式交流、互诉衷情。

场景二

正月初一至初八，长顺县南部地区布依族、苗族男性村民老少聚集村庄中心大院坝，自备自带"疙螺"（陀螺），分组进行陀螺撞击竞赛、陀螺旋转竞赛。

场景三

村外空地，一群衣着民族服装的孩子，手持当地盛产的竹竿，跳着自编自导的竹竿舞，在有节奏、有规律的碰击声中，舞者在竹竿分合的瞬间，敏捷地进退跳跃，潇洒自然地做各种优美的动作。

【启发】

长顺县民族高级中学 2020 年少数民族学生构成：布依族学生 2068 人，苗族学生 1183 人，侗族学生 6 人，土家族学生 6 人，彝族学生 4 人，仡佬族学生 4 人，壮族学生 3 人，穿青人学生 4 人，畲族学生 1 人，水族学生 1 人……

少数民族学生的多元融合，为具有区域性、民族性特点的民族民间体育运动的开展提供了受众群体；根植于大众而被人们喜闻乐见的少数民族体育艺术项目，为校本课程开发和设计提供了众多可供选择的素材和资源，也为校本课程开发和设计拓展空间。基于此，长顺县民族高级中学设计与开发了具有长顺本土特色的民族民间体育与健康课程。主要课程如下：

【课程一】丢沙包

教学目标：掌握民族民间体育运动基本步的跳法与节奏，发展灵敏、协调、弹跳等身体素质；培养学生热爱民族体育，培养勇敢顽强的意志和家国情怀。

课程设置：高二上，课时 8 节/学期，学分 1 分。

【课程二】打陀螺

教学目标：了解民族民间运动起源、发展、运动特点和锻炼价值，初步掌握竞技技术；培养学生力量和协调性，促进上肢、肩带、肌肉、关节、韧带等的发展；在激烈的竞赛中培养不惧失败、顽强向上和团结合作的精神及探究能力。

课程设置：高二下，课时 8 节 / 学期，学分 1 分。

【课程三】竹竿舞

教学目标：提高学生的灵敏性、协调性和柔韧性及下肢力量等身体素质；提高学生的空间定向及时间判断能力。

课程设置：高一上，课时 10 节 / 学期，学分 1 分。

【思考】课程引导与设计开发

体育与健康课程作为高中课程中基于生命、指向生命、提升生命质量的学科，对于促进学生身心健康、体魄强健，增强中华民族的旺盛生命力，促进社会文明进步，提高国家公民素养和综合实力，都具有不可替代的重要作用。在新课程改革倡导课程多元化的形势下，长顺县民族高级中学积极探索把地方民族民间文化的元素植入学校校本课程，加强课程引导，坚持以实现国家课程的教育目的为前提，坚持依托县情、校情和学生发展的个性要求，着眼本校教师群体对国家课程的修正与整合，实现国家课程校本化、校本课程的特色化。

一、民族民间体育运动课程设计与开发意义

1. 推进课程教学改革，形成地方性、校本课程教学特色。
2. 丰富课程教学素材资源。
3. 充分发挥学校人力资源。
4. 激发学生学习兴趣与热情。
5. 传承和弘扬优秀体育文化资源。
6. 践行民族团结进步教育进校园。

二、民族民间体育运动课程设计与开发原则

1. 健身性原则：符合学生生理发育规律，具有科学、知识和健身价值。
2. 娱乐性原则：运动形式活泼欢快，激发学生的兴趣与热情。
3. 适应性原则：简单易行，适合学校现有或通过努力达到的教学条件。

4.安全性原则：安全保障措施到位，教学活动组织确保无安全隐患。

三、民族民间体育运动课程开发途径、方法

1.对地域性、民族性及学校现有体育素材资源和条件资源进行合理评估。

2.调研学生对民族民间体育运动的兴趣、需求趋向，获取学生的反馈资料。

3.对素材资源进行教材化、讲义化，对条件资源进行课程化改造。

4.融入学校课程教学计划，逐步推广，开展适当的竞赛活动。

5.进行合理评估、总结、反思，进一步提升课程开发质量，形成特色。

四、民族民间体育运动课程开发内容

1.地方民族民间传统体育运动有跳竹竿（苗族）、打陀螺（苗族、布依族）、丢沙包（苗族、布依族）、板鞋（壮族）、珍珠球（满族）、踢毽子、斗鸡、抽陀螺、占四角、踩高跷、押加、拉绳、跳绳、三人四足（多民族）。

2.民族民间体育校本课程开发内容：竹竿舞、打陀螺、丢沙包、三人板鞋竞速、珍珠球、毽球、斗鸡游戏、团团转、占四角游戏、踩高跷接力、押加、拉绳、跳长绳、三人四足、五人六足。

五、民族民间体育运动课程目标体系

（一）课程目标

1.弘扬与传承地区民族体育文化，增强学生民族自豪感，全面促进青少年身心健康发展，创民族高中体育特色教学。

2.以强身健体为目的的表演、娱乐性项目居多，健身与娱乐性相结合相统一。

3.在民族民间体育的活动中进行情感交流、思想交锋、意志考验，不断增进相互了解和理解，达到培养民族认同感和增强民族凝聚力的效果。

4.增强体能，培养运动兴趣，形成良好心理品质、人际交往能力与合作精神。

5.形成积极进取、乐观开朗的生活态度，提高学生个人健康与集体责任感。

（二）领域目标

1. 身体健康方面：具有关注身体健康的意识，养成自觉锻炼身体的习惯。

2. 运动技能方面：学习民族民间体育运动基础知识；学习民族民间体育运动基本技能；学会安全进行民族民间体育运动。

3. 运动参与方面：培养具有积极参与民族民间体育运动的态度和行为；养成自觉参与民族民间体育运动的习惯。

4. 心理健康方面：正确认识传承和发扬民族民间体育运动的重要性，形成坚忍不拔、勇于争先、克服困难的意志；学会通过民族民间体育运动的娱乐性调适心理压力、控制情绪。

5. 社会适应方面：通过民族民间体育运动长期存在的和谐性、融合性、包容性，建立和谐人际关系和正确处理人际关系。

六、民族民间体育运动课程结构

（一）总体要求

1. 符合学生身心发展，年龄和性别特点。
2. 运动形式活泼，能激发学习兴趣。
3. 具有健身性、知识性和科学性。
4. 对增强体能、增进健康有较强的实效性。
5. 简单易行，以自身的教学条件来选择内容。

（二）课程分类

1. 竞技类：三人板鞋竞速、踩高跷接力、押加、拉绳、三人四足、五人六足。

2. 健身养身类：打陀螺、毽球、珍珠球。

3. 娱乐类：竹竿舞、丢沙包、跳长绳、斗鸡游戏、团团转、占四角游戏。

（三）校本教材结构

1. 第一章：校本课程资源

主要内容为介绍民族民间体育游戏：丢沙包、斗鸡、团团转、占四角、顶沙包追捕、踢脚板、跳长绳、背案板、拉巴牛、三人四足、踩砖过河、拉绳、丢手绢。

2. 第二章：板鞋的竞速

主要内容有板鞋竞速发展状况、板鞋竞速基本技术教学与训练、三板鞋竞逐基本原则及裁判法。

3. 第三章：毽球

主要内容有毽球的发展状况、毽球基本技战术教学与训练、毽球基本规则及裁判法。

4. 第四章：陀螺

主要内容有陀螺发展概况、陀螺基本技战术教学与训练、陀螺竞技基本规则及裁判法。

5. 第五章：跳绳

主要内容有跳绳发展概况、跳绳基本技术教学与训练、跳绳基本规则及裁判法。

七、课程资源

（一）校内课程资源

1. 校本教材：包含学生课本与教师用书。学生课本的设计要美观，图文并茂，生动活泼；内容要贴近学生的民族运动的生活经验，与学生参与过的民间运动紧密相连，激发学生学习的兴趣，从而使学生主动了解和掌握民族民间体育运动有关知识。教师用书的内容与学生用书相对应，包括教学目标、方法、教学评价、活动设计、教学案例、补充知识和背景知识等。

2. 师生：少数民族师生比例较大，了解和熟悉民族民间体育运动，参与民族民间运动热情高涨，深刻展现着民族民间体育运动的魅力。

3. 教学条件：民族民间运动器材相对齐全，基本能满足项目的教学活动与竞赛，教学场地与竞技场地在不断完善中。

4. 校园运动会：学校秋季运动会常态化开展，民族民间体育运动项目纳入运动会比赛项目，如板鞋竞速、三人四足、高脚接力等。

（二）校外课程资源

1. 民族节日活动：常态性的春节民族系列活动、三月三、四月八、六月六、赶秋坡等民间运动（活动），让学生自小就耳濡目染，很大程度上起到潜移默化作用。

2.乡土文化：以世居住布依族苗族为主体的多民族长期融合、和谐相处，呈现各具特色的民族文化。

3.家庭资源：长期生活在民族地区，对民族文化、民族民间体育运动的所见所闻、亲历参与，学生家长对继承和发扬民族民间文化的愿望迫切，部分民族民间运动属于"抢救性"的传承。

八、课程评价

（一）课堂教学

1.教学目标明确、具体，具有可操作性、可检测性，切合学生学习水平。

2.教学内容科学，容量适中，符合"立德树人"根本要求。

3.教学过程体现生动活泼，注重多向联系。

4.教学方法灵活、有效，重视学生个性发展，引导学生创新，以生为本，注意因材施教。

5.课堂氛围和谐，学生参与度高，情感真实、投入。

6.教学效果显著，关注全体，尊重差异，关怀薄弱学生，确保每一名学生受益。

（二）学业考查

秋季学期第十八周、春季学期第二十周为学业考查周，通过测试，计入学生学业成绩。

（三）学分制管理

学生完成相应内容规定课时的学习并考核合格，计为《体育与健康》课程必修学分。

（四）各级各类民族体育运动会参赛率和获奖率

将组队训练参加省、州、县民族体育运动会的项目占比、参赛率和获奖率，作为检测民族民间体育运动教学效果的指标。

（五）学生自我评价

学生掌握运动基本知识和运动技能、对待学习与练习的态度、学习和自觉锻炼的行为等进行自我评价。

（六）教师综合鉴定评价

体育教师根据学生出勤、学业考查、平时表现进行综合评价，终结性评价与过程性评价相结合，同时兼有对进步幅度的评价，以优秀、良好、合格、不合格四个等次呈现。

长顺县民族高级中学立足于县情、校情，最大限度地利用校内的人力、物力、财力等资源，把蕴藏于少数民族、民间、民俗等的生产活动、体育活动等转化为体育与健康校本课程资源；依据学校课程规划和校本课程开发方案构建了较为完善的课程体系，实行学分制管理，走班式运作，自主性选修课程与限定性选修课程组合。通过体育与健康校本课程的开发和设计，为学生提供了更多的学习和锻炼机会，为学生的个性发展提供了广阔的空间、创造了极大的机会，丰富了学生的学习体验，深受学生欢迎，充分体现长顺县民族高级中学"面向全体，全面发展"的办学理念和"明志尚美，艺体双飞"的办学特色。

课程实施

课程引导力，是教育者践行课程教育功能的能力和课程对受教育者引导作用的总和。包含了校长的课程领导力，教师的课程知行力和学生的课程学习力。[1]其中教师课程实施的行为正是教师从战术层面解决课程引导力的执行问题。课程实施是教师的课程知行力的关键，落实解决怎样培养人的问题。本文主要探讨课程实施的定义，研究课程实施的价值和意义，以及探究课程实施的路径和方法，完善课程引导力理论、提升课程引导力。

一、相关概念

（一）课程实施的主要观点

查阅课程研究的有关文献可以发现，中外学者从不同的视角对"课程实施"这一术语做出了不同的界定。课程学界先驱者富兰（Fullan.M.）在1977年认为，课程实施是指任何课程革新的实际使用状态，或者说是革新在实际运作中所包括的一切。这种定义指出了课程方案与课程实施的区别。现在国内外教育界主要有两种观点影响较大，一种观点认为，课程实施就是教学。这是人们在处理课程与教学，或者处理课程论与教学论关系问题时出现的观点。对课程实施的研究重点就是考察课程方案中所设计内容的落实程度。这种观点是将课程方案看作固定的、不可变更的，实施就是一个执行的过程。这种观点的确能够解决课程与教学分离的困境，有助于教育过程的展开。但是，课程实施不可能与教学画等号，彼此都有不可以包容的范畴，有着来自不同方向的规定。另一种观点则认为，课程实施是作为一个动态的过程而存在的，"课程实施是把一项课程改革付诸实践的过程。实施的焦点是实践中发生改革的程度和影响改革程度的那些因素"。因此，课程实施问题不只是研究课程方案的落实程度，还要研究学校和教师在执行一个具体课程的过程中，是否按照实际情况对课程进行了调适以及影响课程改革程度的因素。[2]

我国从课程管理体系来分，分为国家课程、地方课程与校本课程。无论哪一级课程，我们认为课程实施都是将编制好的课程计划付诸实践的过程，是实现预期的课程设想，达到预期的课程目的，实现预期教育结果的手段。在理解课程实施问题时，应当将课程计划看作是可以调整和改变的，判断课程实施的成败也不应以对原有计划的执行程度为标准，而应关注执行过程中教师在特定的情境下对课程计划的调适和改造。强调课程实施就是在一个连续的、动态的实施过程中，将学校、教师、学生作为实施的主体，赋予其更多的自主权来进行课程实施，才能实现真正意义的课程实施。

（二）核心概念界定

课程实施是将规划的课程付诸实际教学行动的实践历程。[3]教师课程实施指教师个体从领会课程到实践课程的过程，它是教师的行为、情感等多维度综合的架构。在理解课程实施问题时，应当将课程计划看作是可以调整和改变的，判断课程实施的成败应关注执行过程中，教师在特定的情境下对课程计划的调适和改造，真正落实解决"怎样培养人"这一教育根本问题。

二、价值与意义

研究课程实施，对于有效指导课程实践、完善课程理论、设计新课程方案、推广课程实施方案均具有重要意义。国内外课程研究者普遍认同：要想成功地推进课程改革，必须深入研究课程的实施过程，以对方案进行及时调整、修订和完善。因此，在教师课程知行力的视野下研究课程实施具有较强的时代价值。

（一）课程实施是课程认知的凸显

教师通过对课程的认知已经树立了明确的课程观、教育观、教师观，明确了要达到什么育人目标。而课程实施正是解决怎样培养人，把教师认知的课程付诸实际教学行动，是教师课程认知结果的凸显。课程实施是有意识、有目的的能动性的活动，而意识和目的的来源就是教师课程认知。教师课程认知的准确性及程度决定课程实施的效果，只有在正确的"课程认知"的指导下进行课程实施，才能凸显应有的效果。

通过课程实施，校长与教师可以知晓影响课程实施的真实变量，明确课程方案在不同情境中运行的可能状况，确定哪些变量可能是制约课程实施的关键，哪些变量没有影响课程实施，哪些变量对课程实施产生消极影响，明确众变量对课程实施的影响程度和作用方向，可以及时正确地干预和控制无关变量，从而估测方案在不同课程实施情境中的不同状况。[4] 课程实施的真实反映有利于校长及时调整课程规划、统筹和建设，促进课程实施、创新以及推广，充分发挥校长的课程领导力。

（二）课程实施是课程设计的践行

课程设计是教师在课程认知的基础上对课程要素进行整合规划的过程，而要实现课程设计的意图只有课程实施。课程实施是将规划的课程付诸实际教学行动的实践历程。教师在课程实施时把自己对课程设计的理解贯穿于整个实施过程，同时根据实施情况对课程设计进行适当的调适和改造，落实课程设计的目的，强调课程实施就是在一个连续的、动态的实施过程中，将学校、教师、学生作为实施的主体，赋予其更多的自主权来施行，才能真正将课程设计落在实处。

课程设计者依据课程编制原理和课程改革需要所研制的课程方案，在实施过程中可能会发生变化，可能达不到预期设计的效果。这就需要对课程实施进行深入细致的研究，及时发现问题，适时、恰当、有效地指导课程实践。换言之，不研究课程实施，"摸着石头过河"，即使能够"过河"，也很可能为此付出很大的代价。所以，课程实施是一个再创造过程，教师是在教学中将现有材料转变为具体教学的设计者和实施者。在转变过程中教师若缺乏应有的知识和能力，那么课程实施就是一句空话。从此种意义上讲，课程实施有利于提升教师的课程知行力，促进教师的综合能力发展。

（三）课程实施是课程评价的关键

课程评价是指检查课程的学习目标、内容编订、实施过程及效果是否实现，测评实现的程度，判定课程规划设计的效果，拟定改进课程的决策。没有课程实施的课程评价就是空中楼阁，只有进行完整的课程实施才能进行课程评价。评价课程实施的每个过程，评价实施是否体现教师对课程认知的结果，评价实施是否达成课程设计的意图，所以课程实施是课程评价的关键，为课程评价提供了方向和内容。

新课程改革方案究竟是如何影响和改变学生的发展的？要回答这个问题，首先要对课程实施进行直接测量和界定，以便了解课程实施的真实过程，诸如实施程度、范围、水平、效益、影响因素等，及时发现课程实施中的问题，有效指导课程评价，提升学生的课程学习力，落实学生发展核心素养。

三、路径和方法

（一）课程实施的路径

1. 以课程为载体进行课程实施

教育部 2014 年出台的《关于全面深化课程改革 落实立德树人根本任务的意见》指出："课程是教育思想、教育目标和教育内容的主要载体，集中体现国家意志和社会主义核心价值观，是学校教育教学活动的基本依据，直接影响人才培养质量。"教育部先行启动普通高中课程修订工作，提出："合理确定必修、选修课时比例……满足持续发展、个性发展的需要。坚持知行统一原则，加强职业体验、社会实践等方面的课程。"从宏观角度诠释了课程引导力的内涵，规定了课程在课程实施中的核心地位。

从课程管理体系来分，课程分为国家课程、地方课程与校本课程。国家课程与地方课程一般由地方政府规划选定，学校进行设计和实施。国家课程秉承新课程改革以学生发展为本的理念，编写教材时在保证基本要求的前提下为师生留有再开发与创新空白，具有一定弹性。这就要求教师在课程实施时有对课程和教材进行二次开发的能力。所以增强教师课程意识、课程实施能力，培养对课程进行再开发和创造性实施的本领，用好课程，用活课程，真正发挥课程的引导力和核心地位，驱动课程实施显得尤为重要。

当然，新课程将部分权力赋予地方、学校，使教师也拥有了课程开发的权利（如地方课程、校本课程）。目的是使课程更符合各地教育特点和学校的办学特色，内容更贴近学生生活，以期更好地实现课程内在的教育意义。这就要求地方、学校开发的课程必须具有科学性、合理性、适用性以及地方特色，而不是一味考虑趣味性，确保校本课程服务于学校培养目标和办学特色，充分发挥课程的驱动性，使课程实施真正产生实效，切实发挥课程的引导力作用。

2. 以学生为核心进行课程实施

新课程改革所倡导的以学生发展为本的现代理念，要求教师在课程实施的过程中，激发学生思维，生成自己的知识，促进学生自主有效的发展。这一变革要求课程实施过程中教师要构建"共同参与，互相合作"的师生关系，在师生互动中传播与生成知识。学生学习能力、学习兴趣、学习背景、受教育经历、家庭背景、自信心、自我期望、发展需要等，都会影响课程实施的进行。

课程教材改革的核心价值是以学生发展为本，培养怎样的人，怎样培养人。我们的教育现已进入内涵发展、高质量发展的阶段。所谓高质量，是指学生德、智、体、美、劳全面发展和有个性发展的质量。这个教育目标只有也必须通过学生在课程中实现。所以一门好的课程（特别是校本课程）要适合学生需求，从而促进课程实施。

3. 以教师为关键进行课程实施

教师是决定课程实施成败的关键角色。课程设计仅仅是一种暂时性的假设，教师要在课堂教学中加以实施，与学生交互作用，与同事讨论对话，经由这种过程建构的结果才是知识。教师和学生是在观察、实验、分析、对话和争论中建构知识的。因此，教师必须改变角色，做一个学习者、反思者。当"每一个教师都成为课程设计者，每一间教室都成为课程实验室，每一所学校都成为教育社区"之日，也就是新课程得以完美落实之时。

教师在课程实施中起关键性作用。特别是在课堂教学层面上，教师成为课程实施的关键。在课程实施中教师是知识的化身、文明的代表，凝聚着教育理念，体现着人文的关怀。教师的素质与能力影响着课程的实施。每位教师都有自己的教学风格与能力，教师之间的素质存在一定的差别，他们所处的社会环境与学校环境的文化之间也不同，这些都会影响教师设计具体的教学过程，以及课程教学中对教学内容和方法的选择和确定。

教师对课程方案的决策也直接影响课程的实施。教师在课程实施的过程中，要面对许多与课程有关的问题，要熟悉各种教学资料，如教科书、教学大纲、教学参考书、学生以及具体的教学环境等；在进行教学设计的课堂教学中，一些因素又经常会发生变化，如教学环境、学生情况等。教师需要依据不同的情况随时做出相应的专业判断，而不同的判断会导致不同的实施效果。

课程实施中教师的知行力，是教师引领学生把握教学方向、做出实施战略的能力，着重表现其教学的思想性。教师在课程实施过程中，应有自己的思想，还有很重要的一点，要通过自己的努力，善于把自己的思想变成学生的思想，把自己的教学思想溶化在学生血液里，外显在学生行为中的"就是那里有"的学校所独有的特色。

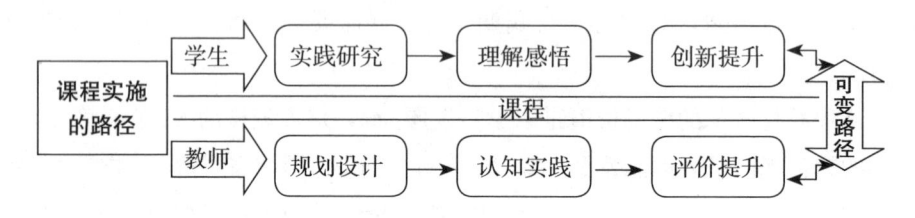

```
                    ┌──学生──→ 实践研究 → 理解感悟 → 创新提升 ──┐
    课程实施                                                         可变
    的路径     ──────────────────── 课程 ──────────────────────      路径
                    └──教师──→ 规划设计 → 认知实践 → 评价提升 ──┘
```

（二）课程实施的方法

课程实施不仅仅是教师教的过程，更是学生学的过程。基础教育课程改革的一个重要具体目标是"改变课程实施过于强调接受学习、死记硬背、机械训练的现状，倡导学生主动参与、乐于探究、勤于动手，培养学生收集和处理信息的能力、获取新知识的能力、分析和解决问题的能力，以及交流与合作的能力"。因此，新课程改革的实施要求变革学生的学习方式，即要转变在一些课堂中存在的单一、被动与封闭的学习方式，提倡和发展多样化的学习方式（learning style），特别是要提倡自主、探究、合作的学习方式，让学生成为学习的主人。

课程实施是由教师、学生、课程和环境四要素的互动构成的。不同的课程有不同的方法，不同的教学内容有不同的实施策略，课程实施需要教师根据学生的学情、课程特点和环境变化去选择恰当的方法。国内外针对课程实施的方法的研究有众多经验，我们根据中小学课程实施以及相关文献，把学校课程实施的方法大致归纳为以下三类。

1. 讲授式

这种课程实施方法适用于以理论学习或传授知识为主要内容的课程。大量的国家课程和知识类、欣赏类的地方课程校本课程都适用这种方法。实施过程中教师主要运用语言方式，系统地向学生传授知识、传播思想观念、发展学生的智力和思维能力。讲授法是以教师为主导，学生对所学的知识从感知、理解到巩固都是在教师的主导下完成的，充分发挥教师的主导作用和正面教育作用，有利于学生在较短时间里系统地学习基础知识和基础技能。但忽视了学生的自主性、探究性、实践性，缺乏教学的双边互动交流，所以讲授法一般与其他课程实施方法交叉使用。如在学科课程理论教学、概念教学中应用讲授法。在行走学习、影视学习、仪式学习[5]过程中应用讲授法促使学生在较短时间里获得基础知识，方便更进一步去探究创新。

2. 探究式

这种课程实施方法适用于以培养能力为主的课程。大量科学类、技术类的课程都适用这种方法。实施过程中在教师的启发诱导下，以学生独立自主学习合作讨论为前提，以课程为基本探究内容，以学生的周围世界和生活环境为参照对象，为学生提供充分自由表达、质疑、探究、讨论问题的机会，让学生通过个人、小组、集体等多种探究活动将自己掌握的知识应用于解决问题。一般通过"提出问题启发探究→解决问题合作探究→应用问题实践探究→开发问题引申探究"的模式进行。

课程实施探究式教学是教师和学生双方都参与学习，学生是学习知识的主体，是知识的主动建构者。教师是学生知识建构的帮助者、促进者。他们都以导师和主体的双重身份进入探究式课程实施。如在问题学习、留白学习、实践学习、整合学习、项目学习、创客学习、围坐学习、沉浸学习等实施过程中应用探究式教学，让课程引领学生经历和体验探究过程，达到课程内容"文本学习"与"探究学习"结合，学习方式"文中学"与"做中学"的结合，让学生真正成为课程实施的主体。

3. 参与式

这种课程实施方法适用于以培养学生能力、品德为主的课程。参与式教学方法（Participatory Teaching Method）是目前国际上普遍倡导的一种进行教学和研讨的方法。参与式教学是指受教育者在明确的教学目标指导下，运用科学的方法，在民主、宽容的环境中，积极主动地、具有创造性地介入课程实施的每一个环节，从而接受教育、获取知识并发展能力。教师与学生以平等的身份参与到教学活动中，他们共同讨论、共同解决问题，因此，参与式教学是一种师生共同推进教学的教学形式。[6]

课程实施参与式教学是以学习者为中心，充分应用灵活多样、直观形象的教学手段，鼓励学习者积极参与教学过程，加强教学者与学习者之间的信息交流和反馈，使学习者能深刻地领会和掌握所学的知识，并能将这种知识运用到实践中去。如在场馆学习、赛事学习、行走学习、实践学习、社团学习、玩耍学习、仪式学习、服务学习、沉浸学习、节庆学习等实施过程中应用参与式教学，让课程引领学生参与课堂教学，发挥主体作用，体会获得知识的过程。通过各种参与活动，学生积极主动关心了解国家政治、经济、文化建设的热点问题，并使用所学知识去解决一系列实际问题。在多种角色的扮演下，他们了解了社会、理解了他人，增强了服务社会、建设祖国的责任感、使命感。

课程实施是一项十分复杂的工作，它受多方面因素的影响。无论选择哪一种方法，其目的都是转变在一些课堂中存在的单一、被动与封闭的学习方式，使学生的主体意识、能动性和创造性不断得到发展，培养学生的创新精神和实践能力。

课程经过设计与发展后，若没有经过课程实施的教育行动，则无法落实课程的教育理念，更无法达到课程设计与发展的预期目标。课程实施是将课程的书面计划落实的过程，唯有实际去执行，才能有机会将课程转化为可知、可教、可学的具体课程。课程实施是课程改革过程中的一个关键环节，它影响着课程改革的成效，而影响课程实施的因素是多方面的，它们对课程实施的影响是综合的，其中校长的课程领导力、教师的课程知行力和学生的课程学习力以及实施的情境都对课程实施的效果产生着重要的影响。而课程实施不仅是教育部门的事情，也是全社会的一项工程，只有各个方面都积极参与到其中来，课程实施才能取得理想的效果，教师才真正拥有了对课程的实施力，从而推动教师的课程知行力。

参考文献：

[1] 魏林. 课程引导力探究·基础篇 [M]. 贵阳：贵州人民出版社，2016.

[2] 360百科. 课程实施 [EB/OL]. （2022-05-24）.https：//baike.so.com/doc/5945225-6158160.html.

[3] 樊树仙. 影响课程实施的因素及其对策 [EB/OL]. （2016-10-09）.https：//www.docin.com/p-1753534069.html.

[4] 李臣之. 课程实施的意义 [J]. 青年教师，2016（11）：26-27.

[5] 本报编辑部. 教师，走进新时代 [N]. 中国教师报，2017-12-27（001）.

[6] 百度百科. 参与式教学 [EB/OL]. （2020-05-03）.https：//baike.baidu.com/item/%E5%8F%82%E4%B8%8E%E5%BC%8F%E6%95%99%E5%AD%A6/2699304?fr=aladdin.

案例一　教学名师：以巧活动的实施彰显教师课程知行力

教师的教育教学风格的形成，离不开教师对课程知行力的提升。教师的课程知行力中的课程实施，至少有三方面共识，一是课程实施是将编制好的课程计划付诸实践的过程，是实现预期的课程理想，达到预期的课程目的，实现预期教育结果的手段；二是课程实施是通过教学活动将编制好的课程付诸实践；三是课程实践的焦点是实践中发生改革的程度和影响课程实施的那些因素[1]。可见，课程实施虽然与教学活动在内涵涉及的范围、研究领域及侧重点上不同，但是课程实施是离不开教学活动的，两者具有内在的统一性和联系性。课程实施内在地整合了教学活动，教学活动是课程实施的核心环节和基本途径。离开了教学活动，课程实施是不可思议的。课程实施研究与教学活动研究具有内在的互补性。教学活动研究有助于理解课程实施过程的内在机制；课程实施研究则有助于理解教学活动的本质，从而为教学设计过程提供新的视野[2]。

一、缘起——由学习金字塔与遗忘规律引发的思考

在深圳市教育科学研究院心理教育专家王秋英的《直击美国课堂》中，讲到了课程实施中的教学活动开展与学习效果间的关系。一个"亲身体验、动手做能够记住绝大部分；做报告、看展览能够记住一半；看演示、现场观摩能够记住一半；参与讨论、发言能记住大部分，给别人讲能够记住绝大部分"的描述，不禁让人想起人们津津乐道的"学习金字塔"理论。学习金字塔是美国缅因州的国家训练实验室研究成果，它用数字形式形象显示了：

学习金字塔

学习内容平均留存率

被动学习	听讲	5%
	阅读	10%
	声音图片	20%
	示范演示	30%
主动学习	小组讨论	50%
	实际演练	75%
	训练他人	90%

采用不同的学习方式，学习者在两周以后还能记住内容（平均学习保持率）的多少。它是一种现代学习方式的理论，是由美国学者、著名的学习专家爱德加·戴尔1946年首先发现并提出的。[3] 如图所示，在塔尖，第一种学习方式"听讲"，也就是老师在上面说，学生在下面听，这种我们最熟悉最常用的方式，学习效果却是最差的，两周以后学习的内容只能留下5%；第二种，通过"阅读"方式学到的内容，可以保留10%；第三种，用"声音、图片、视频"的方式学习，可以记住20%；第四种，"示范、演示"，可以记住30%；第五种，"小组讨论"，可以记住50%；第六种，"做中学、实际演练"，可以记住75%；最后一种，在金字塔基座位置的学习方式，是"教别人或对所学知识立即应用"，可以记住90%。爱德加·戴尔提出，学习效果在30%以下的几种传统方式，都是个人学习或被动学习；而学习效果在50%以上的，都是团队学习、主动学习和参与式学习。这类对有效学习方式的探究成果，对促进有效的课程实施有积极作用。

无独有偶，在生物学中关于人的遗忘规律——艾宾浩斯遗忘规律的论述中，也提出了一种有效的学习和课程实施教学方式，即对他人试讲。对此，在百度百科中有这样一段描述："在准备给别人讲的时候，自己首先要弄懂。"列夫·托尔斯泰说："知识，只有当它靠积极的思维得来而不是凭记忆得来时，才是真正的知识。"准备讲的过程正是运用这种积极思维的过程。要讲给别人听，多数情况下要用自己的语言，而不能鹦鹉学舌似的背诵。这就要求我们不但要知其然，而且要知其所以然，不但要全面、熟练地掌握知识，而且要用自己的话表述出来。试着讲给别人听就是强迫自己弄懂那些似是而非的问题，使自己的记忆得到巩固和增强。这在本质上强调了对有效的课程教学活动的实施，催生了教师在课程实施中注重有效教学活动的设计和实施。这也符合当前国家在《关于新时代推进普通高中育人方式改革的指导意见》中，对深化课堂教学改革的具体要求。

二、跟踪——对骨干教师课堂教学活动的关注

为更好研究有效教学活动，落实对国家课程实施的实践，我们关注了部分教学名师、省市级骨干教师的教学活动实施情况，借以跟踪这些教师如何以巧活动实现课程实施的。具体教学片断记录两则如下：

【片断一】

教师情况——省市级名师、特级教师、贵阳市学科带头人。

教学对象——高一学生。

教学目标——提升假期作业（人教数学必修1和4）完成的有效性，激发学生在家自主学习的积极性和主动性。

具体实施：

1. 教师确定需完成的假期作业的范围并组建学习QQ群。

2. 每位学生自主完成后，拍摄讲题视频上传分享。

3. 全体同学相互评价，评出优秀"晒题视频"。

在实施过程中，如遇有学生出现困难时，教师采用"点对点"方式，让学生先与他沟通，弄懂弄熟，反复指导学生，让学生最后将最优秀的录制视频上传。

【片断二】

教师情况——省市级骨干教师。

教学对象——高一学生。

教学目标——《必修2》第一章空间几何体第一节第1课时《空间几何体的结构特征》，以教思考、教体验、教表达为具体课程实施操作手段。在学法上，能直观了解柱、锥、台、球及其简单组合体的结构特征，用这些结构特征描述现实中简单物体结构，展开空间想象，合作探究，小组交流学习；在能力素养上，通过学习，经历直观感知、操作确认、思辨论证、度量计算等方法认识和探索几何图形及其性质的过程，培养学生的观察、分析、概括问题的能力，以及类比的思想、培养学生判断和概况能力以及空间想象能力。

具体实施：

1. 反馈。前期安排及要求：各7个数学学习小组所有学生，提前预习教材第2页至第6页；以展示评价方式进行反馈；具体要求为：各组在所有成员预习提交个人预习成果（PPT或图文）的基础上，推选出或完善好能代表本组水平的优秀预习成果，课前抽签选择两组的PPT或图文展示，要有自己的独立思考、归纳和总结。

2. 展示。提前一天请大家限时写在学案或草稿上，并写上姓名拍照用QQ发给老师；或者课前让学生写在草稿上，教师巡视；学生展示：口头竞答或小组上台展示；学生评价：随机选择学习小组代表，评价两组的展示效果。

3. 探究。学生分组（或分桌）讨论，研讨和展示并总结方法，讨论以后形成自己或本组解答记录；表现情况得分仍由各组打分，分值在 5—10 分。

学生分组限时（5 分钟）讨论，并以小组为单位给出解答，教师巡视指导，并适时将小组解答拍照上传到希沃白板，让小组学生代表发言（7 分钟），仍采用生生评价、师生评价（3 分钟）来解决问题。

4. 总结。由学生讨论展示后还有疑惑之处，再由本组同学答疑解惑再补充；其他同学做好记录；表现情况得分仍由各组打分，分值在 5—10 分。

5. 练习。教师精选对应课堂练习题，学生现场完成并分享展示。

6. 感言。学生代表小组举手回答。

7. 作业安排。含课后练习、背诵、课外拓展等作业，采取大单元条件下的分层多元化选择的作业布置方式。

（1）复习巩固题：教材第 8 页 A 组 1、2、3 题；或自选课本对应例题或练习题 3 题以上。

（2）综合应用题：请分别各选择一个柱、锥、台体，将其组合为一个空间几何体，并给出其展开图。

（3）拓展探究题：找寻或设计比较有特征的空间几何体，并试着画出其几何图形。

作业要求：学生独立完成后，拍照发到"师生交流 QQ 群"，错误不超过 4 个为过关。

三、分析——从学科核心素养到立德树人目标培养

以上两则课程实施的教学片断记录，是对国家数学课程的具体实施，对国家数学课程实施是将国家规划的数学课程付诸日常的实际教学行动的实践历程。数学教师课程实施就是指个体数学教师从领会数学课程到实践数学课程的过程，它是数学教师的行为、情感等多维度综合的架构。在理解数学课程实施问题时，应当将数学课程计划看作是可以调整和改变的，判断数学课程实施的成败也不应以对原有教学计划的执行程度为标准，而应关注执行过程中数学教师在特定的情境下对教学课程计划的调适和改造。真正落实解决"培养什么人、怎样培养人、为谁培养人"这一教育根本问题。

首先，两则课程实施的教学都共同关注了数学学科素养的培养。

——两位教师都切实认识到数学素养是现代社会每一个人应该具备的基本素养，强调数学课程对学生的终身发展的作用。

新课标指出，数学课程的目标首先要求学生在学习数学的过程中掌握数学基础知识、基本技能、基本思想、基本活动经验（简称"四基"）；其次，在应用数学的过程中提高从数学角度发现和提出问题的能力、分析和解决问题的能力（简称"四能"）；进而在学习数学和应用数学这两个过程中发展数学抽象、逻辑推理、数学建模、直观想象、数学运算、数据分析等数学学科核心素养；最后，能够会用数学眼光观察世界，会用数学思维思考世界，会用数学语言表达世界（简称"三会"）。

数学学科核心素养是课程目标的集中体现，"三会"是数学学科核心素养的外在表现。数学核心素养主要围绕着创新能力和实践能力进行。发现和提出问题是创新意识的核心，分析和解决问题是实践能力的表现。普通高中数学课程还可为学生的可持续发展和终身学习创造条件。数学教学中不仅关注如何帮助学生学会知识、技能、思想、方法，更关注如何引导学生会学习、会思考、会应用。仔细分析这两则课程实施片段，两位教师在教学中借学生"巧活动"的实施，在学生一步一步学习目标的达成过程中，帮助学生树立敢于质疑、善于思考、严谨求实的科学精神；善于引导学生不断提高数学课堂实践能力，提升创新意识，认识数学的科学价值、应用价值、文化价值和审美价值。

其次，两则课程实施的教学都共同实践了数学学科素养培养途径。

——在课程建设中，基于国家课程实施标准，为搞好"抓核心素养培育、促创新人才成长"的目标，数学课程在实施中，要求能实现数学核心素养的培养，就是让学生在接受相应学段的教育过程中，逐步形成适应个人终身发展和社会发展需要的数学思维品质与关键能力。这些美好育人目标的实现，离不开教师的课程知行力，即教师将知识或其他教育教学资源转化为教学和学习行为的执行力水平的提升。更需要突出教师在课程实施中，如何在特定的情境下对课程计划的调适和改造。为此，作为课程实施者的两位教师，将贵州师范大学吕传汉教授提出的"三教"数学课堂教学研究与教育部智库专家魏林校长的"课程引导力"研究成果进行了深度融合，是一线数学教师应用课程知行力的具体实践。

所谓"三教",即:教思考、教体验、教表达。前两者深刻体现了教师如何将知识或其他教育教学资源转化为教学的实施能力,后者更加集中体现学生学习行为的执行力。通过教师的课程知行力的切实提升,实现让学生会用数学的眼光观察世界,注重数学抽象和直观想象核心素养的培养;让学生会用数学的思维分析世界,注重逻辑推理和数学运算核心素养的培养;让学生会用数学的语言表达世界,注重数学建模和数据分析核心素养的培养。[3]本文的片段二,就是课程实施者借所在学校开展教学月"课堂展示周"活动中,对"教师的课程知行力"研究开展的具体课堂教学实施情况。

再次,两则课程实施的教学都共同关照了具体的学情。

——从学生方面来看,新时代的今天,学生的具体情况正在发生根本变化。今天的中学生由于置身于精神解放、观念更新、意识超前的社会变革中,他们的精神世界不自觉地囊括了许多与其前辈不同的思想、信念和价值观念。因此,在他们的意识中,对新事物、新观念与新信息有自己独特的接受方式、判别标准和接纳形式;善于用批判的眼光审视成人的思维、道德规范与行为准则,并企图通过自身的努力来改变社会对人、对事、对物的陈旧标准与束缚。[4]这种状况,要求有与之相契合的课程教学实施配套,方能促进学生学习力和教师教学能力的提升。然而,与之相反的是传统教学仍然大行其道。有研究表明,目前的课堂教学方式,仍以课本讲授为主,"与美国、日本、韩国相比,中国教师经常'认真按照课本内容教,让学生记住'的最多,经常使用'题海战术'的最多,经常使用以上教学方式的比例分别为94.1%、57.5%,较其他三国多4.7和56.9个百分点"。同时,"我国高中生对各种体验活动喜爱程度最高,可是参与体验活动的却较大比例地少于美国和韩国高中生。我国高中生参与各类体验活动的不足仍与他们对体验活动的热情有较大差距,他们对体验活动的需求远未得到满足,说明我国教师在运用体验式教学方面仍有较大的提升空间"[5]。

——从教材方面来看,现行高中数学教材必修2第一章空间几何体第一节是《空间几何体的结构特征》,是属于高中立体几何的第一课时内容,起点较低,难度不大,很适合学生独立探究,教师引导,是适合采用"学生研究展示交流"的好材料,是适合培养学生核心素养的一节好素材,借此展示基于国家课程——高中数学教学中教师对课程知行力的实施情况。

作为教师要能够从本节课在整个章节位置的战略高度认识该课程的引导力，达到"知"的认识问题。同时，要认真思考怎样具体实现本课课程目标的实现问题，达到"行"的执行问题。

仅就本文片段记录，大致可反映出教师在学校课程实施中一般采用了以下几种方式：

赛事学习——这是一股促进学习的强大力量，看似简单的"晒视频""小组展示"，其实蕴含有学生内心中的无形比赛意味。

实践学习——用有意义的实践活化学习成果，学生或个人或团队动手准备、反复研究、自我加压、主动而为、自主学习。

留白学习——这种形式给学生留下足够的生长空间，为学生默默搭建平台，让学生不仅有出彩的结果，更有过程中的不断努力、不断体验、不断获得；

搜索学习、问题学习——探寻数学问题、聚焦数学问题的过程，探寻解决数学本质问题的方法。

项目学习、玩耍学习——把真实项目作为学习的驱动力，充满刺激和乐趣的学习过程。

影视学习、沉浸学习——让学习听得到、看得见，根据好奇心来探索学习[6]。

在课程实施中，通过教思考、教体验、教表达，培养了学生数学抽象、直观想象、度量计算、图文展示、推理论证、交流表达的能力，成为培育学生数学能力的关键，实现了学生的数学核心素养。

四、评价——听最具有发言权的群体最真实的想法

对于本文中课程实施的具体教学片断，随机地让其中的主体参与者——学生写下感悟，其中具有代表性的有以下几个。

1. 学生评价

学生丁某：所谓名师出高徒，原因就在于，一位优秀的教师必定携带着各种优秀的教学方案，从心理学角度看，由于知识以及学生性格的差异，老师往往采用不同的应对措施。那提高学生的表达能力该怎么办呢？遍览无数，唯有开放课堂让人赞不绝口，这使得课堂中的"师天下"变为"公天下"，以题目为基准,让学生上讲台或利用现代媒体手段拓展式地在 QQ 群或微信群去展示我们的风华正茂,对于讲题人,不仅使知识得到很好的巩固与强化,还客观地提高了我们的表达能力以及出众的勇气,听讲人更容易接受,听课和学习轻松活跃,课程的具体实施让知识的传递力大大增强。在这之前,应设定一些奖赏,这能提高学生的积极性,这奖赏不可繁多,易得,价低,值高,要合情合理。

学生曾某:上高中以来,有件事一直让我觉得非常幸运,就是遇到了×××老师,一位有独特课程实施方案和教学方法的老师。初中那时候我觉得学数学是非常痛苦的事,是枯燥的、无聊的,但又不得不学。每次上课只能专心听讲,这样我很痛苦。但遇到×××老师以后,我觉得学数学非常有趣。他独特的方法带给我很多好处:①有趣的教学方式让课堂变得更加活跃,学习气氛很好。②更容易主动思考,独特的激励机制如加减分制,使得我们的学习主动性大大提高。③学生团队或个人讲课、讲题等自主体验活动式教学,使得我们觉得很有趣并且大大提高了我们的学习积极性和团队协作能力。④有时候,老师会故意犯些错误。然后在我们将其纠正出来的时候,再给我们大家讲解,这样我们的印象会更深刻,课堂气氛也更好。⑤引导式地带着我们思考,使得我们积极思考,理解更透彻。

就我个人来说,我觉得老师课程实施方案和教学方法对我是有很大帮助的。我十分喜欢现在的课堂氛围和老师的课程实施方案和教学方式。我也十分喜欢现在的数学课。

学生彭某:我有两点感悟。首先,有关诱导思考的过程。在上课时,每个老师都会有着各种诱导同学积极思考的方式,而我的老师×××也是如此。他的循序渐进的诱导过程条理丰富,并且在我们用各种复杂的方法推出一个新知识点的时候他总是会用非常凝练的语言将我们的思路表达出来。只是由于课堂时间有限,×××老师不能给予我们太多的时间去证明,去推理。但个人认为这种讲课的方式是比较适合我的。其次,有关设计课程实施方案中的展示。×××老师总是会让我们把自己思考成果向同学们展示,我认为这很好地锻炼了我的语言表达能力。原来我向同学们讲述数学的题目时,经常会出现自以为已经讲到了要点,但是很多人还是听不懂的情况;老师讲的思路虽然和自己大致相同,但同学们却出乎意料地能听懂。在听了老师的描述之后，我也明白了自己语言上的不足。日积月累，我现在感觉自己的语言表达能力大幅度地提升，这种感受也让我明白这种方法对我有很大的好处。

2. 专家评价

对本文中课程实施的具体教学片断二，市级督学专家评价：这类活动体验式的课程实施课，总体评价的优点：①注意基础。能挖掘概念、规范学生表达，急学生所急，想学生所想，能把学生的易错点和不足充分暴露和利用。②特别注意细节。对于前面学生展示中暴露出的问题，展开适时引导。强调了如何展示，讲什么，怎么讲，导向比较到位。③关注学生。特别是关注学生的学，无论学生对知识把握好与坏，都能细心倾听、精准辅导，让学生暴露问题也自然和谐，及时解决问题，既能照顾学生感受，又能有效加以辅导。④注重规范。学生展示、讨论中，教师在课堂指导中，能用直尺作图，足以发现其规范沉淀，是长期养成的结果。⑤侧重学生的表现。符合本节课的教学内容和特点；体现了学生的激烈思辨，设计凸显以学生为本。总之，这样的课程实施，是将国家数学课程的书面计划落到具体课堂实际的探索过程，是依据具体教学实际开展的执行，以巧活动的形式将国家数学课程转化为可知、可教、可学的具体课程，有助于数学核心素养的培养和关键能力的培育。

3. 自我评价

在两个课程实施案例中，以关照高中生"喜体验 为满足"学情，依"三教"途径，实践学科素养培养，共同关注核心素养培育，彰显了教师课程知行力，从而达成目标；但感觉有的地方时间把握还需更紧凑；前面学生的展示和评价中，可以将后面的例题的东西直接加入其中，马上学以致用，学生理解将更深刻，更有利于课堂时间的充分利用。

参考文献：

[1] 360百科. 课程实施 [EB/OL]. (2018-06-15). https://baike.so.com/doc/5945225-6158160.html.

[2] 豆丁网. 课程实施与教学活动 [EB/OL]. (2017-06-27). https://www.docin.com/p-1133239410.html.

[3] 360百科. 学习金字塔 [EB/OL]. (2020-09-25). https://baike.so.com/doc/6219886-6433176.html.

[4] 吕传汉.用"三教+"培育学生核心素养 [EB/OL]. (2018-10-13) .https://wenku.so.com/d/0dee59099ad4049da6ee2d8e89b87e70.

[5] 农晓露.现代中学生的时代特点 [J]. 中学教学参考, 2012 (27): 115-116.

[6] 赵霞, 孙宏艳, 张旭东.我国高中生学习的新特点——基于中美日韩四国高中生的两次比较调查 [J]. 中国青年研究, 2018 (01): 107-112.

案例二　贵州省修文县：良知教育课程的实施

在新的时代，实施好课程是高中教育教学改革的一项重要内容，是对"培养什么人、怎样培养人、为谁培养人"的一个系统性回答。课程的实施对整个学校的发展乃至整个教育的发展有着重要的引导作用。

修文县利用得天独厚的优势，积极开发地方课程，将阳明文化资源与"立德树人"根本任务有机结合起来，根据不同学段学生的身心发展情况进行创造性的开发，让地方课程得以有效实施，在继承和发扬中华优秀传统文化中发掘阳明文化精髓，逐步培养学生树立远大的志向，立志为中华民族的伟大复兴而读书。这是修文县落实"立德树人"根本任务的有效举措，是积极开发以阳明文化为主的地方课程的具体体现，并在实践中已取得了较好的阶段性成果，课程的引导力在修文地方课程开发与实施中的效益日益彰显。其中，注重教师课程知行力培养发挥了关键性的作用。

一、实施良知教育课程的背景

（一）落实立德树人根本任务

党的十九大报告指出："要全面贯彻党的教育方针，落实立德树人根本任务，发展素质教育，推进教育公平，培养德智体美全面发展的社会主义建设者和接班人。"王阳明"致良知""知行合一"的思想包括体认和实现两个层面。体认良知是指人本身的自我修养，用现在的话来说是指人对自身的道德认知和情感的体验过程。实现良知则是指人的思想和情感见之于行为的过程,即为规范道德行为和端正人生态度的实践过程,其终极追求就是立德树人。实施良知教育改革也是围绕"立德树人"这一根本任务而展开的,是在努力解决怎么培养人的问题。

(二)弘扬中华优秀传统文化

习近平总书记多次对阳明文化给予了高度的评价。2015年,习近平总书记在参加全国两会讨论时指出:"王阳明的心学正是中国传统文化中的精华,也是增强中国人文化自信的切入点之一。"

2014年3月7日上午,中共中央总书记、国家主席、中央军委主席习近平参加十二届全国人大二次会议的贵州代表团讨论。在审议即将结束时,习近平有感而发:"明朝时,王守仁(王阳明)曾经在贵州参学悟道,贵州在这方面还是很有优势,希望在这方面继续深入探索。"

总书记对贵州寄予了厚望,充满感情,充分肯定了王阳明的心学是中国传统优秀文化的精华,这是对修文县各级各类学校推进良知教育改革的莫大鼓舞。修文县也抓紧这个机遇,借助弘扬中华传统优秀文化的东风将阳明文化发扬光大,让良知之光照耀更广阔土地。

(三)践行"知行合一"思想

"致良知""知行合一"是王阳明教育哲学思想的核心,其思想内涵体现了学习主体性教育的基本精神,是把一定的社会道德规范转化为人自觉的意识和行为,强调主观立志和主体精神的力量,强调人的自我更新,倡导学习要自求自得。把"良知"赋予新时代的特色,即为人之潜能,把"致"理解为人的认识过程,从受教育者个体的潜在素质的发挥和得益程度上着眼,遵循以启发、独立个性解放为主导的教育原则。致良知的教育思想符合人类的心理特点,切合教育的心理程式,切合当下提倡的发展中国学生核心素养。良知教育改革是"知行合一"的真实践行,是将"知行合一"思想发扬光大的典范。

(四)推进"阳明文化'九进'工程"

阳明文化是修文所独有的文化资源,是修文县的三张名片之一。修文县大力挖掘阳明文化,实施了阳明文化"九进"工程,打造"心修文",为开发好地方课程提供了良好养分。阳明洞、玩易窝、阳明文化园等教育基地正在发挥应有的作用。两年一届的国际阳明文化节成了世人瞩目的文化盛宴,这些文化资源正在发挥着无法替代的软实力作用。

修文已形成了"心修文"的良好氛围,阳明文化的学习宣传逐渐家喻户晓,特别是阳明文化"九进"工程的实施,让广大人民群众感受到了阳明文化的真正魅力,形成了浓厚的文化氛围,为良知教育改革搭建了良好的社会支撑平台。

二、实施良知教育课程的途径

在《修文县阳明文化"九进"活动实施方案》和《修文县阳明文化进校园工作实施方案》的指导下,各校根据自身实际,以阳明文化进校园为抓手,将阳明文化与培育和践行社会主义核心价值观相结合,赋予阳明文化新的时代意义。按照阳明先生"立志、勤学、改过、责善"的要求,将阳明文化与学校德育工作、校园文化建设、未成年人思想道德建设工作相结合,提炼具有学校特色的良知教育课程,让"致良知""知行合一"思想蔚然成风,通过潜移默化的砥砺和磨炼,逐步在干部职工和广大师生中形成脚踏实地、实事求是、知行合一、躬行实践、崇德向善的良好氛围,培养"致良知"的时代新人。

（一）开发各学段特色课程

各学校立足"立德树人"根本任务,在落实国家课程的基础上,科学选择和开发适合学段学生特点的校本课程非常关键。修文将阳明文化作为地方课程研发的主要资源,指导各学校将阳明文化的精髓引入小学、初中、高中形成各学校的校本课程。比如小学阶段的有《示宪儿》、阳明书法练习;初、高中的良知德育、良知课堂、良知队伍打造和良知教研等,通过课程的开发,让广大师生积极学习阳明文化,让阳明文化精髓在广大中小学得到普及,丰富学校文化活动,引导广大未成年人明礼知耻、崇德扬善,切实提高思想品质、道德水准和文明素养。通过良知教育课程的开发与实施,培育具有立志、勤学、改过、责善品质的"四品学生",努力培养成富有民族自信心和爱国主义情怀的社会主义事业建设者和接班人。

（二）打造以阳明文化为核心的校园文化

在基础教育中传承和弘扬中华优秀传统文化成了一种共识,阳明文化是中华优秀传统文化的精华,将阳明文化融入校园物态文化中,成分发挥其潜移默化的教育功能是修文各学校的基本做法。各学校在打造校园文化中，阳明文化是其核心、主轴，各校通过墙体、雕塑等载体打造固态文化，比如王阳明先生塑像、经典语录上墙、以阳明文化相关内容命名楼宇等，让良知教育的光芒在校园面貌、师生风貌、一草一木、一砖一瓦中放射，将"立德树人"立在心上，做在事上，落实在行动上。现在各学校已建成了比较完备的校园文化体系，让人一进校就能接受阳明文化的熏陶。

（三）打造良知教育队伍

全县号召教育战线全体干部职工学习和践行阳明教育思想，努力培育"致德""致言""致功""致良知"的"四致校长"；建设一支"有理想信念、有道德情操、有扎实学识、有仁爱之心"的"四有"教师队伍。通过"校长领航""大国良师"计划的实施，丰富教师继续教育内容，开发良知教育 APP 并开启线上线下互动学习模式，全县教师师德修养得以提升，提高了教师良知教育水平，培养了一批具有良知担当的教师队伍，为深化良知教育改革、促进良知教育课程实施提供了师资保障。

（四）开展"致良知+"课题研究

修文县开展"致良知+"课题研究工作，围绕教学和德育两条主线，让教师探寻教育教学改革中育人方式和特色高效的课堂，展开课题研究。各学校组织广大教师根据学科实际和教学实践申报校级课题或者校本研修，深入挖掘阳明文化。通过校级课题或者校本研修的开展，让良知教育课程的实施推进有了很好的抓手，同时为开发校本教材提供基础素材。

（五）丰富学生校园生活

1. 以阳明文化为核心的入学教育。各学段将阳明文化的知识进行提炼整合，形成适合不同学段学生实际的入学教育课程。比如高中学段，高一新生进校的军训课程规划中就将学习阳明文化的内容纳入进来，统一规划，统一实施，其中《教条示龙场诸生》就是必修的一个部分，在军训的过程中让学生深入学习，弄懂其中要义，为下一阶段开展"立志"活动打下基础；也通过军事训练，培养学生的吃苦耐劳精神，在这过程中让高一学生认真体悟"勤学"的真实意义，为接下来的高中生活提供一种精神支撑。

2. 以精神的提升为核心，开展阳明文化成果展示活动。学校通过学生社团的组建，将阳明文化融入学生互动中去，既丰富学生的课余生活，又增添了阳明文化入心入脑的途径，使得"知行合一""致良知"的思想，在学生活动中得到潜移默化的影响。比如阳明诗词习诵社、阳明书法学习社、阳明书画社等等，让学生在参加社团活动中更加了解阳明文化，感受阳明文化的魅力。一些学校以每年的"五四"青年节和"一二·九"活动为契机，一方面依托阳明文化进一步丰富学生活动，另一方面将阳明文化有关社团成果进行展示，为学生展示成果提供平台，让他们向师生分享成长的快乐，激发青春激情，培养学生的爱国热情和增强对中华优秀传统文化的认同。

3. 开展爱国主义教育基地教育活动。阳明洞被确定为爱国主义教育基地，全县各学校适时组织学生到阳明洞参观学习，聆听讲座，在玩易窝亲身体悟阳明先生在非常艰苦的环境中悟道，既让同学们感受不同的学习氛围，接受阳明文化的熏陶，更让同学们珍惜美好时光，立志为担当民族复兴大任而发奋读书。

三、实施良知教育课程的成果

在全县深入推进阳明文化"九进"活动的推动下，良知教育改革得到县委县政府的大力支持，也得到了省市教育主管部门的高度评价，良知教育改革取得了良好的效果。

（一）形成了良好的社会氛围

通过阳明文化"九进"工程活动的实施，阳明文化优势基本得到厚植，"致良知"精神浸润到了各领域，全县的社会整体文明素养、道德水平得到一定的提升，阳明思想的当代价值得以初现，特别是通过两年一届的"中国·贵阳（修文）第六届国际阳明文化节"的成功举办，"阳明文化"这张名片更是蜚声中外。

（二）以阳明文化为核心的校园文化基本建成

各学校积极挖掘阳明文化，将其融入校园文化建设当中，从硬件文化到软件文化都得到了进一步提升，让校园环境更有品位，各具特色的文化氛围更加凸显，文化育人功能得到了更好的发挥。

（三）培养一批具有良知担当的教师

通过"校长领航""大国良师"计划的实施，全县加大了良知教育改革培训活动，一方面提升了全县教师队伍的师德水平，将"致良知"融入老师心中，激发了广大教师的良师大爱,"以生为本"的理念得到充分实践,让学生的成长更加幸福;另一方面,将良知教育改革与提高教育教学质量充分地结合起来,培养了一支师德高尚、学术精湛、有良知担当的教师队伍。

(四)具有地方优势和学校特色的课程正在形成

修文充分利用王阳明"致良知""知行合一"发源地的独特优势,深入挖掘其内涵,结合学校的实际研究开发地方课程和校本课程。一些学校的校本课程已趋于成熟并有相应教师进行授课,比如修文中学校本课程"走进王阳明",由思想政治课的老师承担教学;"王阳明在黔诗文选读""王阳明经典文章选读",由语文老师承担教学。

各学校都在实践中不断积累,积极开发校本教材,并将教材纳入课程的规划实施。

四、实施良知教育课程的启示

良知教育课程的实施,重点在于学校课程的整体规划,关键在老师的实施。修文县在推进良知教育改革过程中取得了较好的成果,一个重要的做法就是修文县高度重视教师的培养,因为教师是课程实施的关键,简言之教师就是课程的实践者。修文县抓住了这个关键,从教师培训入手,让广大教师真正在课程认知上得到提升,就有利于推进课程的实施。

学校有了课程的规划,如果教师没有认同,认知程度不够,就谈不上课程的课程知行力,课程也就无法实施。修文县通过良知"教育种子计划、幸福教育高级研修班、良知教育APP"等形式加强了教师的培养,让老师们领会课程的设置及推进计划,提升教师行为和情感等多维度的综合构架,激发教师课程实施的积极性,有力地推进了课程的实施。

在课程的实施中还加强教学研讨,让不同的老师分享良知教育课程实施的心得,相互碰撞,将注意力转移到关注教师在实施过程中对计划的调适、改造和创新上来,增强课程实施的有效性,进而更加关注学生的发展,让课程的引导力更加强大,"立德树人"根本任务完成得更好。

课程评价

课程评价是学校教育中教师以及相关教育人员对课程的各个方面进行认识、了解与评价的活动过程。课程评价是课程改革中一个重要的方面，影响着学校课程的有效实施。它对于实施科教兴国战略、建设高质量的教育体系有着积极的推动作用。只有了解课程评价的基本问题，才能更好地实施课程评价，实现新课程改革的目标，为实现教育强国、人才强国打下坚实的基础。

一、概念及发展历程

（一）课程评价的概念

一般来说，课程是对学习活动的规划，包括学习目标、内容、实施、效果、评价等方面。我们常说的课程评价就是指检查课程的学习目标、内容编订、实施过程及效果是否实现，测评实现的程度，判定课程规划设计的效果，拟定改进课程的决策。事实上，评价本身也是课程的重要组成部分。

课程和评价相辅相成，在课程建设的各个环节都需要进行评价。课程评价的范畴视角多元，主题丰富。一般认为，课程评价是对学生学习结果和课程本身进行的评价，课程评价过程中需要参考某种标准，采用各种定性、定量的方法，对课程目标、计划、教材、教学活动过程、教学效果方面进行价值判断和描述，并寻求改进途径的一种活动。课程评价的内容从形态上可分为静态和动态两类内容，静态内容包括课程方案、课程标准、课程设计、课程教材等内涵性文本内容；动态内容包括课程筹备与开发的过程、课程实施过程中的课堂教学、教材使用、问题生成、师生互动、学生发展、教师发展等过程性的内容。课程评价各种内容之间的逻辑关系错综复杂。我国现行"国家课程、地方课程、校本课程"三级课程体系，三级课程相互补充、有轻有重，不同的课程评价主体，评价的内容各有侧重。

（二）课程评价的发展历程

1949 年，美国著名教育学家、课程理论专家、评价理论专家拉尔夫·泰勒（Ralph W. Tyler）在《课程与教学的基本原理》中首次对课程评价的意蕴及操作模式进行了系统阐述。20 世纪 60 年代初，国外关于课程评价已经有了很多研究，并开始形成一个独立的研究领域。评价研究经历了国外理论与经验借鉴、思路视角拓展、范式转型、主体细化、内容深化等阶段。随着课程改革的深化，已经取得了一定的成果，但现有课程评价在实践中还存在很多问题，如课程评价人员专业性不够，评价过程行政性过强，评价内容维度的研制、课程评价标准厘定有难度，考试文化制约评价功能等，对于不同类别、不同层次的课程，课程评价应该对"谁来评、评什么、怎么评、评价结果怎么用"等问题亟待进行系统的研究。

我国从 20 世纪 50 年代始，特别是在《国家中长期教育改革和发展规划方案（2010—2020 年）》出台后，为课程改革和课程建设指明了国家课程校本化、地方课程本土化、校本课程特色化的方向，针对育人目标的基础教育课程改革，从"双基"目标的达成、课程"三维目标"多元价值的实现到素质教育的提升、核心素养的升华都为时代的发展设定相应的课程评价内涵。目前，面对日趋复杂的国际形势和我国"两个一百年"奋斗目标的实现以及 2035 年基本实现社会主义现代化远景目标，新时代新课程新教材新高考又一次要求我们要以"立德树人、培根铸魂、潜心育人"为核心，增强学生的国家意识和民族意识，紧紧围绕"培养什么人、怎样培养人、为谁培养人"这一教育根本问题，本着"为党育人，为国育才"的育人目标，加强课程内涵建设和发展，努力培养一批批"五育并举"全面发展的新时代社会主义建设者。

二、价值与意义

课程评价内涵丰盈、范畴较广、蕴含多彩的时代元素和实践价值。教师是课程的研制者，也是课程的实施主体，更是课程评价落地的主力军，在教师课程知行力的视野下，研讨课程评价具有一定的时代价值与意义。

1. 课程评价是课程认知的归属。教师通过对课程认知，树立明确的课程观、教育观、教师观、学生观，课程评价则是教师根据课程认知预定的目标通过定性定量的标准和方法检验育人目标的达成情况，最终通过教师主体对课程认知达到一定的课程效果，它将影响到教师对课程的认识、理解、执行，也将影响到课程价值功能效果，还将进一步彰显学校新时代的办学思想和课程价值观，从而达到教育的"以行促知""知行合一"，进而落实"立德树人"的根本任务。

一段时期以来，我国基础教育在课程评价上往往偏重于对一堂课的评价，而未从新时代对课程产生的意义方面去深入挖掘，从而无法真正地去评价课程产生的价值，导致一定的局限性。譬如对校本课程的评价，需要在真实性、需求性上下功夫，即在开发与设计课程前评价学生的起点和学习需求，制定课程目标、选择课程内容，使课程的设计更有针对性；在课程实施的过程中客观地评价学生的表现与进步，发现教学过程存在的问题，为教学提供反馈，调整和组织课程内容，改进教师的教学方式与教学行为，拓展优势，弥补不足；在课程结束后评价学生学习的最终成效，评价教师教学绩效，判别教学是否有效，从而更好地为教师对课程的全面提升产生积极的影响，它有利于为课程改革、为教师发展提供有力的参考和支持。

2. 课程评价是课程设计的准星。教师根据课程的育人目标，突出实施学生综合素质评价，开展学生发展指导，优化教学资源配置进行课程设计，有序推进选课走班，这就要求教师要树立自觉的课程意识，树立大课程观，围绕课程评价，拓宽和利用一切课程资源，遵循学生的个性化发展特征，以课程评价为标准来进行课程设计。与此同时，课程评价也试图将教师和学生在课程开发与实施以及教学过程等全部课程设计都纳入评价的范围之内，为践行教育的"知行合一"立好靶子，从而实现"评价者与具体课程情境间的交互作用，无论是否与预定目标相符，与教育价值相关的结果，都应当受到评价"。因此，在课程设计过程中也必须紧紧地关注课程评价的标准。

譬如对于地方课程，不同主体的课程评价内容都应立足于本土理论的建构，地方课程的开发与实施的地域特色问题或许不可复制，无论是借鉴先行课改的上海、浙江地方经验，还是改造运用西方课程评价理念，都需要考虑"水土不服"的问题。地方课程和校本课程都是国家课程的补充，评价可以在地方课程资源与标准的适切性、情景性、科学性、可行性等方面进行考虑，可选择地方课程的内涵特征、性质与结构、功能与意义、组织与关系等基础问题进行评价。课程评价有利于为课程设计的修正与创新提供建设性的意见，满足社会需求和学生发展，并为学校进一步优化地方课程进行自我评价与管理效能，对促进地方课程的建设，满足社会需求和学生发展方面具有重要意义。

3.课程评价是课程实施的反馈。课程评价具有很强的问题指向功能、诊断鉴定功能、价值导向功能和激励改进功能。课程评价受课程过程取向核心的影响，过程取向的课程评价观试图将教师和学生在课程开发与实施以及教学过程中的全部情况都纳入评价的范围之内。新课程改革倡导构建多元的发展性的评价体系，能为教师在课程实施中提供必要的反馈与改进意见，从而充分体现出课程评价的激励作用与改进功能，坚持面向人人、因材施教、知行合一，坚决改变用分数给学生贴标签的做法，创新德智体美劳过程性评价办法，达到教育"以知促行"的效果。在课程实施阶段，教师也需要对课程进行评价，在这一阶段，教师需要通过仔细观察学生们的学习进度与掌握程度，根据学生对课程的反映，进行课程的灵活调整。如：在课程实施过程中，若学生对某章节的知识，在教师的启发引导下没有准确的理解和把握，更谈不上知识的迁移和能力的提升，这时教师就需要对自己课程进行及时的评价、反思和调整，可使教师在备课的过程突出重点，难易结合，从而提高学生的学习效率，而不能生硬地按照课程计划继续进行新内容的授课。在课程结束后，教师通过不同方式的考核对学生关于这门课的掌握情况进行总结。以此对本门课程进行一个整体和全面的评价，了解在课程实施过程中的得失，为之后更好地实施课程奠定基础。

三、路径与方法

（一）课程评价的路径

1.从主体实施进行课程评价

课程评价的主体一般可分为教育行业内部人员评价和教育行业外部人员评价。内部人员评价的目的指向发展与提高，注重以促进学生的学习发展为主题，内部评价又可分为自我评价和内部专业人员的评价。内部评价人员的构成包括校长、教师以及教育系统内部机构的专业研究人员，也包含学生。外部人员评价的目的指向责任问题，更多关注的是效果、标准、责任、规律等热点问题的改善，外部评价人员包括第三方的专业评价机构、家长、社会群体等。

2. 从评价范围进行课程评价

从发展的视角看，课程评价的主体倾向于内部，内部自我评价的价值取向更有利于促进课程建设。自我评价的主力是教学改革实践中的一线教师，教师更具有开展课程评价行动研究的优势。教师即使没有参与课程标准的研制和课程的开发设计，但直接参与了课程的实施，最了解教学活动中的真实课堂情境，更深刻体验了课程实施中的教材资料使用、师生互动情况、学生学习情况、课程效果等过程性环节，对课程目标、课程内容、课程实施细节等要点有着深入的研究，具有对课程进行评价的发言权。课程评价中要给教师自主权，激励教师探索过程性、真实性、发展性的评价，以评价改进教学。当然，由于课程评价的理论知识与专业技能欠缺，来自教师的评价容易缺少客观性，制约了教师开展课程评价的研究与发展。我们认为评价是教师应该具备的一个关键的知行能力，是教师专业能力的重要组成部分，教师的评价能力与教师具备的专业基础、教学方法、教学策略、教学管理等方面的能力同等重要。因此，校长课程领导力的关键在于发展教师的课程知行力，也是培养教师开展课程评价的关键能力，并有助于激发课程评价实践性的内核和内涵。

3. 从新课程改革需求进行课程评价

新课程改革倡导"调动学生主动参与评价的积极性，改变评价主体的单一性，实现评价主体的多元化；建立由学生、家长、社会、学校和教师等共同参与的评价机制"。新课程改革实践理论认为"评价不仅要关注学生的学业成绩，而且要发现和发展学生多方面的潜能，了解学生发展中的需求，帮助学生认识自我，建立自信"，"发挥课程评价的教育功能，促进学生在原有水平上的发展"，强调教师对自己教学行为的分析与反思，建立以教师自评为主，通过信息化等手段，探索学生、家长、教师以及社区等参与评价的有效方式，客观记录学生的日常学习表现和突出事迹，使教师从多种渠道获得信息，不断提高教育教学水平。

总之，新时代新课程需要我们促进学生和教师不断提高，建立符合时代要求的新课程评价体系。

(二) 课程评价的方法

1. 聚焦课程评价系统的建设

课程评价的核心内容包括课程实施效果和过程的评价，课程实施效果的评价体现在对学生学习课程后所能获取到的知识、能力和体验的评价，对课程实施过程性评价更多的是对教师的教学过程为主的评价。实现评价功能的转化注重培养学生的学习态度、创新能力和实践能力以及健康的身心品质等多方面的综合发展，为学生的终身发展奠定基础。于是，配合课程功能的转变，评价的系统也发生着根本性转变，不只是检查学生知识、技能的掌握情况，更为关注学生掌握知识、技能的过程和方法，以及与之相伴随的情感态度和价值观的形成，评价不再是为了选拔和甄别，不是"选拔适合教育的儿童"，而是如何发挥评价的激励作用，关注学生成长与进步的状况，并通过分析指导，提出改进计划来促进学生的发展。从这个意义上来讲，评价是帮助我们"创造适合儿童的教育"。换言之，评价是为学生的发展服务，而不是学生发展为评价需要服务。评价功能的这一转变影响着教师评价工作的开展。时代的发展向课程评价的功能提出挑战，评价不只是进行甄别、选拔，评价更重要的是为了促进被评价者的发展。于是，评价的方式方法呈现多样性特点，测试或测量只是其中的一种方式，不同的评价方式彰显不同的价值取向，不同的方式适合不同的情景，面临不同的内容需要优化选择不同的评价方式方法。为此，引导教师潜心育人的评价制度更加健全，建立促进教师不断提高的评价体系，以促进学生全面发展的评价办法更加多元，社会选人用人方式更加科学。因此强调教师对自己教学行为的分析与反思，建立以教师自评为主，校长、教师、学生、家长共同参与的评价制度，使教师从多种渠道获得信息。这就要求教师不断加强相关理论知识的学习，在实践中开发相应的评价工具，建设教师课程知行力的评价体系，不断提高教学水平，开展针对具体课程内容的课程评价，建立促进课程不断发展的评价体系。周期性地对学校课程执行情况及课程实施中的问题进行分析评估，调整课程内容，改进教学管理，形成课程不断革新的机制。到2035年，基本形成富有时代特征、彰显中国特色、体现世界水平的教育课程评价体系。

2. 聚焦课程评价方法的研究

课程评价的方法，理论上主要有量化评价、质性评价两种方式，两种方式交叉融合发展。量化评价主要表现为对学生的学业成绩进行数据分析与评价，通常基于数据发现问题，寻找问题背后的原因，把复杂的教育现象简化为简单的数据，帮助学校及教师清晰具体地实施教学行为，促进教学改革，这种方式目前广泛使用。但是，随着评价内容的综合化，以量化的方式描述、评定一个人的发展状况时则表现出僵化、简单化和表面化的特点，学生发展的生动活泼和丰富性、学生的个性特点、学生的努力和进步都被泯灭在一组组抽象的数据中。而且，对于教育而言，量化的评价把复杂的教育现象简单化了或只是评价了简单的教育现象，事实上往往丢失了教育中最有意义、最根本的内容。质性评价更加关注真实情景下的教育现象，采取的主要方法就是通过观察、调查，试图充分揭示和描述各种特征，质性评价的方法则以其全面、深入、真实地再现评价对象的特点和发展趋势的优点受到欢迎，成为近30年来世界各国课程改革倡导的评价方法。如在美国《国家科学课程标准》中提供的评价方法包括平时的课堂行为记录、项目调查、书面报告、作业等开放性的方法。美国各著名高校在录取学生时不仅要求学业成绩，通常还要求学生提交一份短文（选题通常极具开放性）、有关人士的推荐信和面试等。英国则强调以激励性的评语促进学生的发展，并在教师评价中注意运用面谈、行为观察和行为记录的方法。而"成长记录袋""学习日记"和"情景测验"等质性评价的方法，目前也受到较为广泛的重视和认可。需要强调的是，质性评价从本质上并不排斥量化的评价，它常常与量化的评价结果整合应用。因此，将定性与定量评价相结合，应用多种评价方法，将有利于更清晰、更准确地描述学生的发展状况。两种课程评价方式适用于不同的对象和目的，基于不同类型的课程目标、价值取向、课程效果，需要采取多元多样的评价方式，相互结合相互补充。

3. 聚焦课程评价方式的研究

课程评价的方式，理论上主要有"纸笔测试测量"和"表现性评价"两种方式。纸笔测试测量是课程实施过程中最常见、最便捷的评价方式之一，这种量化的方式评价范围狭窄、存在分数局限性、欠缺真实情景性。表现性评价提倡让学生通过实际任务来表现其自身的知识和技能，并对其成效进行评价，属于质性评价的一种具体形式，强调真实性，这种基于具体情景的评价方式，有利于考查学生综合运用知识解决问题的能力，它将课程实施融合为一体，具有实践性、过程性、发展性和整体性的特点；但在实施过程中有一定难度，这对教师的专业素养提出了更高要求，需要在评价过程中更具责任心和使命感。

4.聚焦课程评价实施的过程

基于学生的自主学习，本着深化学习为本的理念，课程建设是为了满足学生德智体美劳全面发展需要，课程开发与设计要充分尊重教育教学规律，考虑课程科学性、导向性和针对性；科学的课程设计应该是先进的理念，主要思想和基本原则应该处于教育发展前沿；课程提供的核心内容，培养的目标，实施的模式应该是恰当，且有教学资源支持，有相匹配的专业教师。课程的开发与设计要重点针对学生发展过程中的问题、教师发展中的问题以及学校发展中的问题来进行；要强化过程评价，探索增值评价，健全综合评价，课程实施过程性评价要针对课程大纲的制定、教学资源的开发、教学方式的选择、课程活动的开展、过程监控的保障等方面进行；充分利用信息技术，从学校发展、学生发展和教师发展甚至是社会价值的体现等多种维度来进行，从而又从课程结果评价来对课程进行新的设置，提高课程评价的科学性、专业性、客观性。坚持统筹兼顾，针对不同主体和不同学段、不同类型教育特点，分类设计课程、稳步推进，增强课程评价改革的系统性、整体性、协同性。

总而言之，在新时代课程深度变革的过程中，我国中小学出现了形式多样的课程评价方法，比如用真实活动表现来判断的表现性评价，基于课程实施方式的展示性评价，聚焦多维学习目标任务的真实性评价，营造积极向上文化氛围的评选性评价，以及游园式、模块化、过程性、议题式、积分式等等课程评价方式，评价方法方式的背后蕴涵的是思维方式、思想方法与教育理念，直指课程改革的若干问题，亟待进一步深层次的研究。

参考文献：

［1］杨明全.课程论［M］.北京：中国人民大学出版社，2016：254—256.

［2］熊杨敬,刘志军.改革开放40年来我国课程评价研究的回顾与省思［J］.中国教育学刊，2018（11）：14-18.

［3］王润，张增田，章全武.核心素养：课程评价的时代追求［J］.教育理论与实践，2018，38（04）：52-56.

［4］张晖,刘艳京,李涛.课程评价助力师生共同成长［J］.教育家,2018（36）：57-58.

［5］一致性：课程评价的新视野［J］.现代教育管理,2018（03）：2.

［6］袁平平.课程评价的意义与依据［J］.旅游纵览（下半月）,2018（24）：170+172.

［7］沈娜.课程评价的现状、特征及价值转向［J］.教学与管理,2018（04）：4-6.

［8］中共中央,国务院.深化新时代教育评价改革总体方案［M］.北京：人民出版社,2020.

案例一 贵阳市第六中学：课程引领，文化铸魂
——德育课程评价

镜头一：文明如厕

开完家长会后，一段学生与家长的对话：

家长：你们六中厕所感觉像是宾馆的厕所，有盆栽，有卷纸，无异味。你读过的学校，怕这是第一所哟。

学生：你只说对了一半。我们六中的厕所其实更像景区内的厕所，景区的厕所本身就是一道风景，六中的厕所也是六中的一道风景。

学生无比自豪地给家长介绍着，还给家长讲起了"文明如厕"与"文明入厕"的差别，声音渐渐远去……

看一个地方的文明程度，最简单的办法就是去它的厕所。《释名》对"厕"的释义是"至秽之处"，能将"至秽之处"随时保持清洁，还有什么地方不能"宜常修治，使洁清也"？厕所里小小卷纸也蕴含着教育的大功能。当学生养成按需索取的习惯自觉时，有理由相信六中学生们将来走向大学、走向社会乃至走出国门之时，也能保持一种不为小利而失节失德的修养。当"文明如厕"能够成为师生一种习惯时，也就是从最不起眼的地方，以一种最直观的方式反映出一所学校的文化自觉。

其实这样的镜头在六中可以信手拈来，比如来访者问学校保安："社会上有'皇家六中'的说法，是因为你们学校俄式建筑风格的雍容华贵吧？"保安却说："庄重的俄式建筑只代表六中外表，六中的'贵族'气质源于流淌在血液里的责任和担当。"这样的回答竟然从学校保安的嘴里脱口而出，惊得来访者目瞪口呆。是的，文化如春风，它滋养的不是一枝一叶，它能唤醒满园春色。

【画外音】文化育人

其实，这一切变化都是从学校构建以"礼诚义"统领的"三柱六桩十二基"

校园文化课程体系开始的。"礼诚义"文化体系源起于魏林校长提出的构建学校德育体系思路。以社会主义核心价值观为引领,从典籍中汲取中华文化的精髓,寻找学校历史文化传承的灵魂,结合学校特色提炼出以"礼""诚""义"三个支柱,统领德育工作、课程建设、教学工作、教育科研、队伍建设等教育教学工作的六大方面,夯以"礼敬、礼法、礼仪、礼度;忠诚、真诚、诚信、诚孝;大义、正义、道义、仁义"十二块基石,将其植根于办学宗旨和教学楼奠基石"适应国家需要,培养建设人才"之上,以学校俄罗斯建筑风格为载体,形成"三柱六桩十二基"文化体系,"礼诚义"德育课程成为学校文化体系的一个组成部分。

足以见得,课程目标的价值取向是校长课程观的关键要素。课程预定的目标是评价的重要标准,体现了校长的办学思想和课程价值观。课程评价具有很强的问题指向功能、诊断鉴定功能、价值导向功能和激励改进功能。以"礼诚义"校园文化为统领的德育课程被赋予了灵魂,它植根于学校厚德载物的优秀传承中吸取养分,从新时代社会主义制度核心价值取向中获取阳光雨露,一个个鲜活的生命成为课程灵动的载体,文化育人,静待花开。

镜头二:身正为范

毕业典礼上,学生及家长饱含热泪,心存感激,将锦旗赠予他们的恩师,台下早已掌声雷动。三年前的懵懂少年,如今已是风华正茂,这面锦旗承载着七百多个家庭的感恩之心。

六中德育课程的起点在教师,"身正为范"成为六中教师从学科德育课程的开发、设计、实施、评价等方面的自觉要求。教师"关心、关注、关爱"每一个学生的文化自觉,其实就是在深入践行陶行知先生所说的"没有爱就没有教育,至真教育是心心相印的活动。从心里发出来的,才能打动心灵的深处"。学校统筹拔尖辅优、解困助学的课程设置,从学科知识、心理健康、体能审美等方面关爱每一个学生。尊重学生个体差异,促成学生个性化发展的实质是对学生最有血有肉的关爱。

六中教学指导专家委员会在引领校本研修的过程中,发现目前比较广泛使用的"学科渗透德育教育"提法与新课标培养核心素养的要求之间存在一定差距。品德教育是每个学科的内在属性,而非外因渗透,校本学科德育体系应当是基于学科核心素养的构建。从"指导"到"智导"突破,让教师认识到德育是一件非常踏实的事,唯以敬畏之心,时时自省,做好每一件小事。"图难于其易,为大于其细。天下难事,必作于易;天下大事,必作于细。"让所有的教育活动都服务于"立德树人"这一根本目标,成为教师在教学过程中"无须提醒的自觉"。

这样的镜头在六中比比皆是,比如为了一句允诺,老师不顾大雨倾盆依旧赶到学校,利用中午休息时间义务帮扶学困生,即使鞋子和裤脚都已湿透。学生为教师的付出所感动,诚恳而坚毅地表示:一定要克服困难,努力学习,以理想的成绩回报老师的付出;学校大型活动中,学校领导和教师队伍纹丝不动,既是基于礼敬和礼度的自我约束,也是给学生做表率。上行下效,学生们说,头发花白的领导和老师们都站得如此规矩,我们还有什么理由不站好队伍?

【画外音】师者之智

课程评价的主体是教师,自我评价的价值取向决定着教师自我发展的价值追求,激励教师探索过程性、真实性、发展性的评价,以评价改进教学。强调教师对自己教学行为的分析与反思,建立以教师自评为主的多维度评价制度,让"学高为师,身正为范"真正成为教师的教育追求。

六中构建的学科德育体系,以德育为学科教学的基石,以知识、文化、育人环境等为综合载体,在丰富德育内容的同时,形成全员参与、多维评价的方式。通过课程引导,教师在对教学的自我评价与自我管理过程中提升师德修养。"桃李不言,下自成蹊。"文化自觉、文化自信、文化自律成为贵阳六中师生在德育课程中的起点与归宿。

镜头三:金色大厅

奥地利维也纳金色大厅,贵阳六中交响乐团一曲《梁祝》演奏结束,台下静得连一根针掉到地上都听得见。几秒钟后,台下爆发出雷鸣般的掌声,同学们极具民族气息的、充满青春活力的演奏深深征服了世界艺术之都的听众。

作为贵阳市唯一的一个中学生交响乐团,自2011年建团以来,教师引导乐团成员尊重队友,培养团队意识,学会倾听,学会协作,还教会队员们敬畏舞台，敬畏观众，成为贵州省第一个登上德国柏林冯塔纳艺术交流中心和奥地利维也纳金色大厅的中学生交响乐团。

学生交响乐团只是六中众多校本德育课程中一张靓丽的名片，在六中艺体特色教育中，通过开设"版上生美""棋类艺术之中国象棋""我形我塑""光与影""民族舞""芭蕾舞"等一系列艺体特色课程，依托"六中智造"打造的贵州省首家"创客嘉年华"课程，还吸引美国探索频道 Discovery 到贵阳六中拍摄纪录片《这，就是贵州》。还有形式内容多样的社团活动，为学生提供丰富的提升自我的发展平台。校园文化传承与新时代背景的融合成为六中德育课程的特点，学校组织的教育教学活动都是基于德育校本课程的整体设计，具体到某项活动时，首先是明确教育目的，然后制定活动方案、修订和完善实施计划、分工协作，确保活动的正常进行，并圆满达成预期效果。活动结束后，还会有总结及反思、成果汇编等。不管课程的载体如何，都是让学生在活动中感悟德育真谛，通过活动达成"立德树人"的目的。

这样的例子在六中举不胜举，比如学校每年举办"诗韵中华 墨写春秋""写方块字 做规矩人"等主题书法大赛，依据校园文化不同的主题来确定书写内容。在评选的过程中，学生既是欣赏者，也是评判者，可以从内容、格局、技巧等角度对作品进行评价；在创客活动中，学生根据比赛规则、个人特长，设计、修改方案，不断尝试怎样才能取得最佳效果的方法等等。

【画外音】课程引领

以培养适应国家建设人才为引领，以符合学生个体差异，开设具有校本特色课程为导向，以适合学生需要、利于学生终身发展的素养为校本德育课程开发的具体内容。教育教学关注特色活动与课堂样态的开展、课程资源的开发与挖掘等实施环节，关注课程目标是否满足和促进学生学习和发展多元化、个性化的发展需求。

过程性评价取代了简单的分数量化，评价是帮助教师更好地创造适合学生的教育，学生的努力与进步不会被抹杀。比如在教师的不断激励下，学生在创客活动中一次次的失败可以换来经验的总结与反思，成为下一次探索的准备，学生不一定能获奖，但过程性评价让他们收获的是不会轻易被困难击垮的品质。

镜头四：硕果累累

在学校硕果累累的荣誉墙上，有一个荣誉特别醒目，那就是2018年贵阳六中获得的"全国德育工作先进示范校"荣誉称号。其实，这样的荣誉还有很多，比如荣获全国基础教育信息化应用典型案例的"普通高中技术课程生态圈的构建与实践"，《人民教育》为此刊登了《技术与教育如何实现深度融合——贵阳六中技术课程生态圈的构建与实施》专题文章，在全国推广；《中国教育报》先后专题刊登了《提升办学品质 培育时代英才——记贵阳六中素质教育深度融合的实践探索之路》《高中生社会责任感培养的探索与实践》等。

贵阳六中深入以"礼""诚""义"为主题的系列德育活动，从最简单的坐、立、行等仪容仪表入手，以"高中生社会责任感培养实践活动体系"为载体，系统地进行"礼""诚""义"文化教育。对"礼"之教育，注重"知书达理，遵规守纪"；对"诚"之教育，强调"严于律己，孝老爱亲"；对"义"之教育，突出"勇于担当，全面发展"。教育最有效的手段就是让学生真正参与其中，德育课程最明显的成果就是让学校体现出无处不在的文明，正如来我校参观学习的教师团队在亲身感受学生面带春风般的微笑、发自内心深处的尊重和问候，看到升旗仪式上横平竖直的列队和学生肃穆的表情，看到学校文化墙上满是学生的书法、绘画、摄影、画报、创客、作文等优秀作品时，由衷地一次又一次伸出大拇指，为学生们点赞。

【画外音】立德树人

"不关注高考的学校没有今天，只关注高考的学校没有明天。"课程引领，文化铸魂，就是引领教师从课程的高度，认真思考"培养什么人、怎样培养人、为谁培养人"的问题，学校不仅获得了贵阳市教育教学质量进出口评估一等奖第一名的优异成绩，同时还将学科教学、社团活动、校园环境等作为德育课程资源，将立德树人作为根本目标，在全员德育、全科德育、环境育人的课程引导下，践行"知行合一 正德厚生"的教育思想，实现将"为党育人，为国育才"的目的。

几组镜头如一缕缕清风，从细微的视角展示出对贵阳六中德育课程评价的价值取向、内容与方法、路径与成效等方面内容，我们不难发现课程评价不仅关注学生的学业成绩，更要了解学生发展中的需求，发现和发展学生多方面的潜能，帮助学生认识自我，建立自信。课程评价的实质不是通过简单量化的方式将学生分成三六九等，而在于以课程评价的方式不断发现学生的优势，将发展与提升转化为师生的内心需求，探寻师生自我完善的路径与方法，实现终身发展的文化自觉，通过课程评价更好地为多元的课程设置提供丰富的养料。

借用教育部领导在视察贵阳六中教育教学成果后，对贵阳六中"礼诚义"校本德育课程的评价作为结尾："上承天意，下接民心；承前启后，继往开来。"

案例二 贵阳市民族中学：研究型学习课程评价路径探寻

"那是一条神奇的天路，把人间的温暖送到边疆……"车上的广播里播放着韩红演唱的《天路》，我不由得轻声跟着哼唱起来。而我即将踏进的这个村寨，也有着一条不同寻常的路，那是一条因一次课堂作业而修出的上学路，更是一条由课程引导孩子们追寻知行合一的成功路。

走进果落村的时候，已经接近黄昏，由于正值寒假假期，村里的水泥路上随处可见肆意奔跑、欢快玩耍的孩童，时时传来阵阵欢笑声。果落村距离花溪城区23公里、党武乡政府13公里，全村分为4个村民小组。苗族、汉族两个民族世代居住，村民生产以种植和养殖为主，由于群众知识结构、信息获取等因素的局限性，该村经济落后，大部分群众多是靠山吃山。而就在2012年之前，我脚下这条承载着果落村孩子们读书梦的水泥路都还是"一到下雨天，路上到处是泥，孩子们到学校后鞋子里都是水，要到放学才能回家换鞋子"的泥巴石子"扬灰"路。

一门"中学生领导力"的课程让三个高中生走进了果落村，同时也走上了用知识构筑上学路、用行动践行青春梦想的征程。

贵州省贵阳市民族中学在校本课程的实施中，有这样一个课题——"叩问果落村的明天——贵阳市花溪区果落村教育现状调查"。这是由该校高中生自组课题组、自选课题、自选指导教师开展的课题研究。三位高中生在指导教师的带领下，通过发放 600 多份调查问卷、直接采访 100 多名当地村民，实地走访周边 6 所学校等方式，撰写调查报告，并向当地教育行政主管部门提出"修建果落村村级公路方便学生上学"的建议，得到地方政府的采纳，在 2012 年 6 月，这条承载着教育梦的村级水泥公路建成。学生的成长，良好的社会效应都是对这门课程所展示的教师课程知行力的最好评价。

一、把"知行"的种子根植于素养，在学生的成长中绽放课程价值

学生是教育的出发点和归宿点，他们有自己的生活经历、兴趣、爱好、感情体验。教育的使命就在于唤醒，发掘个体的个性潜能，培养学生终身学习的能力，给学生未来的发展提供核心素养，为知行合一、走向社会打下基础。

"叩问果落村的明天——贵阳市花溪区果落村教育现状调查"课题雏形构建源于贵阳市民族中学的学生吴辉华。吴辉华生长在贵州都匀农村，从农村来到城市求学的经历，让他看到了农村教育环境与城市教育环境的天壤之别，所以他想做有关农村教育的课题。何育林，喜爱阅读，博览群书，但还真不是一个让父母和老师能够省心的乖乖仔。青春年少正处于逆反期的他，常常和老师起冲突，并没有将精力投入学习中。另一位组员金志中，在学业成绩上的优势并不明显，进入高中的学习后更是倍感压力，于是和很多同龄人一样，他对电脑的痴迷远远超出了课堂与书本。而在此之前，谁也不会想到平时被大家视为学习前行途中如"猛虎"般存在的手机、电脑却给了他一把获取更多信息的钥匙，从而打开了青春的另一扇门，用他的视角度量了中国农村教育与城市教育的距离，并把他的关切倾注到果落村，和同伴们一起走过了一段青春蜕变升华的美好历程，三个怀揣梦想的孩子，借助领导力课程项目的平台扬帆起航了。

课题研究的最初阶段，孩子们只是为了完成任务，而伴随着课题的深入，经历了许多的困难与艰辛，他们开始真切地关注果落村的教育。当孩子们谈起这项课题的成果时，不约而同地提到："以前，科学研究对于我们来说，是一个遥不可及的话题，也觉得跟自己没有关系。但这次课题研究让我们懂得，没有思考，就不会有智慧的积累。课题研究过程中，我们开始尝试真正思考一个切实的问题，而不再是泛泛而谈；真正尝试寻找解决问题的方法，而不

是无端抱怨；真正开始尝试关注我们之外的群体，而不再是无病呻吟。""通过参加这次课题活动，我们懂得了如何与人交流、沟通，懂得了什么叫作坚持，懂得了什么叫作团结协作，懂得了什么叫作严谨，懂得了什么才是写作，懂得了什么才是踏实；当然，也懂得了什么叫作感恩。"吴辉华说，最开始参加领导力课程，他完全是觉得好玩。这次他没有想到这个项目会真正帮到果落村的小学生们。"这是我做得最认真的一件事。"

通过孩子们的话语，我们不得不感慨，课程评价具有很强的价值导向功能和激励改进功能。学习者的能力是多方面的，每个学习者都有各自优势。因此，教师课程领导力方面的评价，也是多维度、综合性的体现。多元评价理论体现了主体多元化、内容多维化、方法多样化，最终促进学生的全面发展。

学生们通过中学生领导力课程，在教师们的引领下将书本知识转变为行动力，实现了自己青春的蜕变，教师把"知行"的种子根植于素养，在学生的成长中绽放课程价值。

二、让"知行"的花朵盛开于实践，在社会的历练中散发课程芬芳

了解到我此行的目的是听听村里修路的故事，想用学生们的故事来激励更多的孩子敢于创新、敢为人先后，原本忙于准备晚饭的大婶立刻停止手中的活儿，并叫来了两位熟悉这件事的村民，围着我不断地表示"感谢政府、感谢老师"。当他们了解到我也是一名教师时，淳朴的村民们显得更加激动，拉着我一再要求"好好表扬这些学生""要给孩子们发大红花"。

我们常常设计各种各样的指标，对一门课程或者一名老师进行评价和量化考核。此时此刻，看着村民们激动的心情，难以言表的感动时，我不禁在想，良好的社会效应难道不是对一门课程、一个老师最好的评价吗？实现评价功能的转化注重培养学生的学习态度、创新能力和实践能力以及健康的身心品质等多方面的综合发展，为学生的终身发展奠定基础。种种充满魅力的教学方式，渗透在贵阳市民族中学"中学生领导力课程"的每一个环节中，犹如春雨一般，释放出一股股知行合一、润泽心田的源头活水。中学生领导力课程让同学们知行结合，让孩子们真正体会到：知识来源于生活，又应用于生活，改变着我们的生活。那些原本枯燥的书本知识用这样鲜活的方式展现在眼前，怎能不让学生们点燃学习的热情？同学们在这样的课程中

获得知识的同时又放眼自己的未来,在自己的历练和社会的认可中,不忘初心,砥砺前行。

传统德育课程主要以思想政治课为主阵地,同时也开展一些课外实践活动,但其内容不成体系、不能相互协调,导致课内的"知"与课外的"行"不能相互沟通,致使"知"不能指导"行","行"也难以促进"知"。伴随传统德育课程的评价往往也只重定量评价,而忽视定性评价和过程性评价,甚至以分数的高低来衡量学生品德的高下,容易引导学生重智轻德,只重视书本知识,忽视品德养成。校本课程的开发是以教师为主体,以社会和学生发展的需要为目的,因而,良好的社会效应在衡量一门课程的开发与实施是否促进了学生的个性发展,是否体现了学校的德育特色中是至关重要的。

三、让"知行"的果实挂上青春的枝头,在自我的肯定中不断前行

生活本身是丰富多彩的,学生的兴趣是广泛多样的,那么在大力推进教学改革的今天,我们的课程也应该顺应这种形式和学生发展的需求,由原来的呆板单一变得丰富多彩起来。充分调动每个学生的学习欲望,开发学生独特的潜质,将书本中、课堂上的知识及素养运用于生活,点燃他们思想的火花,让学生们在更广泛的领域里践行所学、所想。习近平总书记在全国教育大会上明确指出,要深化教育体制改革,健全立德树人落实机制,扭转不科学的教育评价导向,坚决克服唯分数、唯升学、唯文凭、唯论文、唯帽子的顽瘴痼疾,从根本上解决教育评价指挥棒问题。因此,在现代化教学中,对教师课程知行力的评价应该多角度、多元化地进行。

在"叩问果落村的明天——贵阳市花溪区果落村教育现状调查"这个课题研究中,三名中学生最初在果落村调查走访之后,雄心勃勃地想要为村里的孩子们争取恢复村小,让孩子读书不用再辛苦地长途跋涉,而随着调查的深入和各项专业量表得出的结论分析,他们开始有了更深层次的思考。不论果落村村小的教学设施还是教师队伍、教学质量都无法和励志小学及花溪六中相提并论,村里的孩子们如果只是为了读书而读书,似乎一样难以有突破。这一事实,犹如冬日里的寒风深深刺痛了三个少年原本满怀激情的内心,让他们深感失落,但一路走来的艰难和历练,已经给予了他们绝不轻言放弃的意志品质。于是,三位少年迅速调整工作方案,将调研结果转化为行动力,

不但分组进入村寨给家长们讲"南风效应"的故事，努力尝试迈出行动的第一步——家庭环境、家庭教育的转变。与此同时，三个中学生本着初生牛犊不怕虎的勇气，将在果落村调查的实际情况及建议以书信的形式呈报给了时任花溪区教育局周进局长。

在这封信中，三位少年首先将自己在果落村实际走访的孩子上学难问题进行陈述。"难者，在于村里现在没有学校，2005年果落村小撤并到茅草村小，如今147个学生，分别在距本村近4公里的茅草村励志小学，和距本村5公里左右的花溪六中（有小学、初中、高中）就读。孩子和家长一般在早晨5点起床，才能保证孩子在8点按时到校。"

他们在信中提到，"从果落村抄近路走到茅草村只需20来分钟，但是路况很差，山路满布石头，大约只有30厘米宽"。为此，吴辉华和同学们在信中提了五点建议：①修路；②办家长学校；③成立留守儿童关爱中心；④调研整个花溪区的实验室、图书馆、计算机室等教学设施；⑤关爱农村教师，给农村教师搭建成长的平台。

收到信后，周进局长在2011年春季开学的第一天就带着领导班子到学校与学生座谈。他感慨地说，看到这封信时，有三大震惊："震惊贵阳民中的学生对花溪区的教育如此重视，震惊花溪区还有教育这么落后的地方，震惊中学生有如此强烈的社会责任感。"座谈结束后，周局长当即拍板按学生们的建议修建果落村到茅草村的近路以方便小学生们上学。除此之外，各大报刊纷纷报道了吴辉华、何育林、金志中三位高中生的果落村课题项目在领导力开发课程中取得的成就。

开发中学生领导力课程的贵阳市民族中学魏林校长在接受采访时说："表面上，参加社会实践活动是占据了时间，但我认为利大于弊。参加社会实践活动，可以让学生明确学习的目的，从而体现了人生价值，增强了分析和判断能力，也增强了个人参与社会的能力，这是真正服务于学生的成长和发展的。就拿这次项目组的成员金志中同学来说吧，他参加了社会实践活动后，对未来有了自己新的理解，自信心也增长了。所以，一个好的体验可以给一个人带来很大的影响！课题组的同学通过这次活动，似乎一下成长了许多，与他们的交谈中，我深深地感受到了他们身上的那一份成熟与稳重。我根本没想到他们会针对果落村里的孩子上学难的问题写信给教育局局长，从他们这一举动，才发现他们不是为了做课题而做课题，而是更加真心地想帮助村里的孩子解决问题。他们的举动践行了领导力课程的精髓：'与其坐而论，不如起而行。'将梦想付诸实践，这就是行动力、领导力。"

　　这样看来，"知道"与"做到"、"知"与"行"其实是一件事的首尾两端。所以王阳明说："知是行之始，行是知之成。"从哲学的角度理解知行合一，实际上是道德认知和道德实践相结合，追求理论和实践相统一。学生们在前期的调查了解、实地走访过程中，有了实践、体验、再创造的过程。在"行"中体验感悟，通过行动体验和感悟内化，产生情感共鸣，从而激发自身不畏险阻、不断进取的品质，做到了书本教育与行动实施的内在统一。

学生课程学习力

2015年教育部印发的《普通高中校长专业标准》在对"专业的理解和认识"要求中，特别强调了校长对课程教学的认识。由此，课程引导力这一概念被提出来。真正的课程引导力，来源于学校领导班子和教师队伍自觉的课程意识，更来源于在课程设计中校长为教师和学生留下的自主空间。课程引导力也主要通过对校长自身、教师和学生三个主体的关注来实现。其中，学生便是课程实践的主体，学生的课程学习力指通过引导学生进行课程实践、课程理解、课程感悟与课程探究来实现学习力的提升。

一、研究背景

当前，我国自2001年实施的新一轮基础教育课程改革已逐步进入高中课改阶段，课程改革指向核心素养的培育，是时代、社会发展的必然趋势。2016年9月，教育部又正式发布了以培养"全面发展的人"为核心的中国学生发展核心素养总体框架及基本内涵。2018年1月，教育部发布新的普通高中课程方案和课程标准，课程方案与高考综合改革衔接，着力发展学生的核心素养，提升学生的综合素质，并且系统构建和实施学校课程，引领学生自主多元发展。

自新课程改革实施以来，我们工作的重心一直都在教师，一线教师通过各种方式进行与新课程改革的相关培训，希望能够让教师成为课程实施主体。但是，我们好像一直都忽视了新课程改革的对象、忽视了新课程理念的实施对象——中学生，忽视了他们才是课程的实践者、主体之一。不可否认，新课程改革的具体实施主导权在于教师，在于教师的落实。但是，俗语说，"一个巴掌拍不响"，如果新课程改革只是一线教师的一头热，根本不可能完全达到预期效果，不能够真正提升学生的核心素养，做到自主发展。因此，要想进一步推进新课程改革的实施、提升课程达到的目标，要明白课程的核心是提升学生的学习力，即学生对课程的实践、理解、感悟和探究，因此课程中要实现学生渐渐成为主体，能够在课程中产生互动和实践，从而真正主动参与课程之中，而不是被动地接受知识。

当下，教育界针对"学生学习力"的研究大部分集中于学习力的内涵。学习力这一概念提出后，逐渐被引用到教育学领域，专指学生的学习力，并越来越多地受到广大教育工作者的借鉴和追捧。研究者都提出理论来阐述学习力包含哪些因素，由此提出要素说、品质说、知识论说、结构说等等。其次，研究者关注学习力提升的途径与策略，比如协同学习、合作学习等方式。但是，纵观对"学生学习力"的研究，缺少了将学生与课程整合起来，通过系统的课程设计、教学、实施全过程来提升学生的学习力，转变学生和教师的位置，把学生作为课程主体。

在以学生为主体的课程中，学习力的提升主要由学生自主体验获得，这时教师要有真正以学生为学习主体的意识，降低教师"教"的欲望，缩减教师"教"的时间，寓教师"显性的教"于"隐性的导"之中；其次根据课程教材内容与学生已有的认知经验及能力培养目标，灵活处理导与学的程序，处理好师生间的协同学习关系，从而培养学生学习能力和互惠能力。"把课堂还给学生，让课堂焕发出生命的活力"是当前《新课程标准》下的重要理念。课堂是学生自我发展实现的主要精神阵地。制订课程改革方案时就应采取倒序形式，思考发展需要怎样的课程体系，从需求出发，这样改革才会走心、有实效。以激发每个孩子的潜能作为办学思想，以聚焦学生志趣作为主要办学途径，以提升学生自主学习为行进手段。

所以，对学生课程学习力的研究、思考和探索，希望研究课程中学生的位置、与课程的关系、如何在课程中互动，从而真正达到提升学生课程学习力的目的，从而更好地构建适合学生个性化、自主化发展的课程。

二、理论基础

（一）学习力的含义

自古以来都有学习，学习成为人类掌握知识、创造知识、传承文化和推动进步的主要途径。而作为学生，学习不仅仅是为了汲取知识，也能够提升综合的学习力。学习力也决定了我们学习过程的综合表现：是否能够在学习上坚持？是否能够很好地运用学到的知识等。在这个知识不断更新、提倡终身学习的社会，对于学生来说，提高其学习力尤其重要。

"学习力"一词最早出自1965年美国系统动力学的奠基人——福瑞斯特教授写的《一种新型的公司设计》，该理论认为学习力包括个人学习力和组织学习力。而学习动力、学习能力、学习毅力是个人学习力最基本、最核心的要素。从20世纪90年代中期起，学习力逐渐成为知识经济时代应运而生的一项前沿的管理理论，受到越来越多的学者重视。

针对学习力构成要素的理论研究，国外研究主要采用定量定性相结合的方法，通过对不同年龄阶段的人进行问卷调查和数据统计，归纳出学习力的构成要素，较为典型的是英国的"四要素说""七要素说"及美国的"综合体说"。

（1）四要素说。英国布里斯托尔大学Claxton（2002）首先提出了学习力构成的四个要素，即通过四种行为所表现出来的四种力量"4R说"：顺应/顺应力（Resilient/ Resilience）、策应/策应力（Resourceful/ Resourcefulness）、反省/反省力（Reflective/ Reflection）、互惠/互惠力（Reciprocal/ Relationships）。

（2）七要素说。英国ELLI项目以Claxton教授的开拓性研究为基础，后经过深层次研究丰富了学习力的构成要素，并在语言表达上做了精确定义，它们分别是：变化和学习（Changing and Learning）、关键好奇心（Critical Curiosity）、意义形成（Meaning Making）、创造性（Creativity）、学习互惠（Learning Relationships）、策略意识（Strategic Awareness）、顺应力（Resilience）；该项目认为七个要素是相互依赖、相互促进的关系，属于同一事物的不同方面，其中一个或者两个要素获得发展，其他要素及个体的学习力水平亦能获得一定程度的提升（ELLI Online，2007）。

（3）综合体说。美国哈佛大学Kirby（2005）在长期的教学实践中，丰富了学习力的内涵，并出版专著《学习力》，他认为学习力应该是包括学习动力、学习态度、学习方法、学习效率、创新思维和创造力的一个综合体。此外，他提出学习力还包括兴趣、好奇心和创造等非智力因素。

国内有关学习力的研究，对学习力构成要素的界定，很多学者倾向于采用心理学范式进行要素解构，追根溯源，一方面受管理领域已有研究影响较大（如 Peter M. Senge 的《第五项修炼》）；另一方面是受 Kirby 学习力构成要素思想的冲击。从此视角出发的观点有：第一，学习动力、学习能力、学习毅力；第二，学习动力、学习毅力、学习能力和学习鉴别力及转化力等五方面的总和（梁迪等，2009），也有学者认为是学习动力、学习毅力、学习能力、学习效率和学习转化力的总和（钟志贤等，2008）；第三，是在前两者的基础上更细致划分的三阶段（触发阶段、推进阶段和有效完成阶段）、六要素（学习行为的总动力、学习需求的识别力、学习潜能的评估力、学习行为的理解力、学习活动的激活力、学习能力）（瞿静，2008）；第四，在前三者基础上提出的学习力构成要素的四个阶段（触发、推进、有效完成、转化提升）、十个要素（学习行为的总动力、学习需求的识别力、学习潜能的评估力、学习行为的理解力、学习活动的激活力、学习能力、学习行为的合作力、创新力、竞争力、社会适应力）（瞿静，2008）。

总的来说，每个研究者虽然对学习力要素的观点都不一致，但是都离不开三个基本的核心要素，即学习动力、学习毅力、学习能力，因此提升学习力，主要通过激发学习动力、促进学习毅力和提升学习能力来实现。

（二）如何提升学习力

学习力提升策略的研究主要是在实践层面上探讨如何构建和发展学习者的学习力，国外此方面研究主要体现在学科课堂上开展的构建学习力的行动。美国诺埃尔·兰迪博士（2004）在《超级学习力训练》中从学习的技巧、学习的方法、时间管理、记忆术、阅读力、记笔记、激升写作力、应付考试等多个方面阐述了如何提升学习力，成为一个优秀的学习者。1985 年，澳大利亚墨尔本郊区的 Laverton 中学与高校研究者合作创建的促进有效学习的项目（PEEL：The Project for Enhancing Effective Learning），该项目试图寻找促进学生学习的课堂教学方法，以帮助学习者成为见识广、目的强、更智慧、有主见的学习者，在许多国家和地区得到了推广（Claxton，2006）。

英国布里斯托尔大学教育学院的教授 Claxton 等人 2002 年参与发起的有效终身学习编目（ELLI：Effective Lifelong Learning Inventory）项目，是国外此领域对学习力理论进行系统研究的代表。通过研究，提出了课堂上提升学习力的七个技术：创造健康的学习关系、进行对话学习、提供一个学习的榜样、对学习过程的反思、评估学习、提供挑战和机遇、创造一个有刺激作用的学习环境等（杨欢等，2009）。在英国，该项目研究成果已经在纽波特38所学校应用，在培养学生学会学习方面取得了很好的效果。

英国曼彻斯特大学（University of Manchester）Linda Rush博士也描述了课堂上提升学习力的四步策略：解释（Explaining）、协调（Orchestrating）、评论（Commentating）、建模（Modelling）。国内的研究起步较晚，对于学习力的研究基本上还处于内涵阐释和要素结构层面，对如何构建和提升学习力的研究成果较少。

当前，处于信息化的学习时代，学习迫切需要从获取知识向学会学习发展，学习力的培养已经成为教育的关注焦点和最终诉求，南京市教育科学研究所所长刘永和甚至提出"提升学习力是当前推进素质教育的解决方案"（刘永和，2009）。然而，学习力迁移到教育领域的时间还比较短，众多现实问题有待解决，因此对学习力提升途径的研究是需要推进和深入研究的。而在校园中，最常见的教育载体便是课程，而以往研究中都是在课堂上发展提升学习力的有效策略，因此强调提升学生的课程学习力，是学校进行学习力提升教育的有效切入点。

三、学生课程学习力

（一）学生的课程学习力的内涵

学生的课程学习力是指学生在课堂中表现出的学习力，主要包含课程实践力、课程理解力、课程感悟力和课程探究力四个部分，同时通过课程的课程实践、理解、感悟和探究使学生获得学习力的激发与提升。

1. 学生的课程实践力

学生的课程实践，意即学生在教师的指导下，以问题为中心，有目的地运用所学知识，在实际情境中认识、体验、思考客观世界，并基于多样化的操作性学习过程分析与解决实际问题。课程实践包括实践的主体（学生）、实践的客体（课程）、实践的手段（引导学生实践的途径与措施），具备实践的工具性之外，还具备价值性、情境性和过程性等基本特点，其过程价值在于发展学生获得意义感、实践与创新力、自我认识、人格成长。因此加强学校教育中的课程实践，能有效促进学生学习力的提升。

2. 学生的课程理解力

学生的课程理解，意即学生对课程在意识上的认知，总的来说就是学生对课程的认识。学生对课程的认识、理解程度会影响着学生在课程上的参与、表现、汲取等。学生的课程理解力表现在学生对本课程的目的、方法、意义上的理解和接纳程度，以及最终对本课程传授知识的认识和获取程度。

3. 学生的课程感悟力

学生的课程感悟，属于学生课程学习力的重要组成部分，学生课程学习力是学生将课程资源通过课程的实践、理解、感悟、探究转化为知识资本的能力。学生的课程感悟，意即学生参与课程前、中、后内省体察有所感受和触动，从而悟出某种可以言说或者不可言说的情感、思想、知识或念头，从潜意识信息中生产灵感、升华思想。当学生具备课程感悟的能力，学生才能够动态建构课堂知识，最后组建适合自己经验和能力的知识标本，并且不断去理解、阐释、比照和生成，从而达到提高真正的知识水平。

4. 学生的课程探究力

学生的课程探究，意即在课程中用研究性学习的方式去深入学习课程，在课程学习的过程中主动发现问题、探究问题、获得结论。增强学生探究力，就是强化了学生的主动性，学习本来就是学生自己主动的事情，当学生对学习的内容和过程有自觉的意识和反应时，便引发其敏锐地发现问题，务实地探究，从而提高其解决问题的能力。

激发学生课程探究力是通过创设探究的情境、激发学生学习的欲望、激活学生探究的思维、鼓励学生进行探究来达到的。叶圣陶先生曾经说过："教任何功课，最终目的都在于达到不需要教。假如学生进入这样一种境界：能够自己去探索、自己去辨析、自己去经历，从而获得正确的知识和熟练的能力，岂不是就不需要教了吗？而学生所以要学要练，就为要进入这样的境界。"所以，课程的探究力是课程学习力中及其重要的元素，变"要我学"为"我要学"，才能真正达到课程育人的目的。

（二）学生的课程学习力的外延

1. 学生的课程能动力

课程学习能动力是指激发了学生课程的学习兴趣，能够主动参与课程学习中去，并且产生了源源不断的动力。课程的学习动力是影响学生课程学习活动最基础和重要的因素，它不仅影响学习的发生，而且还影响到课程学习的进程和学习的结果。因此，在关注学生的课程学习力的过程中，还需要提升学生的课程学习动力。

课程学习动力具体分为外在动力和内在动力，外在动力是指通过课程学习能够获取的物质或情感，比如表扬、奖品、奖金、荣誉等，外部给予的外在动力和压力；内在动力是指课堂学习是为了自身，课程活动本身能够使学生得到情绪上的满足，从而产生成功感。课程学习的内在动力对学生学习的推动更为持续有力，因此将课程的学习动力聚焦为内在动力的激发。

2. 学生的课程管理力

课程学习管理力是指学生在课程中自觉地确定学习目标，有意识地控制和调节自己的学习行为、克服困难，以实现预定的课程学习目标的心理过程。课程学习的管理力不但能促进课程中知识的生成，更能够自我调控学习过程的进度、方法，从而有利于学生去完成更多的学习任务，从而对学习产生真正的掌控感。

课程学习管理力是课程学习力的重要组成部分，也是一种艰苦的认知活动，主要表现在学生在课程学习中，当遇到自身意志力不足、学习内容难度高、趣味性低的时候，课程学习管理力足以令学生产生自我调整的力量，支持学生把课程内容学好。

3. 学生的课堂合作力

课堂合作力就是指学生在课堂内、外具备合作意识、合作互助的行动，通过同辈、同学、教师、家长之间的交流、相互取长补短、探讨等方式在课堂上、下探讨解决问题的策略并高效解决问题。提升学生课堂合作力，不仅仅提升了在课堂上的学习力，同时也提升了学生的核心素养，促进学生人格的健全发展，形成良好的人际关系。

萧伯纳说过："倘若你有一个苹果，我也有一个苹果，而我们彼此交换这些苹果，那么你和我仍然各有一个苹果。但是，倘若你有一种思想，我也有一种思想，而我们彼此交流这些思想，那么，我们每个人将各有两种思想。"每个学生都有一些超越时空的思维空间，从中隐藏着许多新异的思维，常会迸发出智慧的火花。课堂的合作可充分发挥他们的主体作用，让他们互助互学，集思广益，让需要解决的问题从学生中来，再到学生中去，这不仅符合学生的认识规律，而且在参与互动的过程中增进交流，使其智力品质与非智力品质同步开发，有助于学生从更广阔的角度去汲取知识、认识世界。因此，学生的课堂学习力也包含着课堂合作力这一重要元素，可以通过提升学生课堂合作意识、鼓励合作来达到提升学生课程学习力这一目标。

4.学生的课堂创新力

学生对课程的创新力，是指基于课堂的基本知识和现有的思维模式提出有别于常规和常人思路的见解，并且能够利用课堂上现有的物质和知识，改进或创造出新的事物、想法，从而达到课堂内涵的延伸。

激发学生的课堂创新力，首先需要好奇作为意识的萌芽，对课堂的所有的知识不仅仅是尊重、是顺从，而是好奇和疑惑，带着问号去学习，最后找到自己好奇的地方。其次，通过探索实践我们的创新，当我们发现一个新的事物，是经历了无数次行动、无数次探索、无数次失误，最后才得到些许成果。最后，创新还需要不惧挫折来滋润，我们在不断探索新事物中总会遇到挫折和失败，但我们用坚持的汗水去浇灌，不惧挫折地继续探索，就会收获创新的成果。学生的课堂创新力是对现有学习知识的升华、再创造。

5.学生的课程思维力

学生对课程的思维力，就是学生在课程中表现出的思维能力，并且通过课程激发和提升思维能力的过程。课程思维能力的高低，反映学生在课程学习中的知识运用和内化能力。培养学生的思维能力，是课程教学中一项重要的任务，完成这项任务需要一个长期的培养和训练过程，因此，在加强基础知识的同时，要把培养和发展学生的思维能力贯穿于课堂教学之中，只有这样才能更好地提高课堂教学效率。

当课程激发了学生的思维训练，培养学生初步的逻辑思维能力能够表明课程已经达到了基本的目标，激发学生智力的运用和提升。因此课程每一节的教学内容都是发展学生思维能力的载体，而教师只有充分理解教材，把握教材，充分挖掘教材的智力因素，才能在课堂教学中发展学生的思维能力。

参考文献:

[1] 钟志贤,林安琪.赛伯人际管理:提升远程学习者的学习力[J].远程教育杂志,2008（05）:44-50.

[2] 瞿静.论学习力理念从管理学向教育学领域的迁移[J].教育与职业,2008（03）:64-66.

[3] Claxton G.Expanding the capacity to learn: A new end for education [C].British Educational Research Association annual conference, 2006.

课程实践

实践是人的成长与发展的重要途径，而课程实践是指学生在教师的指导下，以问题为中心，有目的地运用所学知识，在实际情境中认识、体验、思考客观世界，并基于多样化的操作性学习过程分析与解决实际问题。课程实践除了具备实践的工具性之外，还具备价值性、情境性和过程性等基本特点，其过程价值在于发展学生获得意义感、实践与创新力、自我认识、人格成长。因此加强学校教育中的课程实践，能有效促进学生学习力的提升。

一、相关概念

（一）实践

人一直以来作为实践的创造者、不断追寻着意义的个体，实践就是实现不断追寻与创造意义的特殊活动。实践是我们日常生活中最平常不过的事情，但要弄明白实践的含义的确不是一件容易的事情。例如，法国社会学家 Pierre Bourdieu（2003）认为："谈论实践不是一件容易的事，除非从反面谈论它；特别是谈论实践之看似最机械、最违背思维及话语逻辑的东西。"因此，站在不同的学科视角来看，实践也具有不同的含义。

1. 哲学视角下的实践

实践早已为历史上许多著名的哲学家所关注，试图揭示其本质以及它在人类社会发展中的地位与意义。实践概念是哲学的基本范畴，最早使用实践范畴的是亚里士多德，他区分了人类活动的不同类型，把知识分为理论、实践与制作。马克思主义唯物辩证法把实践理解为主观见之于客观的活动，就是人类有目的地进行的能动地改造和探索现实世界的一切社会性的客观物质活动。还有学者认为，实践就是指具体的、历史的和现实的社会情境。因此实践的概念包含以下内涵：①实践是指人的感性活动；②实践概念确立了主体性维度；③实践概念体现了主体去改变世界的价值关怀（王仕民，

2008）。从根本上说，实践是人类改变世界、改变自身、实现人类解放和全面发展的历程。

人通过实践，一方面，逐步获得了对客观世界的真理性认识，即所谓实践出真知；另一方面，掌握了处理与客观世界关系的生存条件和发展策略，并且丰富了人的精神世界。实践结构一般主要由三个要素组成：实践主体、实践客体、实践工具或中介。总体来说，哲学上对实践的理解，构成我们对其的一般认识和印象，即人们常说的一般性实践、普遍性实践，也就是"动手做""操作""行动"等，把实践看成一种方式或者学习方法，这种对实践的理解失之偏颇，从而导致忽略了教育性质上的实践。

2. 教育学视角下的实践

从教育学的视角来看，实践是指教师和学生从事的有意识、有计划的活动，目的是促进学生的全面发展。也就是通过实践活动进行教育学习，以解决实际问题为主要目的的一种教育方式，它要求教育者精心设计实践活动的内容、类型，重视学生参与实践活动的过程，并及时反馈、评价学生在实践活动中的表现。教育性实践是一种综合性的教育方式，它往往也包含符号学习，但更多具有丰富的方式。从这点来看，教育学意义上的实践不同于哲学意义上的普遍性实践，即它是一种蕴含教育性质的实践。教育性实践的根本目的是促进学生的全面发展，普遍性实践的根本目的在于使人能探索和改造客观世界，促进人类自身的进步和发展。

（二）课程实践

课程实践是教育性实践中的一种，不像普遍性实践那样指某一种具体的实践样式：单纯的动手操作、社会交往、认知活动，是高于某一种单一实践样式、具有丰富内容和明确价值取向的目的性与意义性学习活动。具体是指学生在教师的指导、学生与学生的相互激发下，以问题为中心，有目的地运用所学知识，在实际情境中认识、体验、思考和感悟客观世界，并基于多样化的操作性学习过程，去分析与解决实际问题。课程实践的目的不仅仅是将符号知识或他人经验作为学习对象来接受或占有那么粗浅，而是通过对知识进行描绘、探索、感悟、理解而掌握起来的，抑或是通过课程实践引导学生构筑学生与客观世界、学生与自我主观世界的桥梁，是实现人的成长与发展的重要途径。

鉴于课程实践的丰富内涵，课程实践具有价值性、情境性和过程性的特点。课程实践的价值性意味着实践是有价值的，不仅为了掌握知识，也是为了回答人生的意义、生存的价值，从人本身的发展出发，去构建更加丰满的精神世界，并且通过实践活动去体验美好，促使学生形成完整的人格，达到主观世界度与客观世界的统一。课程实践的情境性，是指本身实践活动就是在一定的时间和空间中进行的，是指个体在具体的、真实的情境中主动参与时间，并且只是在真实的情景中得以构建和生产，并且学生的发展在与他人、文化、自我相互作用的情境中得以实现。课程实践的过程性是指任何实践活动都是以过程的形式存在的，实践主体（教师与学生）围绕着一定的活动主题，通过丰富的形式构建实践的过程，从而个体能够在一个时间和空间上不断变化。

二、价值与意义

（一）课程实践让学生获得学习的意义感

"人是一种意义性的存在，人所栖居的世界是一个意义世界，只有人才有意义世界。"因此人本身进行活动就是为了追寻意义，课程实践本身便具有深刻的价值性，所以课程实践的价值与意义还体现为学生获得意义感。

在学生进行课程实践中，学生本身对学习内容和实践方式的认同就是一种价值认同体现，再者通过有效的体验、探究、互动，学生收获知识、体会和感悟，也是对自身价值获得的确认。从而学生不仅在知识层面、感悟层面，同时在精神层面获得丰富，获得一种价值感。因此，课程实践可以说是师生、生生一起探寻知识与人生意义的过程。

（二）课程实践是培养学生实践力和创新力的基本途径

毫无疑问，人的实践力和创新力只能从解决实际问题的实践活动中得到培养和锻炼。课程实践是培养实践力和创新力的基本途径。实践力就是实践主体在实践活动过程中所表现出来的体力、智力、社会结合力（分工与协作）和物力等的状态或结果。创新力是思维力的综合，将所学知识与理论运用到各个领域，从而产生新理论、新方法、新发明等，包括系统思维力、实践能力和创新思维等多方面，而其中实践就是提升创新力的基本途径。目前，我们很多学校把学生限制在课堂中、校园中，不让他们从事实践活动和实践学习，却空谈"培养学生的实践力和创新力"。

课程实践是学校中频率高、门槛低的实践形式。学校实施真正意义上的实践，学生有机会在课程中充分体会运用所学习的知识解决实际问题，更加透彻地理解知识，并发现新的问题，培养学生真正具备实践力和创新力。

（三）课程实践促进学生进行自我认识

中学阶段的学生除了构建知识体系、丰富知识储备这一自我发展任务之外，还需要发展人格的自我同一性，也就是通过自我认识形成稳定的自我意识。"教育的本意其实就是发展人的自我认识，开启、孕育个体人生的价值内涵，把自我引向对善好人生的追求。"黑格尔提出了个体在实践中认识自我的思想，他认为，人除了通过认识的方式获得自我认识之外，还可以通过实践活动来认识自己。

在课程实践中，学生不仅需要关注自身，还需要关注课程实践的教师、同学还有其他关系，这个过程中都是"有我"的实践，而非"无我"。学生作为实践主体参与实践活动之中，都会收获来自互动的反馈，发展出新的自我认识，不断改进自我的思维方式、生活态度和处世方法，在课程实践过程中增强自我认识、自我变化、自我感悟，最后形成自我意识。

（四）课程实践推动了学生形成健全人格

教育的一个基本目标是培养学生具备健全人格和个性化发展。目前，我国基础教育在应试教育体制下，中小学生把绝大多数的时间都花在学习书本知识上，学习的方式大多数是死记硬背、题海战术，课程中教师多采用"填鸭式""灌输式"等教学方式，导致学生的学习负担过重，这严重威胁着中小学生的身心健康。这种教育方式难以培养学生的健全人格和健康个性，反而扭曲了学生的健全人格和健康个性。

通过课程实践，让学生跳出书本知识的框框，回归生动活泼的生活世界，在实践中发展自己的兴趣爱好，培养真正的科学精神，建立与同学、老师及其他人的平等关系和合作关系，从而有效培养学生的健全人格和健康个性。

三、路径与方法

（一）开展课程实践的路径

20世纪以来，我们的课程理念长期被技术理性认识所约束，始终遵循"知识的客观性、普遍性和价值中立性"原则，因此课程一直重视普通教育类知识、学科专业知识和教育理论知识的传递,以及教育教师教学基本技能的体现,可以说在此之前的课程是一种理论性知识发展的价值取向,忽略学生可持续发展的学习力。

学校在学校中开展实际意义上的课程实践,首先需要对课程进行内涵再理解、属性再打造、制度再更新的教育举措,全方位让课程在理论性和实践性上进行融合。其次,教师在准备课程、实施课程中基于课程理论性,发展课程实践性,即学生在教师的指导下,以问题为中心,有目的地运用所学知识,在实际情境中认识、体验、思考客观世界,并基于多样化的操作性学习过程分析与解决实际问题。最后,学校从课程评价上扭转课程实践意识,将是否掌握知识这一评价依据转换为综合性评价。以往对学生的课程评价都是基于平时作业成绩、考试成绩,即对理论知识掌握情况进行评价,但这从根本上就传达着学校仅看重课程的知识掌握能力,忽略过程中实践力、创新力、学习力的发展与改变。当学校将课程评价内容改变为对学生课堂参与度、课程实践力、知识性成绩、操作性成绩等综合性内容之后,就会唤醒学生的课程实践意识、提升课程实践能力、发展课程实践行为。

(二)开展课程实践的方法

一直以来,教育界都在探寻提升学生学习力的方法。1985年,澳大利亚墨尔本郊区的Laverton中学与高校研究者合作创建的促进有效学习的项目PEEL(The Project for Enhancing Effective Learning),试图寻找促进学生学习的课堂教学方法,以帮助学习者成为见识广、目的强、更智慧、有主见的学习者,在许多国家和地区得到了推广(Claxton,2006)。当前,学习迫切需要从获取知识向学会学习发展,学习力的培养已经成为教育的关注焦点和最终诉求,南京市教育科学研究所所长刘永和甚至提出"提升学习力是当前推进素质教育的解决方案"(刘永和,2009)。

学生在日常学习生活中直接接触最多的就是课程,课程的实践能够引导学生、教师直接参与课程中,更加主观、直接、明了地从课程中获取个性化的理论知识和实践经验,从而获得提升学习力的途径。要获得学习力提升的课程实践,必须从三个方面加强实践引领:实践的主体(学生、教师)、实践的客体(课程)、实践的手段(引导学生实践的途径与措施)。

1. 实践的主体促进课程实践

（1）积极转变教师角色

一直以来，受传统教学思想的影响，教师的"教"在整个学习过程中占据了大部分的时间。教师的角色是知识的灌输者，而学生则是被动的知识的接受者，完全忽略了知识的发现与形成的过程，学生也只是一个"装知识的容器"。我们要想彻底解放学生的学习力，增强课程的实践性，必须首先转变教师的角色，由主导者转变为引导者、激发者，把课堂真正还给学生，让课堂成为学生自主发展的舞台。在这样的学习过程中，教师不是不管学生的情况任其发展，而是时刻关注、及时引导，激发学生的热情、诱导他们去探索、参与合作学习的过程。真正做到以学生为本，充分相信学生、依靠学生，根据学生的情况确定教学，让学生有更多的时间去展现自己的观点、自己的判断、自己的语言，从而达到全面提升学生素质与教学质量双赢的目的。

（2）教师精心做好课前准备

解放学生的学习力，并不是指教师不再需要教学，而是更有技巧地教，更深层次地调动所有人的学习兴趣，让每位同学都积极地参与学习，这就需要我们精心的课前准备。对于各个知识点的设计，怎样由浅入深让学生发现问题？怎样创设一种情境，吸引他们主动去参与课程实践？如何安排更易于让学生发现规律，便于他们总结归纳？

（3）唤醒学生参与课程实践意识

因为习惯于传统的单项吸收的学习模式，面临课程实践的时候，学生可能会出现停滞的现象。因此在进行课程实践之前，也需要唤醒每位学生学习的主体意识，发挥其主观能动性，主动积极参与课程实践，才能达到全面育人的最终目的。

2. 实践载体提升课程实践

只有以学生自主参与课程实践，才能提升和促进学生学习实践、学习体验、学习感悟、学习理解。课程实践主要载体是课程本身，构建新的课程结构是提升课程实践的主要方法：可扭转和改变学科知识传授为主要属性的课程，将课程融入课程实践这一属性。课堂上，除了以教授为主之外，可以是学生根据既定的教学目标进行实践活动：翻转课堂、做实验、朋辈互助、圆桌讨论等等，在此过程中出现问题，可以进行小组的探讨与交流，学生自己尝试着解决，从实践中获得知识、学习力等。教师始终处于"导"的地位，在不间断的巡视观察中，发现存在问题，在适当的时候进行点拨，让学生收获遇到阻碍后的豁然开朗，在紧张兴奋的状态下进入下一个新的探索阶段。这样的课堂结构对于教师来说，其实是提出了更高的要求，教师必须做一个细心的观察者和引导者，通过倾听学生表达与表现，及时捕捉学生的兴趣点，分析他们的需求，然后根据需求进行回应和指导。这种根据学生已有的认知能力和生活经验确定的主题，自然能够得到学生的认可，从而调动他们的主动性和积极性，让他们的潜能得到最大程度的发挥。

3. 实践的手段促进学习力提升

鼓励实践的课程氛围是"快乐的场所"，如果学生在课堂上能够获得愉快的心情，他就会喜欢上这样的课程，对待每一次的上课也会充满期待。如果学生获得的是糟糕的心情，那么他就会讨厌这样的学习过程。因此，在课程实践的实施途径上，要努力让学生获得愉快积极的课堂体验。

我们要学会用孩子的眼光去看"孩子的世界"，以孩子的心情去体会他们的心情，这样我们才能洞察学生的情绪，与学生之间建立起真正的师生同理心，师生的沟通才会更有成效。教师要善于挖掘每位学生的创造力，通过精心的教学设计，调动每位孩子的积极性，在课堂上给每一位孩子都提供展示才能的空间，让他们始终处于"乐学"的主动状态，自我肯定、自我完善、自我发展，这样我们的课堂教学自然事半功倍。

案例 《老人与海》教学：建构对生命意义的多面认识

学生是课程实践的主体，学生的课程学习力指通过引导学生进行课程实践、课程理解、课程感悟与课程探究来实现学习力的提升。自新课程改革实施以来，我们的重点一直是在对一线教师通过各种方式进行与新课程改革的相关培训，但同时我们更应该重视新课程改革的对象、新课程理念的实施主体——中学生——学习力的培养，因为他们才是课程的主体和实践者。

纵观对"学生学习力"的研究，缺少了将学生与课程整合起来，通过系统的课前准备、课程设计、教学实施全过程来提升学生的学习力，转变学生和教师的位置，把学生作为课程主体的研究。笔者试图通过对学生课程学习力的研究、思考和探索，希望研究课程中学生的位置、与课程的关系、如何在课程中互动，从而真正达到提升学生课程学习力的目的，进而更好地构建适合学生个性化、自主化发展的课程。

学生的课程实践，意即学生在教师的指导下，以问题为中心，有目的地运用所学知识，在实际情境中认识、体验、思考客观世界，并基于多样化的操作性学习过程分析与解决实际问题。课程实践包括实践的主体（学生）、实践的客体（课程）、实践的手段（引导学生实践的途径与措施），具备实践的工具性之外，还具备价值性、情境性和过程性等基本特点，其过程价值在于发展学生获得意义感、实践与创新力、自我认识、人格成长。因此加强学校教育中的课程实践，能有效促进学生学习力的提升。

下面笔者以《老人与海》教学为例，为我们实践的主体——学生，建构对生命的意义的多面认识，体现实践客体——课程的工具性、价值性、情境性和过程性。

一、教学目标

1. 在群文阅读中多角度地体会生命的意义，培养其对生命的敬畏感。
2. 学会辩证地看待问题，培养个性解读意识。

二、教学方法

讨论法。

三、选取篇目

1.《热爱生命》（杰克·伦敦）。
2.《最后一片藤叶》（欧·亨利）。
3.《藏羚羊的跪拜》（王宗仁）。
4.《写给母亲》（贾平凹）。

四、教学过程

（一）导入

教学过程：准备一朵落花，并通过落花引导学生进行联想。

师生互动：我们通过一朵落花，让大家产生了许多关于生命的思考。生命的内涵包罗万象，生命的颜色五彩斑斓，生命在林黛玉眼中是《葬花吟》里的"尔今死去侬收葬，未卜侬身何日丧"的凄凉；在祥林嫂眼中是"你说人世间到底有没有灵魂和地狱"的苦难；在桑迪亚哥的小船上，生命是"你尽可以把他消灭掉，可就是打不败他"的自信与尊严。生命如果会说话，你猜他会告诉我们怎样的意义呢？

设计意图：古往今来，关于生命的讨论从未停止过，高中生因为学业负担较重，常常忽视周边的景色，用一朵落花作为导入，一方面是增强学生对周边环境变化的感知能力，另一方面也是加深学生对生命的认识。

在措辞上，教师扣住学过的课文、熟悉的人物，借他们的口来表达各自的生命观，并提问："生命如果会说话，你猜他会告诉我们怎样的意义呢？"此处的设计是为了告诉学生，一千个读者就会有一千个哈姆雷特，但我们一定要有属于自己的生命观。

（二）交流分享

教学过程：提前已经准备好了四篇文章让学生下去阅读，在《老人与海》的基础上，先进行《热爱生命》的比较阅读，然后是《最后一片藤叶》的讲解，接着讲《藏羚羊的跪拜》，最后讲《写给母亲》。

师生互动：

①请同学们在阅读完本文后思考本篇文章与《老人与海》的异同，并填写下面表格：

书名	主角	事件	目的	环境	对手	武器	结局
《老人与海》							
《热爱生命》							

②讨论生命的希望，通过PPT展示汶川大地震中的一幅图片，和图片中的母亲留给自己孩子的一封短信。

③学生朗读《藏羚羊的跪拜》选段，并续写结局。

④学生分享自己生活中与父母发生的矛盾。

设计意图：首先四篇文章的阅读量是非常大的，如何能在一节课用一条线贯穿这几篇文章是一个难点，怎样将生命观搭建在我们这堂课里是一个重点。所以教师设计的环节都紧紧围绕这两点出发。让学生在实践中感知生命的意义。

①通过两个表格能够迅速地将《热爱生命》这一中篇小说迅速地了然于胸，学生在找的过程中就自觉地与《老人与海》做了比较，锻炼了学生总结概括的能力。

②鉴于《藏羚羊的跪拜》讲述母爱的伟大，教师将此设计为一个汶川大地震中的真实事例作为情境，满足了课堂教学情境性和过程性的特点，不仅为了掌握知识，也是为了回答人生的意义、生存的价值，从人本身的发展出发，去构建更加丰满的精神世界，并且通过实践活动去体验美好，促使学生形成完整的人格，达到主观世界与客观世界的统一。

③学生阅读选段并续写结局，在实际情境中认识、体验、思考和感悟客观世界，并基于多样化的操作性学习过程，去分析与解决实际问题。此设计既让学生锻炼了书写，培养了学生的创新力，又发挥了学生课堂主体的地位。

④在课程实践中,学生不仅需要关注自身对生命的意识,还需要关注课程实践的教师、同学和父母关系,这个过程中都是"有我"的实践,而非"无我"。让学生回忆自己与父母的点点滴滴,让他们不断地发展出新的自我认识,不断改进自我的思维方式、生活态度和处事方法,在课程实践过程中增强自我认识、自我变化、自我感悟,最后形成自我意识。

（三）深化议题

教学过程:在音乐的伴奏下朗读《朗读者》中关于"生命"的理解。

师生互动:学生朗读。

设计意图:通过课程实践,让学生跳出书本知识的框框,回归生动活泼的生活世界,在实践中发展自己的生命观,建立与同学、老师及其他人的平等关系和合作关系,从而有效培养学生的健全人格和健康个性。

（四）作业

课后阅读贾平凹的《落叶》,写一篇300字的小感悟。

（五）板书

$$
生命的意义\begin{cases}永不放弃\\充满希望\\学会爱人\end{cases}\quad 敬畏生命、珍惜生命
$$

五、教学思考

本课设计的初衷就是想调动学生的积极性、主观能动性,改变一直以来教师满堂灌的情况,让学生在教师的指导下,以问题为中心,有目的地运用所学知识,在实际情境中认识、体验、思考客观世界,并基于多样化的操作性学习过程分析与解决实际问题。以本节课为例,笔者以问题为导向,用问题串联四篇文章。首先,在阅读《热爱生命》时,因为这篇文章较长,难度较大,所以我采用填表格的形式去完成这篇文章,并让学生去比较其与《老人与海》的异同,让学生带着目的阅读文章,对于学生在较短时间把握脉络有较好的效果。然后,在阅读《最后一片藤叶》时,我问大家有没有在人生中得到过什么希望,大家七嘴八舌地说了很多,这些希望何尝不是一些感恩的话呢?最后,我顺势问他们"父母有没有给我们希望"。其实我们人生中

得到的所有希望都基于父母给了我们生的希望。四篇文章一条线拉下来，学生在学习实践中不断地追问生命、思考生命的价值和意义，这便是课程实践在一堂课中的一个缩影。

课程理解

中学生在学校课程的理解上，主要将知识的认识和了解作为理解知识的途径，并通过对知识内涵的了解和掌握，强化自己的学习能力，提升自己的学习质量。我们可以将中学生当前阶段的学习状态假设为学习起步的原点，通过对新知识技能的不断学习，超越自己原有的学习能力，更加深刻地掌握理解的本质。

一、相关概念

（一）理解

在教育理论中，"理解"的内涵不仅非常丰富，还具有广泛的应用价值，从特定意义上看，学习与理解之间存在必然的关联。在既定情境下，学生对新知识的学习本质就是对新知识的理解。因此，可以将理解视为学生对知识的学习过程或学习的结果。

1. 理解是认知的基础前提

教育心理学经典理论认为学生在认知新知识和新事物时必然存在理解的过程。认知心理学理论对理解的概念定义为：人基于特定的信息输入过程和编码过程，结合自己独有的知识结构，构建与知识相关的心理模型，使自己的心理需求得到满足。社会文化心理学理论认为：人通过不断的生活实践和知识学习，能够逐步形成自己特有的理解过程。基于此，人的心智构建过程实质上就是学习新知识时对知识的理解过程。社会文化中介建构需要一个特点的过程才能完成，而这个过程实际上就是理解新知识到掌握新知识的过程。心智表征模型将理解描述为学生在特定条件下的学习状态或知识掌握程度。这一概念中的理解并非动态的，强调了学生认知结构与心理需求之间的关系。在实践过程模型中，理解被定义为一种特定的思考，这种思考的层次较高，能够激发人们实现对新事物的探索欲，而探索的过程主要以既有的知识为参照。从特定意义层面上看，理解既是学生对新知识认识和了解的过程，也是学生构建新知识概念架构的过程。虽然学生已经掌握的知识不可能是完全正确的，但理解能够让学生掌握不同事物之间的关联，使学生能够更加深刻地认知事物的本质。

从上述分析可以看出，学生的理解过程实质上是学生掌握不同事物相关性的过程，学生在这个过程中会产生一系列的思维活动，通过对事物的不断研究、分析、总结，形成对事物的新认知，并将这种认知在实践中应用，逐渐从模糊理解走向清晰理解。学生对知识的记忆和学习依赖于理解，只有学生能够深刻理解知识内涵，才能形成对知识的记忆和实际运用。

2.学习不仅以理解为手段，更是以理解为目的

教育主要以育人为导向。从自我教育的实质上看，学生的学习过程是生命发展的必然过程，理解不仅有助于提高学生对知识意义的了解和掌握，还能够让学生从更高的层次树立学习目标。从实际上看，学生对生命过程的策划以及对生命意义的实现是理解的本质。

理解的第一功能就是帮助学生找到正确的学习路径与方向。理解并不以掌握特定事实为前提，而是以特定的可能性为前提。在学生学习过程中，理解始终伴随着学生的发展，两者相互依赖相互促进，缺一不可。首先，理解是学生了解事物的重要基础。在为学生提供文化教育时，学生会逐渐掌握历史文化的意义与内涵，以及历史文化的形成机制。其次，理解是学生开展社会性学习的基础手段。无论是学习还是生活，在理解别人的同时，让别人能够理解自己，才能具备与别人交往的基础条件，使彼此通过语言的交流与沟通实现学习的合作。再次，理解是道德性学习的重要方式。从本质上看，学生道德实践活动主要以自我理解和相互理解为基础，学生在学习过程中对他人的理解是学生的基本道德。理解的外在表现为学生对自身优缺点的认识，以及对自己未来发展状况的责任意识，同时也能够通过学生对他人的平等交往和尊重得到体现。

（二）课程理解

课题中的课程理解实质在创设中设定特定的学习条件和场景，让学生自主选择自己需要的课程资源，并观察学生在不同阶段的学习情况，掌握学生对自己未来发展的规划。学生的理解主要以学习情境为载体，是学生思想认知、

精神感情、行为目标的综合，是学生生命发展的重要能力。

1. 理解必然存在于学习情境

学习情境对理解的概念定义较为独特。若以阅读课程资源的视角进行分析，可以将学生对课程资源的学习和掌握过程定义为学生的理解，这也是学生学习理解的基础前提。但课程资源的理解只是学生众多学习方式中的一种，而并非唯一的学习方式。从学生学习的情景上看，学生的学习形式主要有三种形式：自主学习、课堂学习、游戏学习。无论学习情境如何，学生始终都是理解的主体，而且每一个学生在身心的发展方面具有个性化的规律。基于此，学生的理解与否受自己的身心发展特点影响。课程的学习实质是理解学习情境中的知识。学生当前状况与未来状况之间的张力会引发学习矛盾问题，也正是这种矛盾问题的存在为学生的理解提供了特定的空间。基于此，学生通过与课程资源的对话，即可实现真正意义上的发展，从而达成学习理解。

2. 理解集成了学生的认知、行为、情感

建构主义心理学将理解视为认知，而理解认知对学生心智的发展具有重要的推动作用。因此，理解认知始终存在于学生的智力活动。在理解是情感的观点中，学生通过情感内特定的感情元素来实现对事物的了解和认识，从而掌握事物的所有知识。学生对事物的理解是情感发展的基础。首先，理解需要学生亲情的支撑；其次，理解有助于促进感情的延展。教师与学生、学生与学生在感情上的和谐是促进彼此相互学习的核心力量。亲情度较为合理的情况下，师生与学生、学生与学生之间的沟通和交流更加顺畅和简单。在理解是同情的感念中，同情心被视为理解的感情表现。赏识他人和悦纳他人是了解自己或了解别人的主要动力，有助于促进自己与他人的情感互动和语言互动。无论是何种形式的理解，必须通过行为的实践才能对学生的认知产生影响，从而对学生的状态进行调节。因此，理解可以被视为学生行为的心理表现，其表现是对各种行为的认同。

3. 理解是学生学习意义的形成过程

理解具有生成性，而生成性是学习的基本规律。真正意义上的理解不仅高度重视课程资源的本质，还高度重视真实的生命意义。设置课程资源的目的主要是为了让学生充分参与课程资源的学习过程，让学生在学习中投入更多的精力，实现对资源的深入了解和认知，并结合自己的想象力与创造力，在脑海中衍射出与课程资源类似的资源，学生的学习资源会因此得到无限拓展，特定的标准和答案不再对学生的学习过程产生束缚，理解被升华为学生自主学习、自主提升、自主发展的系统过程。

二、价值与内涵

在实践中追求发展是理解的学习形态，也是现代学习理论的未来发展趋势，更是现代学校学习的最终结果。学生对理解的感悟是实现有效理解的基础性问题，其存在于现代学习理论的高层次概念中，对各种学习矛盾问题的解决具有重要的启示作用，也是实现理解的前提。理解的内部结构与学习的内部结构（概念的诠释）存在显著差异，而且具有特定的价值追求。

（一）课程理解的价值

1. 理解是学习者对客观规律的遵循与自我目的实现的合集

在学生能够深刻了解和认识自然规律和历史发展规律的情况下，即可认定学生达成了理解，并主动以客观规律来约束自己，在客观规律的导向下思考、行动。这种现象能够反映出学生的自主性与自我控制能力。学生在认识事物和掌握事物发展规律之后，通过不断的努力达成自己的学习目标或生活目标，即意味着学生的理想转换为现实，从而实现学生的自我目的。

客观规律的遵循与自我目的的合集，主要是学生学习需求、学习目的、客观规律的融合。学生的理解过程遵循了学生的学习规律和理解规律，"以生为本"的价值理念对理解过程具有重要的导向作用，学生会基于自己当前的状态，为自己的未来学习和发展设置学习目标。理解的概念中，学生的学习规律是实现学习目的的先决条件，其遵循了学生学习的客观规律。科学认为学生对学习理解机制的把握能力越强，实现自我目的的可能性越大，理解具有特定的客观规律，其目标是通过学习理解的意义和内涵，掌握理解的手段，实现理解的目标。立德树人教育的目标主要以帮助学生实现学习意义为基础，通过让学生理解他人，促进学生与他人相互理解，从而在最大程度上与他人开展学习合作，达成学习目标，实现自己的学习目的。

2. 理解让生命自由与自觉转化为现实

马克思认为，人的本性实质上为自由活动与自觉活动。他强调人是通过不断的行为活动和思考来改变自己的思想，调整自己的状态，从而不断地超越自己。这一观点表明了理解的目的主要是为了以当前状态为发展的基础，通过不断的学习、筹划和拼搏，创造自己的未来。

学生在理解过程中能够实现对自我认知和课程资源的自由认知。自由是理解的价值，只有实现了学习理解才能得到体现，学生在理解课程资源的过程中，会逐渐形成自我发展的过程。学生通过对自我发展过程的理解和认识，会表现出生命的能动性与自觉性。学生与学生相互理解的过程中，会通过相互对比、相互参照、反思自己，使自己更加深刻地认识他人、理解他人、理解自己、认识自己，最终与他人产生相同观点和感情。理解的自由度是有限的，自我理解与相互理解具有一个平衡点，感情理解与心理理解并非真正的自我，而是以理解为基础的道德关怀。而在道德关怀中，自己理解他人、他人理解自己，会引发双方对彼此生命的共同关注。

在学生看来，课程资源的存在为自觉发展的实现提供了重要支撑。理解突破了课程资源的束缚与控制，其外在表现为学习理解过程中对课程资源的交流和掌握，学生在自我发展的过程中会不断地认识并了解自己的状态，将课程资源转化为自己的能力，并通过课程资源深化与其他学生的关系，提高自己对他人和课程资源的理解程度。学生对理解的学习逐渐从事实知识的探究和认识，转变为对潜在性的理解。

学生学习的自由性与自觉性是理解的重要体现，对真善美的追求是学生价值的体现。自由学习即为自主学习，学生在自由学习的过程中需要自己独立地完成学习目标制订、学习计划拟订、学习过程管理，从而不断超越自己原有的状态。学生在学习和理解的过程中，只有理解了自己才能更好地理解课程资源。自我理解的过程实质上是一个不断超越的过程，需要学生不断反思自己的缺陷与不足，识别自己的状态，认识自己的能力，明确自己的条件，突破既定条件对自己未来发展的限制，并通过不断的努力实现自己的未来目标，使自己的生命价值转化为实际。理解中的自由需要学生具有强烈的责任意识，能够对自己的行为负责、对学习结果负责。这种表现以学习道德为导向，学生在这个过程中会逐渐地成长，并逐渐产生对社会、国家、世界的责任意识。

需要肯定的是，理解中的自由要想得到实现，必须首先达成相互理解，通过双方的深化沟通，使彼此的思想、情感、观点达成一致，从而让生命自由转化为实际。学生不仅具有独立的个体思想，还能够在相互学习中不断优化自己的状态。

（二）课程理解的实质

1. 明确知识的本质，让学生在最佳状态中学会学习

知识的完整性取决于知识显性符号、隐性思维、价值意义。早期知识教学中存在的错误并非特定知识符号传授，而是忽略了知识创造、思维过程、学习价值的重要性。完整的知识中使用的思维方法与价值认知并非特定的符号，而是特定知识符号的内涵，是知识体系的重要支撑。基于此，知识教学的价值不仅是帮助学生掌握更多的知识符号，学会知识标记，更是为了让学生感悟知识的本意，了解知识的价值内涵，明确知识存在的意义。从另一个方面来讲，要想让学生能够感知完整知识，就必须让学生掌握与知识相关的特定符号，学会特定知识符号的思考方法，明确特定符号的意义，以及激发学生的学习乐趣。

2. 掌握问题的逻辑特点，引导学生发掘知识

教学是知识的传播过程，通过向学生告知知识，引导学生发现知识、分析知识、识别知识，让学生了解知识。教学的结果与学生自主学习的结果是有显著差异的。教学可以被简单地理解为向学生头脑中灌输知识，引导学生知晓知识，并基于学生自主建构的知识概念，来内化和吸收知识。这一过程能够培育学生知识创新能力和知识感知能力。苏霍姆林斯基曾指出，学生在学习中的脑力劳动不仅是观察知识，还是对知识的质疑与思考。例如：如果直接告诉学生2和2相加等于4，等于是在向学生灌输知识。向学生发出提问2加2等于几，是在引导学生思考。如果说2加2等于6，学生必然会觉得不可思议，并对此充满质疑和探究欲，从而将学生引向知识，激发学生对问题答案的探索欲，在不断的思考中掌握知识，构建自己的知识认知体系和学习体系，在学习中发挥自己的思维能力。

三、路径和方法

（一）课程理解的路径

理解过程中产生的学习是一个循环过程，学生会基于已知的知识对未知知识进行分析和探究。杜威在其经验主义学习理论中提出的问题解决学习机制，强调了学习问题的实质就是不断探索问题答案到解决问题的循环过程。

学生会通过不断的试验验证，找到问题的正确解决方法。重复的试验过程以学生不断地掌握新知识点为基础，而这些知识点是学生分析问题形成机制的主要参考，学习对知识的依赖性较高，并通过已经掌握的知识来引出新知识。这一观点表明学生的认知过程是自我条件成长和进步的过程，学生能够达到的目标受自身知识掌握能力的约束。学生在学习新知识的过程中通常会将已经掌握的知识与未知知识关联起来，通过不断的推测找出新知识的本质意义，并通过不断地修正自己的观点，使自己逐步地理解新知识。基于此，课堂情境学习是学生对课程资源不断理解、不断探索、不断掌握的过程。学习的循环过程是已知信息与新信息、未知信息相关性的辩证过程，发掘实际意义会促使学生保持较高的思维活跃性和开放性。因此，学习就是一个不断修正认识、积累知识的循环过程。学习循环过程可通过下方的图形进行表达：

```
┌─────┐ ──→ ┌─────┐ ──→ ┌────────┐
│前理解│ ←── │ 学生 │ ←── │课程资源│
└─────┘      └─────┘      └────────┘
```

图1 学习循环过程的图形表达

图中展示的学生已经建立的理解架构对后续的学习起到的指导作用，这种作用对学生的课堂资源理解产生了限制，学生与课堂资源的不断沟通会促进学生逐渐掌握课堂资源的实质，理解课堂资源的意义，学生的自我理解能力会基于已经掌握的课堂资源不断修正前理解。最终完成对课堂资源的学习过程，内化并吸收课堂资源。

（二）课程理解的方法

1.通过学习小组的形式，合作探究学习规律

学生的学习能力源自学生的知识实践过程。课堂是学生学习知识的主要场所，中学课程主要以大班上课制为主，一个班级的学生数量较多，单凭教师的力量很难将整班学生的学习能力培养出来。而小组活动为此提供了重要路径。

小组活动高度注重学生群体之间的交流与互动，学生的探索欲会在这一过程中得到激发。自然环境为学生发挥自我认知能力，开发自身潜在能力提供了丰富的要素支持。在和谐的教学氛围下，学生的思维活跃度较高，探索意识较强，更善于探究事物的发展规律。

基于此，为进一步深化学生对知识的理解，可以将学生按照4—6人一组的形式分成若干小组，利用学生之间的合作探究能力，激发学生的思维活性，并结合各种引导技巧，促进学生发现事物的自然规律。

2.设置真实的情景，为知识的实践应用提供支持

为学生创设教学情境有助于提高教学效果。情境运动理论的提出者莱夫指出：学习是一个动态的过程，深植于各种情境、活动、文化。情境学习敲掉了学习任务存在于所有具有实质意义的情境，学生通过在各种情境下探索问题的答案完成知识迁移和理解的过程，最终达成学习的目标。

因此，要想提高学生的学习理解能力，必须在课程安排和设计中为学生预留足够的知识实践机会，让学生能够在各种情境下学习新知识，不断拓宽理解的范围，提高理解深度。同时，还可以通过情景模拟和学习活动的形式，让学生通过不断的知识应用，探寻问题的解决路径和方法，掌握问题的本质。

（三）课程理解相关原则

理解集成了学生对整体生命的关注和维护，以学生的生命发展为基础，以实现学习为目标。学生在占有和超越课程资源的过程中，能够逐渐地实现生命的未来可能性。学生在课程理解方面需要遵循三大原则。

1.整体性原则

学生的心智和身体是一个有机的整体，情感、认知、行为具有联动性，德智体美劳是学生实现生命可能性的必要条件，也是学生的基本诉求。

2.真实性原则

基于学生生命的视角，以深化学生与课程资源的沟通能力为目标，在抓住学生展示生命的同时，规划学生的生命发展，助力学生实现生命可能性。理解实现生命发展的目标是一个动态发展和循环发展的统一过程，与生命发展的真实性需求高度相符。此外，学生学习是能动性发展的过程，学生的主体性需要不断地被认识和被确认。因此，理解的过程需要真实性原则的规范和指导。

3.辩证原则

辩证的过程体现了学生对问题的认知能力，通过对事物对立关系和统一关系的分析，实现问题的理解是学生的理解的主要特征。理解过程中的认知与行为统一是辩证原则的重要体现。同时，其包含了道德与心智的统一。

案例一　贵阳市民族中学：中学生的课程理解吹绿了牙舟陶的春天

2016年6月13日，教育部"国家西部教学改革支持项目"专家组一行成员到贵州省贵阳市民族中学进行调研，参加了当时高二（12）班（2017届）的一次综合实践活动课研讨会，内容是"为你传承·看我创新"——牙舟陶课题第二期第一次"综合实践活动课"。同学们在课堂上就"牙舟陶课题"中出现的问题产生了激烈的思想碰撞以及对社会问题的深入思考，让专家们刷新了对西部地区中学生的认识，上课现场和研讨结果让教育部的专家赞不绝口！

什么样的课堂能够取得如此惊人的效果？

这是一节关于传承、创新民族民间文化为主题的"综合实践演讲课"。其主要内容是研讨如何传承、创新和提升"牙舟陶"的文化品质。同学们各抒己见、畅所欲言，在指导教师王义兰的引导下，课堂几度产生讨论的高潮。

教育部专家组组长成尚荣教授被学生们的激烈讨论和课堂的活跃气氛感染了。一方面，他被学生的出色表现所震撼；另一方面他有些质疑这节课的真实性。于是他在听课过程中突然参与学生的讨论中，向同学们连续追问了七八个问题。对于专家突如其来又"咄咄逼人"的提问，贵阳市民族中学的学生毫不怯场，争抢回应，他们精彩的回答，赢得了成尚荣教授满意的微笑和赞许。成教授评价说："作为高中生，能有这样的思维高度，已经不亚于很多大学生了，学生的回答真正触及了传承与创新的实质。"

一同听课的专家们评价："这不是一群两耳不闻窗外事、一心只读高考书的学生。学生思维的发散与多元、对历史的敬畏与传承、对社会的关注与认识、对理论的思考与实践、对学习的价值与兴趣，无不体现贵阳市民族中学在培养学生科学素养方面做出的努力与成就。"

那么，贵阳市民族中学的学生是如何做到这一点的呢？

根据我们对课程引导力的理论探究，知道要促进学生发展，必要条件是促进学生学习力发展。而学生学习力又由实践、理解、感悟和探究四个不可分割的部分组成。其中学生对课程的理解力与学生思维的发展密不可分，对于学生的发展有重要作用。

基于此理论，贵阳市民族中学综合实践活动课程的老师做了思考与实践：引领学生在课程实践过程中理解课程的思路，理解课程的核心精神，理解课程的价值，理解课程的意义，即对课程本体进行认识。除此之外，还要引导学生理清课程与"我"的关系，以及"我"在课程实践中与同伴的作用。这一技术途径在经反复教学实践检验后，产生了很好的效果，现与大家分享这个比较成功的典型案例，进一步说明课程理解的重要性。

一、春寒料峭，我们心系牙舟陶

那是 2015 年初，冬去春来，春寒料峭，在当时高二（12）班的一节历史课上，王义兰老师在课堂拓展中提到了贵州黔南深山里的牙舟陶，并着意让学生了解这隐藏在深山中即将失传的民族民间文化瑰宝，以期激发学生的学习和研究热情。

在得知"贵州牙舟陶面临失传，真正传人仅 2 人"这一消息后，很多同学产生了保护这一文化遗产的强烈想法。他们准备把这一想法变成一个行动研究的课题，并向王义兰老师提出了这个愿望并希望得到支持。王义兰老师欣然同意（注：贵阳市民族中学的学生自从上了高中以后，按照学校的课程安排已经接触了一年多的综合实践活动课程，对综合实践活动课程的意义有了一定的认识）。

说干就干，2015 年 1 月，高二（12）班成立了课题研究组并推选于江淼同学为课题研究组长。为了更好地展开课题行动，按照同学们的特长，课题组长于江淼将全班同学分成了"行动、外联、策划、技术"四个小组。轰轰烈烈的研究开始了。

遗憾的是同学们在一阵忙乎之后发现课题几乎停滞不前。"行动组"不知如何行动；"外联组"不知道与谁进行联系；"策划组"不知道策划什么；只有"技术组"有点成就，在网上查找了一些只言片语的资料，算是课题"研究"

的唯一"成果"。指导老师经过仔细分析之后指出他们的问题所在——对于综合实践活动课程缺乏深入理解,一切的行动都很盲目,研究有形无神,没有具体目标与行动指南,四个组没有协力作战,而是各自为政,互相之间没有关联,所获得的数据或信息为"孤岛信息"。在一番耐心的指导后,同学们对课程有了比较深入的理解,明白了综合实践活动课程有着其自身的规律,如同其他学科一样,只有遵循了这些科学规律,才有可能在实践中取得成果。

同学们几经修改,才梳理出了一个比较科学的研究此项课题的技术路线和研究步骤。简言之就是:调查研究牙舟陶的现状—找出存在的问题—针对问题制定解决策略—以策略指导实践—了解策略的有效性并修改后继续指导实践活动。

仅仅是这一条"技术路线"就可以让我们从一个侧面了解到"课程理解"理论对课程实践指导的重要性。

二、珙桐花开,我们初寻牙舟陶

怀揣着拯救传统文化的美好愿望,2015 年 3 月 18 日,正逢珙桐花开时分,"牙舟陶课题组"的几名学生满怀激动,带着好奇,怀揣期许来到了静谧悠闲的牙舟镇。

由于有了前期的学习与理解,我们的同学此次行动有着明确的目标。他们观察了牙舟镇的文化氛围、了解了牙舟陶的宣传情况、开展了问卷调查、访问了牙舟陶传人、询问了牙舟陶工艺,知道了"牙舟陶"这一传统文化发展举步维艰的现状。

通过总结这次寻访牙舟陶的活动,学生们得到结论:①牙舟陶工艺面临后继无人的窘境;②地方政府对牙舟陶发展没有予以足够的重视;③大众对牙舟陶的认知度很低;④牙舟陶产品的市场销量不理想。

面对这些问题,学生有些手足无措,不知道下一步如何开展行动。

指导教师对这一情况进行分析后认为,这仍然是学生对课程理解有欠缺的缘故。于是引导学生对上述的四个问题进行深入分析,以期学生对问题能够深入理解,生成下一步行动的对策。下表是教师引导学生从较深层次对课题思路进行理解的主要内容。

牙舟陶相关问题分析表

序号	问题	问题理解	行动对策
1	牙舟陶工艺面临后继无人的窘境	在实地调研过程中了解到牙舟陶艺人并未对牙舟陶工艺进行狭隘的保护。导致这一现象出现的根本原因是生产牙舟陶经济效益不佳。	（1）提高牙舟陶的经济效益。 （2）推广牙舟陶制作工艺。
2	地方政府没有给予牙舟陶工艺足够的重视	当地政府未从保护文化的角度对牙舟陶进行保护；仅仅只把牙舟陶作为一项不景气产业来处理，任由这一产业在市场竞争中自生自灭。	以各种途径如手写信件和网站建议的方式向当地政府表达保护牙舟陶的意愿和重要性，希望能够引起相关部门对中国传统文化的重视，从而形成对牙舟陶的保护（从今天的角度来看，如果能发展以牙舟陶文化为主题的旅游业，提高政府收益，也许是一条更好的途径）。
3	大众对牙舟陶的认知度很低	（1）大众（主要是当地人）对牙舟陶的认识不到位，更多是将其作为"日常用品"来看待。 （2）牙舟陶宣传力度不够，导致认知度也比较低。	（1）挖掘牙舟陶文化内涵、艺术内涵，为牙舟陶增加文化附加值、收藏价值，提高大众对其认同度。 （2）利用新媒体优势，开设牙舟陶的百度贴吧、淘宝网店、新浪微博，在陶瓷吧、贵州吧、贵阳吧等相关贴吧发表有关牙舟陶文化的帖子，提高牙舟陶的知名度。 （3）到贵阳市博物馆为牙舟陶争取陈列资格，进一步提高其知名度。 （4）在学校进行相关宣传。
4	牙舟陶产品的市场销量不理想	牙舟陶主要在本地销售，销售面不宽，销售渠道单一，也没有先进的销售方式（如网络销售）。	1. 创立牙舟陶淘宝店。 2. 进行牙舟陶为主题销售活动。

根据课程引导力理论我们知道，理解发生在学习情景中，理解是认知、感情和行为的统一。这一次的教学契机是这一理论的有效说明。事实证明，学生对课程理解清晰以后，下面的研究工作才可有序展开。学生们根据拟定的行动对策开展了一系列活动，并在 2015 年 5 月 23 日在筑城广场当起了"小商贩"，开展了以牙舟陶文化宣传为主题的销售活动。

三、栀子花开，我们再寻牙舟陶

经过了大半年的实践活动，我们的学生很想了解他们活动的是否对牙舟陶产生了积极影响。于是 2015 年暑假刚开始，正逢栀子花开的时候，课题组的同学又去了那个藏在黔南大山里的美丽小镇。此次调研的目的主要有三个：①了解牙舟陶现状，包括牙舟陶艺人的现状及牙舟陶产品的现状。②了解牙舟陶课程建设情况——这是上次拟定的行动策略的升级，同学们经过反复琢磨，认为推广对牙舟陶工艺的学习和传承，学校可以作为一个主要阵地。希望可以在贵阳市民族中学建立一个牙舟陶的传承作坊，将牙舟陶带出大山深处。③学习牙舟陶制作工艺。

这一次的活动，同学们参观了牙舟小学的牙舟陶制作基地，了解了设备情况，思考在自己的学校建立这样一个基地的可行性。随后同学们又来到牙舟镇宋洪健师傅的作坊，看到宋师傅的制陶设备增加了许多，帮手也多了两个，宋师傅一脸灿烂的笑容，不用问也知道我们的行动有了显著效果。

在学习牙舟陶的制作工艺的过程中，同学们认真学习并记录了制陶的每一个步骤：炼泥—泥料成型—印坯、修坯与晒坯—装饰—烧制与检验。这五个大流程当中涉及几十道工序，每一步出错都会导致功亏一篑。同学们亲身体会了宋师傅这样的手工艺人坚持做陶的精神和不易，也深刻理解了这一行业的艰辛。在时间的累积下，他们用自己的青春年华沉淀着这一技艺，不断地提高自己的技术，不断地累积自己的经验，让一件件漂亮的作品得以问世。

在同学们的努力下，贵阳市民族中学已经决定将牙舟陶制作纳入校本课程建设计划，聘请宋师傅作为老师，定期到我们的校园指导、教授牙舟陶制作技艺，并为我们的同学带来丰富的牙舟陶知识，让学校的每一位同学都尽可能地了解传承在贵州大山中的牙舟陶。

四、牙舟陶的春天

2016 年 7 月，贵阳市民族中学牙舟陶课题组的 5 位主要成员满载班上其他同学的希望，将这一课题的研究成果带到北京，参加了第六届"全国中学生领导力展示会"。"牙舟陶"惊艳亮相北京，以其精湛的工艺，古朴的做工，厚重的历史气息震撼了现场观众。我们的学生在更大的平台，更广阔的天地，让更多的人了解了牙舟陶这一古老而神奇的文化，时值盛夏，酷暑难当，但是学生的表现却让我们感到如春天般生机盎然！这是艺术的春天、文化的春天，更是牙舟陶的春天！学生在课程引导下，在教师的指导下，将民族民间文化传承作为自己的责任，并将这种责任内化为保护和传承中国传统文化的自觉。有这样的学生，有这样的课程指导，传统文化的发扬光大指日可待！

五、课程理解的反思

教师通过课程促进学生理解力的发展，其主要思路如下：引领学生在课程实践过程中理解课程的思路——目的是学会科学、有条理地开展研究与学习；理解课程的核心精神——目的是培养创新思维；理解课程的价值——目的是在课程中实现个人能力的增长与综合素质的提升；理解课程的意义——如课程的社会意义，培养学生社会责任感和社会担当意识。

这当中有些内容是需要教授的，如理解课程思路；有些是需要指导的，如理解课程核心精神培养创新思维；有些需要在实践过程中引导学生去发现的，如理解课程的价值和课程的意义。

本次指导学生研究课题就较好地实现了这些目的。从学生的表现来看，基本实现了课程理解目标。值得一提的是，"理解"是一个过程，不是一蹴而就的，如本案例中在上历史课的时候教师引导学生对牙舟陶的描述是"前理解"过程；开展综合实践课程活动时引导学生对课程本身科学方法和学习研究方法的理解是一个更为重要的过程，很多教师在指导学生开展综合实践活动课程时忽略了这一过程常导致课程指导事倍功半；在开展综合实践课程活动时，引导学生对"课程资源"进行深层次的理解也是成功的重要因素。

六、后记

2016年下半年，这些研究牙舟陶的孩子就要进入紧张的高三学习阶段了，但是他们保护和传承民族民间文化的使命却没有终止，他们的牙舟陶课程还没有建设成功，他们的班要有人接。于是他们把继续研究这一课题的接力棒交给了2016年进校的学弟学妹们。因此，他们在6月13日召开"为你传承·看我创新"——牙舟陶课题二期第一次研讨会,所以出现了文章开头的一幕。我们相信,在课程引导力的指引下,这样的活动会更多更精彩!

我们相信,今天我们给孩子什么样的世界,明天世界给我们什么样的孩子!

参考文献:

[1]雷菁.充分发挥综合实践活动课程的独特育人价值[N].湖南日报,2020-09-03(006).

[2]吴曦.课堂教学中学生课程理解的合理导向[J].教育理论与实践,2020,40(01):56-60.

[3]赵锐,周海玲.核心素养视域下教师课程理解的思考[J].教育探索,2020(01):69-71.

[4]阮沁汐.再出发:综合实践活动课程实施研究新探索[C]//扬州大学教育科学学院.当代教育评论(第10辑).[出版者不详],2020:281-282.

[5]肖娴,胡月.综合实践活动课程评价的"学生本位"取向[J].当代教育科学,2020(05):56-59.

[6]孙静,吴乐乐.综合实践活动课程的特性辨析和改革启示[J].教学与管理,2020(15):88-90.

[7]肖泽人.教师课程理解差异性问题研究[D].渤海大学,2020.

[8]程伟,于冬冬.中小学综合实践活动有效实施的三个维度[J].教学与管理,2020(12):82-85.

[9]孙向丽.综合实践活动中小学生创新能力的发展[C]//中国教育发展战略学会教育教学创新专业委员会.2020全国教育教学创新与发展高端论坛会议论文集(卷三).[出版者不详],2020:265-266.

[10]王可.学生课程理解的过程探析[J].教育理论与实践,2020,40(16):60-64.

案例二　长顺县民族高级中学：课程理解冲破山海为远

　　这里是夜郎故地、杜鹃之乡——黔南长顺。长顺地处麻山腹地，而贵州麻山，曾以极贫名天下。在长顺这个曾经的深度贫困县，有一所有着六十四年历史的学校——长顺县民族高级中学。绿水青山环绕着的和顺校园里，每天清晨的琅琅读书声是校园最美的风景，民高学子每天都以饱满的热情投入到学习中，在课程的引导下，畅游在知识的海洋里。

　　长顺县民族高级中学始创于1956年，原名长顺县中学，1980年更名为"长顺县民族中学"。为了加快县高中教育发展，县委、县政府于2012年7月将长顺县民族中学高中部剥离，并将县第二中学高中部并入，组建新的长顺县民族高级中学。学校现有学生近4000人。由于毗邻贵阳、都匀等相对发达城市，长顺县部分优秀初中毕业生选择到贵阳、都匀就读高中。长顺县民族高级中学曾经历过一段艰苦挣扎的困境。2015年之前，长顺县民族高级中学招生没有分数线限制。近年来，由于办学水平的不断提高和社会各界的逐渐认可，生源质量有所提高，2015年才开始设置招生录取分数线。2015年至2020年平均录取分数线约为360分（贵州省初中中考总分810分，包括语文150分、数学150分、英语150分、理综150分、文综开卷150分、体育50分、少数民族政策性加分10分）。长顺县民族高级中学招收的大部分初中毕业生来自长顺县各乡镇，由于知识基础不牢固，思维有局限，学业难以实现突破，许多学生学习兴趣不浓，自主学习能力不强。

　　2016年，时任贵阳市民族中学校长、现任贵阳六中校长的魏林作为贵阳市教育组团式帮扶长顺县民族高级中学结对学校校长，走进了长顺民高，在带来先进管理理念的同时，也将她潜心研究的"课程引导力"教育思想带进了民高校园。课程引导力教育思想包括校长课程领导力、教师课程知行力和学生课程学习力，从校长层面对课程的规划、统筹、建设、创新，教师层面对课程的认知、设计、实施、评价到学生层面对课程的实践、理解、感悟和探究等方面进行了阐述。

一、课程理解走进夜郎故里

2018年，长顺县民族高级中学英语教研组开始尝试对项目式学习模式进行研究，开发开设了校本课程"世界与我们"。项目式学习（以下简称PBL）是一种主动学习和基于探究地、创造性地解决实际问题的学习方式，通过PBL学生们主动地探索现实世界的问题和挑战，在这个过程中领会到更深刻的知识和技能，它能从多个层面促进人的全面发展。"世界与我们"这门课程旨在根据新时代的要求给学生补充适量、相当的阅读素材，扩大学生的阅读量和阅读视野，丰富学生的词汇，使得学生更广泛地了解英语国家的文化，同时引导学生挖掘本土民族民间文化，增强学生的民族自信和文化自信。《世界与我们》教材中主要阐述了西方文化长河中具有代表性的几个元素，如神话传说、传统工艺、民间习俗、人物故事、古代建筑、科技前沿等。教材以中西方文化交融为依托，将西方优秀民族文化与本土文化相结合，引导学生建立课题小组，进行研究性学习，切实提升学生的语言能力、文化品格、思维品质、学习能力。

本课题研究的初衷与"课程引导力"教育思想中的"学生的课程学习力"研究产生了共鸣，基于深入学习了魏林校长"课堂引导力"教育思想中关于学生的课程学习力的相关理论，希望引导学生通过对课程的理解，解决问题，提升学习力。

为了加深学生对课程的理解，课题组根据课程理解中对"学生基于已有的知识经验解读课程，在把握课程文本含义、整合课程资源的同时不断生成个体意义"的研究，分阶段实施了不同的方法和策略。

1. 培训教育阶段：通过案例介绍、讲座等形式，对学生就如何进行项目式学习进行培训，为学生提供项目式学习的技术指导。

2. 选择课题阶段：由学生根据自身的兴趣特长，自行分组，在授课老师的指导下，从《世界与我们》教材中的神话传说、传统工艺、民间习俗、人物故事、古代建筑等题材中自主选择，确定学习内容。

3. 制订计划阶段：学习小组确定学习项目后，在指导老师的帮助下小组成员共同学习题材内容，研究项目意义与价值、目的与计划、学习步骤、预期成果等。小组成员进行分工后，填写项目实施方案表。

4. 研究实施阶段：各项目学习小组成员各司其职，通过图书馆查询、网络搜索、参观访问、问卷调查、实验记录等多种途径和渠道广泛搜集资料，并做好文字记录和拍照、摄像、录音、资料下载等工作。

5. 整理总结阶段：对搜集到的各种资料，项目学习小组进行讨论和分析，各成员都要表达自己对所学习项目的认识与理解，然后对资料做出处理，如发现还缺少材料，要继续补充搜集。在此阶段中，学生可通过不断的整理、分析、验证、提炼等，提炼出自己的认识和见解以形成项目学习成果。

6. 展示评价阶段：学校和教研组提供平台，让学生通过调查报告、模型制作、主题演讲等形式展示自己的项目学习成果，通过多种方式让项目学习小组反思自己的项目学习历程，与学生共同评价研究活动。

二、课程理解催生民族教育

在课程学习过程中，学生积极地学习探索，自主地进行知识的理解、建构和表达，对英语语言进行了具体的实践、理解、感悟和探究，培养了学生分析、批判、联想、协作、创造性地开展学习活动的能力，使学生得到全面发展和个性发展，从而建构起学生终身学习、不断丰富自身学习力、提高竞争力的能力培养体系，为学生终身发展奠定了基础。

学习了课程中的"An introduction to European castle"内容后，有一个小组兴奋地找到了笔者："老师、老师，欧洲古堡的内容非常有意思，我们已经找到要研究的项目了！"原来，同学们了解到欧洲城堡的主要作用是抵御外来入侵、保护堡内人身财产安全后，发现长顺境内的屯堡村寨建筑也具有一样的作用，激起了他们的研究兴趣。同学们利用周末到屯堡村寨进行了实地走访，了解了屯堡建筑的特点，拍摄了相关图片，回到学校后认真进行分析，形成了英文报告，并向其他同学公开展示。看到这些平时让运用一点英文就抓耳挠腮的孩子们能够用英文把自己家乡文化介绍出来，笔者可以想象，在这场展示之前，他们一定查了许多单词、互相纠正了发音，花了许多时间才把报告内容背诵了下来。虽然，在笔者看来，他们的报告还不够完善，表达还不够流畅，但是站在汇报台上认真做完报告的他们脸上流露出的激动神情，深深感染了笔者。从课程中，学生理解了相关文化知识，挖掘了身边的文化，并能用语言表达出来，学生的语言能力、思维品质、文化品格和学习能力都得到了培养，这就是课程理解中学生对课程资源整合的具体表现。

除了这些学生，通过访谈和问卷调查，发现其他学生也发生了许多改变。一是学生学习态度的转变。通过开展项目式学习，学生英语学习态度明显改变，由原来的因为障碍多而不想学变为渴望深度学习。由于兴趣的提升，学生总能充满着热情去讨论项目式学习课题内容，全身心地投入学习中。一位参与项目式学习的学生表示："太喜欢'世界与我们'这门课程了，不仅学习了西方文化，还引导我们根据西方文化特点去挖掘本土相似文化内容。我们都愿意花时间去深入理解每个感兴趣的项目，然后与同学们讨论、探索、分享，特别有成就感。"二是学生思维模式的转变。开展项目式学习后，学生的学习已不仅仅局限于完成老师交代的任务，而是变成在个人和同伴合作的探索中进行深度的学习。开展项目式学习班级的英语教师反映，相比以前学生害怕表达观点、对问题不进行深入研究、内化的情况，现在学生针对项目学习内容，勇于提出问题，并愿意与同伴一起讨论，对不同意见进行辩论，整个学习过程中都充满着学生的思考，学生由简单的参与者变成了思考者。三是学生学习行为的转变。基于问题的学习对于学生来说是具有挑战性和吸引力的。由于项目式学习为学生提供了更为自主的学习方式，参与的学生自我意识得到了提高，愿意为学习付出更多的努力，学习毅力也在不断提升。同时，学生的理解能力得到了培养，学会在不断的尝试中，理解事物本质，收获能够迁移至新情景的解决生活、学习新问题的技能。

通过课程学习，学生的学习力得到提升，对学校教育教学效果起到了良好的促进作用。原本感觉学业难以实现突破的学生，也纷纷加入主动学习的行列中，在课程的引导下，找到学习方向和途径，实现自我突破和提升，长顺县民族高级中学学风劲扬。2019年，长顺县民族高级中学实现了多个突破，英语听力考试满分人数首次达到29人，高考成绩较上一年翻一番，荣获黔南州教学质量进步奖等奖项。2020年，长顺县这个曾经的深度贫困县以脱贫攻坚成效考核在全省33个未脱贫县（市、区）综合评价"好"的等次中位居第一的好成绩，经省人民政府公示退出贫困县序列，成功地摘下了贫穷的帽子。乘着东风，在贵阳市教育组团式帮扶团队的指导下，2020年长顺县民族高级中学继续取得进步：被省教育厅授牌为"贵州省二类示范性普通高中"、高考成绩在全州 6 所二类示范性普通高中中排名第三、再次荣获黔南州教学质量进步奖等奖项……这些成绩的取得，有许多因素，其中之一即是在魏林校长"课程引导力"教育思想的引领下，通过校长对课程的规划、统筹、建设、创新，教师对课程的认知、设计、实施、评价，学生对课程进行实践、理解、感悟和探究后形成了良性的教育教学循环。

课程感悟

学生课程学习力是学生将课程资源通过课程的实践、理解、感悟、探究转化为知识资本的能力。学生对课程的感悟，意即学生参与课程前、中、后内省体察有所感受和触动，从而悟出某种可以言说或者不可言说的情感、思想、知识或念头，从潜意识信息中生产灵感、升华思想、构建新知识的过程。学生对课程的感悟能够激发他们的学习兴趣，带给学生学习的乐趣。兴趣与乐趣是最好的老师，能够持续地促进学生的积极性和主动性，积极主动的学习又能够促进学生"悟"的能力，从而形成良性的循环，使得课程资源更好地转化为学生的知识资本，从而达到提升学生学习力的目的。

一、相关概念

（一）感悟

《说文解字》中对"感"和"悟"的解释是，感，使人心动；悟，内心获得深知。"感悟"是指有所感触而醒悟或领悟，可以有两个层面的解释，一是，感动之使醒悟；二是，受感动而醒悟。孔子曾经说过："学而不思则罔，思而不学则殆。"这句话很好地阐述了"感"与"悟"之间的关系。

"悟"，是中国历来推崇的一种创造性思维方式，也常被称为"悟性"。所谓悟性就是感悟的能力，它具有偶发性、跳跃性和创新性的特点。真正的感悟来源于人们的亲身经历与感受，有的是渐渐的领悟，有的则是瞬间的开悟。正是不断的感悟使人们对人生、对事物以及对世界的看法发生改变。感悟能力的高低与一个人的智商和知识层次乃至外界启发都有一定的关系。一个人的感悟能力并非天生的，是后天可以培养的，学生阶段是一个人感悟能力形成与提高的关键时期。

（二）课程感悟

学生对课程的感悟是建立在学生对课程的实践和理解的基础上的，实践是感悟的源泉，理解是感悟的途径，学生对课程的感悟又会激发学生继续探究的动力。

1. 课程感悟是新知识建构的过程

学生对课程的学习总是一个由未知到已知、由模糊到清晰的过程，这一过程就是学生对课程与已经形成的知识体系进行整合、理解的过程，学生对局部与整体关系理解得越深刻，对课程的感悟就越强烈。课程感悟必将经历体验、观察、思考、建构的过程。

学生的课程感悟应该是建构在课程学习的体验、感受之上，并将自己的感性思维转化为理性思维的过程，是对已有知识进行再认识和重新组建的过程。学生对课程的感悟力受学生课程知识的积累、对课程的体验、学习方法、思维品质、家庭环境、教师教学方式、学校文化等许多因素的影响，当某一项特殊因素变化时，感悟力会呈现爆发式的增长。

学生只有具备课程感悟的能力，才能够动态建构课堂知识，最后组建适合自己经验和能力的知识标本，并且不断去理解、阐释、比照和生成，从而真正达到提高知识水平的目标。

2. 课程感悟与学生内在的学习动机密切相关

学生对课程的感悟是一种主动建构知识的过程，因此必须有学生主动积极的学习动机做支撑。学生只有领会了学习的本质，增强了学习的社会责任感，才能激发内在的学习激情和进取精神，进而增强学习动力，提升课程的感悟能力。

二、价值与意义

1. 课程感悟呈现和升华课程实践和理解的成果

课程学习由"双基"进入"三维目标"时代，再到新时期学生核心素养发展的提出，课程感悟的重要性日益突显。新一轮课程改革的一个重要方面就是将过去单纯的知识传授向培养学生核心素养转变，具体细化为国家认同等十八个基本要点，其中的人文情怀、理性思维、勤于反思、社会责任、国家认同、国际理解等的达成度都与学生课程感悟力的提升密切相关。提升课程的感悟能力，有助于学生将外在的课程资源内化为自身的认识，并建构起自己的知识体系和价值体系。

2. 课程感悟有助于理性思维的形成，为课程探究奠定基础

在课程学习中学生通过对问题情境的知觉与理解，领悟其中各种条件之间的关系以及条件与问题之间的关系，通过观察、比较、分析、综合、抽象与概括的方法主动地在头脑内部构造知识体系、形成认知结构，通过顿悟获得独到的认识和深刻的见解，在此过程中使得感性认识上升为理性思维。而在此过程中，须引发学生的问题意识，问题意识的产生为课程探究奠定了基础。

3. 课程感悟有助于激发学生内在的学习动机

学习动机是指引发与维持学生的学习行为，并使之指向一定的学习目标的一种动力倾向。当学生对课程有感悟时，就会引发对学习本身的兴趣和需要，并感受到学习带来的价值感和成就感，并产生对课程学习的迫切需要，这就是学习的内驱力。当学生产生学习内驱力时，不需要外界的诱因、惩罚来引发行动，学习活动本身就是一种动力。学生的学习行为就会由初始状态指向一定的学习目标，并推动学生为达到这一目标而努力。学生的内在学习动机能够使学生持之以恒，避免半途而废，并适时调节学习的强度、时间和方向，提升学生的学习力。

三、路径与方法

（一）课程感悟的路径

1. 目标管理路径

目标管理是一种参与的、民主的、自我控制的管理方法，也是一种把个人需求和组织目标结合起来的管理方法。学校在课程建设和开发的过程中将课程感悟能力提升作为教师教育教学、学生学习方法、能力发展指导的重要内容纳入管理评价的全过程，注重学校教师的培养与培训，注重学生学习方法的指导，同时以此目标为导向进行评价和奖励，并最终组织形成一个全过程的、多层次的、相互联系的培养提升课程感悟能力的目标管理体系。

2. 实践体验路径

学生课程学习力是学生将课程资源通过课程的实践、理解、感悟、探究转化为知识资本的能力。知识本身可以分为事实性知识（学科知识）、方法性知识（学科方法、学习方法）和价值性知识（学科意义、学习意义）。事实性知识主要采用理解、记忆、再现、判断等教学方式，更多体现为"记中学"。

方法性知识主要采用解释、运用、推理、操作、拓展等教学方式，主要体现为"做中学"。价值性知识主要采用体验、取舍、定向、创造等教学方式，主要体现为"悟中学"。因此，在实际教育教学实践中，在处理价值性知识时，应多开展创造性的实践，引导学生体验和感悟。学习过程中多引导，少灌输。注重培养学生的问题意识，让学生学会自己在学习中发现问题、解决问题。这样就能达到"在学习中思考，在思考中发现，在发现中感悟"的良好效果。同时，营造自由民主的气氛，充分尊重学生的个性差别，鼓励、激发他们深入思考与实践，也能很好激发学生感悟的积极性。

3. 潜能开发路径

这里主要指学生心理潜能的开发，即遵循学生心理发展和教育规律，以活动为主开设心理健康教育课，采用团体辅导、心理训练、问题辨析、游戏辅导等形式，帮助学生确立正确的自我意识，掌握学习策略，开发学习潜能，提高学习效率，增强学生对课程的感悟能力。

（二）课程感悟的方法

1. 环境陶冶法，营造课程感悟的外部环境

古人云："学必悟，悟而生慧。"学习的本质是悟道，就是获取隐藏于知识背后的智慧。人们通常只有在无功利、无压力、无恐惧的心境下，在自学、自问、自疑、自赏、自娱等一系列的顿悟过程中才能获得知识。因此，通过建设书香浓郁、丰富多彩、和谐向上的良好环境，可增强学生课程感悟能力。

2. 目标导向法，导向主动感悟课程的行为

通过"目标导向"法，培养学生的意志品质和对实现目标的坚定信念。首先使学生意识到课程感悟力的价值和意义，之后通过细化目标、分层分步实施、及时评价和螺旋上升等方法引导学生主动提升课程感悟能力，并在此过程中维持明确的方向，并确保坚持不懈。

3. 思辨促明法，形成勤于思考、辩证看问题的习惯

引导学生多观察生活中与课程学习相关的知识、现象，同时不能只停留在事物的表面，更不能走马观花，要动用自己的多种感官，多层次、多角度地感知事物。这样我们就能从那些平日里司空见惯、习以为常的事物中有所发现、有所感悟。除此以外，更重要的是要注重思考，生活中的一些事物或现象中往往蕴涵着深刻的道理，我们不能被这些事物或现象的表面所迷惑，

而要深入挖掘思考，透过现象发现其本质，运用哲学思想全面辩证地思考问题，常思常悟，思维自然就会走向深入，课程感悟能力自然就会提升到高层次水平。

4. 感知体验法，夯实课程感悟的基础

人和一些高级动物运用他们先天具备的能力，就能认识到环境中事物间的关系，产生顿悟，解决问题。在生活中我们也发现，对于个体比较熟悉的问题，他可能很快产生顿悟，但对于那些不太熟悉的问题，则通常要经过一个尝试错误的过程。例如一位象棋大师在解决一个从未见过的象棋残局时，可能很快就会发现破解方法，但对于一位象棋新手来说，则要经过数十或数百次的尝试方能破解。顿悟不是一种独立的学习过程或学习形式，而是学习达到一定程度的表现或者结果。一定的经验积累，是产生顿悟的前提。

由此不难看出，感悟并非无米之炊、无源之水。要提升学生对课程的感悟就必须不断丰富学生对课程的知识积累和体验，夯实学生的基础，否则，感悟只会停留在浅层。例如，要提升学生文学的感悟能力，首先要广泛地阅读，扩大自己的知识面，知识面越广，感悟点就越多。人的一生是有限的，有许多事我们无法亲身体验，但借助阅读，我们可以感知那些闻所未闻的事物，体验那些从未经历的情感，从而感悟人生。

5. 辅导提升法，提升课程感悟的能力

学生内在的学习动机与课程的感悟能力密切相关，而积极稳定的个性心理品质是维持内在学习动机的重要支撑。可以通过自我意识辅导的方式，培养学生积极稳定的个性心理品质，从而提升学生感悟课程的信心和能力。辅导的具体内容包括认知辅导、体验辅导和监控辅导。认知辅导从认识自我，建立良好人际关系，体验自身的价值，学习管理情绪的方法等方面入手，促使学生产生热爱生命、敬重生命、使生命更有意义的积极情感。自我体验辅导从悦纳自我入手，不仅悦纳自己的优点和长处，也能悦纳自己的缺点和不足，并在整体上喜欢自己，逐步形成自尊、自信、自强、自立的健康心理，并初步建立正确的人生观、价值观和学习观，形成积极向上、乐观合群的生活态度。自我监控辅导从增强自我调控能力入手，逐步形成自我控制的能力，会调节和控制自己的情绪，会抑制自己的冲动行为。养成生活有规律、做事有计划的习惯，逐步做到自律、自立、自理、自强，克服依赖心理。

参考文献：

[1] 胡炳章."悟性思维"过程论[J].吉首大学学报（社会科学版），2001（02）：16-21+34.

[2] 姚伟文."悟学理念"的探索与思考[J].基础教育研究，2015（19）：5-9+14.

[3] 司家栋.高中班级团体心理辅导主题方案[M].北京：蓝天出版社，2013.

[4] 孙云晓，孙宏艳.培养仁爱好习惯[M].北京师范大学出版社，2014.

[5] 汪潮，吴奋奋."双基论"的回顾与反思[J].课程.教材.教法，1996（12）：5-9.

[6] 吴刚平，李茂森，闫艳.课程资源论[M].北京：北京师范大学出版社，2014.

[7] 周群.把感悟的空间留给学生[J].科学咨询，2015（26）：28-29.

[8] 刘道玉.什么样的孩子才能成大器？[J].西部教育研究（陕西），2020（3）：19-21.

案例　开阳县第三中学：镜头下的故事

刚放寒假，一个小女孩就拿起相机，在小河边这里拍拍，那里照照，脸上露出轻松愉悦的笑容——她正在用镜头记下家乡的美。田野里，一个小男孩正拿着手机拍下父母在夕阳中劳作的画面。

走近一问，才知道他们正在完成老师布置的作业。小男孩骄傲地说："我正在完成语文老师布置的假期作业，用镜头记下我们父母的辛劳、家乡美景，记录弟弟妹妹的成长、童年的快乐，还要拍摄家乡的美食、记录欢度春节的春联呢，并要求在每组照片下写出感悟。"小女孩抢着说："我们班是月月有主题,周周有活动。"我问："都有哪些主题和活动呢？"小女孩随口就说："'我的青春我做主演讲''经典朗诵''辩论''配音''书、画''名著阅读'等等。"我又问："你们喜欢这样的活动吗？"小男孩说："当然喜欢，同学们积极性很高。""你都有哪些收获呢？"我又问。小男孩说："可多了，比如我们班的张海燕同学，之前不爱说话，经过这些活动，现在话可多了；又例如我，以前可怕写作文了，现在虽说写得还不太好，但有材料写了，不怕了。""特别是配音活动和辩论活动，同学们很踊跃，《海边的小鸟》配音，同学们根据情景，自己写脚本，自由组合，给《海边的小鸟》配音，有些小组配得可棒了；辩论赛，舌枪唇战，你来我往，引经据典，此起彼伏，高潮不断。"小女孩滔滔不绝地说，"既是个人能力的展示，更是小组合作的比拼；既是听、说、读、写的训练，更是团队合作的体现。""真是印证了赵老师经常引用的'一个人可能会走得很快，但一群人一定走得更远'这句话。"讲到赵老师，小女孩佩服得不得了："台上三分钟，台下十年功，功夫在课外，关键在于'悟'，这也是赵老师经常强调的。"小女孩自豪地说。后来经过打听，我联系上了孩子们口中的赵老师，他们的语文老师、班主任。

赵老师在长期的教育教学实践中，注重引导学生在活动中进行学习，通过活动，培养学生关注生活、热爱生活，提高学生动脑、动手能力，激发学生学习兴趣，增强学生对课程的感悟，提高学生学习的动力、毅力及能力。赵老师说："有人曾经说过，'老师不是教学生学会，而是教学生会学。'以前我只是关注怎么教好，从来没有考虑如何让学生学好。"那么，赵老师在语文教学过程中，是从哪些方面着手培养学生的感悟，体现语文的魅力的呢？通过深入了解，赵老师主要从以下几个方面来开展教学工作。

一、抓课程，创思维，厚底蕴

语文课程是一门学习祖国语言文字运用的综合性、实践性课程。工具性与人文性的统一，是语文课程的基本特点。语文课程应引导学生在真实的语言运用情境中，通过自主的语言实践活动，积累语言经验，把握祖国语言文字的特点和运用规律，加深对祖国语言文字的理解与热爱，培养运用祖国语言文字的能力；同时，发展思辨能力，提升思维品质，培育社会主义核心价值观，培养高尚的审美情趣，积累丰厚的文化底蕴，理解文化多样性。

2017年颁布的《普通高中语文课程标准》明确，语文学科核心素养是学科育人价值的集中体现，是学生通过学科学习而逐步形成正确的价值观念、必备品格和关键能力。语文学科核心素养是学生在积极的语言实践活动中积累与建构起来，并在真实的语言运用情境中表现出来的语言能力及其品质；是学生在语文学习中获得的语言知识与语言能力，思维方法与思维品质，情感、态度与价值观的综合体现。

学生通过阅读与鉴赏、表达与交流、梳理与探究等语文学习活动，在语言建构与运用、思维发展与提升、审美鉴赏与创造、文化传承与理解几个方面都获得进一步的发展；坚定文化自信，自觉弘扬社会主义核心价值观，树立积极向上的人生理想，为全面发展和终身发展奠定基础。

赵老师说："我的学生大多数来自农村，基础差，阅读面窄，语言建构与运用不好，不敢表达、不会表达，思维习惯不好，更谈不上文化自信。"基于上述种种原因，赵老师结合新课标要求，采取了一系列方法，取得了良好的效果。

二、创情景，感教材，悟内涵

教材是纲，是基础，抓好教材是核心、关键。创设阅读情景，激发学生兴趣。

清代学者王国维说："一切景语皆情语。"语文教学可以依据文章情景营造"情景即在眼前"的境界，使学生在教学情景中与课文内容产生心灵对话，形成情感共鸣，从而使学生更好地感知理解课文，取得良好的教学效果。现行高中语文新课标教材突出对学生的素养培养，教材本身蕴含着丰富的情景内容。如教科书所选用的篇目，紧密结合学生认知、爱好和兴趣来编排和设计教材的内容与形式。教材中安排了一些学生喜闻乐见的内容。比如高一年级课文中有优美的诗歌《雨巷》《再别康桥》，古文《荆轲刺秦王》《鸿门宴》，还有"写触动心灵的人和事""写人要凸显个性""写事要有点波澜""朗诵"等，梳理探究中"优美的文字""奇妙的对联"等，这些内容非常符合学生的认知特点并能很好地激起他们的关注热情。在教学过程中，老师要善于寻找孩子们感兴趣的切入点，老师要用孩子们喜欢听的语气去讲述，孩子们喜欢把自己当作其中的一个角色去读、去演，去领悟情景中角色的喜怒哀乐。

在讲解课文过程中，如果能够充分挖掘运用一些教学情景，就能大大增强孩子们学习的乐趣和情趣。

在《祝福》的教学中，安排学生做一份刑侦调查报告，包括死者档案、死者时间、死亡地点、死亡原因、嫌疑人等，最后以模拟法庭形式，对鲁四老爷、四婶、柳妈及"我"等人物进行审判，学生积极性很高，对课文感悟很深。比如学李煜《虞美人》、苏轼的《水调歌头》、李清照的《一剪梅》这些课文时，千万不要忘了在一个恰到好处的教学环节处，教孩子唱一下歌曲版《虞美人》《水调歌头》《一剪梅》——因为孩子们喜欢新鲜多样化，在这种音乐学习情景中，可以激活孩子们已经疲惫的大脑，从而达到一举多得事半功倍的教学效果。孩子们的有意注意保持的时间不长，在课堂上适当地有意识地增添一些趣味性课本剧，创设丰富的表演情景，比如上戏剧《雷雨》《罗密欧与朱丽叶》时，让孩子们排成课本剧，让他们体会并表演，使孩子们进入角色，感悟课程，记忆深刻，更有效地参与教学。而且在教学过程中老师还要善于捕捉利用更多的巧妙因素，在语言体味上也要精心设计一下，在让孩子们读课文的时候，用作者的方言来读，别有一番味道。比如《沁园春·长沙》用湖南音来读，并且要求模仿毛泽东的动作来读，这个时候同学们达到了学习兴趣的高潮，不知疲惫，有一种意犹未尽的感觉，有利于培养学生的审美鉴赏与创造。这些举措都能很好地把孩子带入文字所描述的鲜活的情景中，在享受、愉悦、轻松与快乐中让孩子学有所得，培养学生深入研究课本，开动脑筋，深入情景，探得究竟！使老师教有所获，达到两全其美。

学生是有情感的，学生的情感直接影响到他们的学习兴趣及学习效果。只有积极的情感才能使学生的主体性、创造性得到发展，学生的思维才能更加活跃。对那些胆子较小的学生，要轻声亲切地鼓励："你真棒！棒极了！"每当学生回答正确时，及时地说一声："你真了不起！"例如上《张衡传》时，让学生讨论什么样的人才能名垂千古，流芳百世；家族中被后人记住的有多少，为什么。学生就会和同学讨论，和家长讨论。学生回答：德才兼备的人，无私的人，甘于奉献的人才能被后人记住。你可以鼓励学生：你将来也一定是一个德才兼备的人。学生会一生都记住你的鼓励。教师的肢体语言即教态是无声的语言，它能对教学情景起到恰到好处的补充、配合、修饰作用，可以使教师通过表情让情景的表现更加准确、丰富，更容易为学生所接受。教师亲切而自信的目光、期待而专注的眼神可以使学生产生安全感，消除恐惧感，缩短教师与学生的感情距离。教师热情洋溢的微笑、友善慈祥的面容可以使学生获得最直观、最形象、最真切的感受。大方潇洒得体的身姿手势，无时不在感染着学生，可以使学生加深对知识点的理解、记忆，引导学生全身心地投入情景中去，学有所悟，有利于学生思维的发展与提升，提高学生学习力。

现代化的教学手段以其信息量大、直观、形象的特点被广泛运用，高中语文教学中，利用诸如多媒体之类的教学手段进行情景创设，使教学变得生动、活泼、感染力强，从而取得良好的教学效果。例如在学习高一年级必修一的《再别康桥》时，由于诗作场景年代离学生们太远，学生理解起来有一定的难度。如果老师配以与诗文内容相符合的画面、优美的旋律、精美的画面，营造出诗作的氛围，学生们沉浸其中，就能较快地克服学习障碍，轻松地体会并把握作品的思想感情。如何让影视作品更好地走进课堂，服务于课堂？如上《林黛玉进贾府》中贾府的奢华生活和对王熙凤的未见其人先闻其声的写法，学生难以理解，如果把《林黛玉进贾府》的影片片段让学生看一看，引导学生思考：影视作品和原著的区别在哪？为什么要这样处理，你有何看法？可以节省很多语言，既引起学生的悟，学生又容易理解。多媒体技术能为课堂教学提供形象逼真的环境，鲜活生动的图像，动静结合的画面，声像同步的情景，提高学生注意力，激发学习兴趣。多媒体技术教学遵循了学习者学习的心理规律。灵活运用各种电教手段，例如利用投影仪投影片来讲学生练习，清楚易懂；利用录音机、录音磁带听课文朗诵，培养学生的听力、语感；利用白板来观看与课文有关的影片，教学直观明了，能够充分激发孩子们的学习热情。用现代信息教学手段，拓展了教学情景，多方面地调动学生的感官，让学生多渠道地获得信息，从而加大了课堂教学的密度和容量，增强学生形象思维能力，提升思维品质，提高了学生的学习力。

说到这里，赵老师自豪地给我讲了他的一个成功学生的案例，他的一个学生参加了一所名牌大学的自主招生考试面试，遇到一个题目是"在唐诗宋词中，你最喜欢谁"。他的学生脱口就说是李清照。面试老师又问，你能证明李清照是一位美女吗？学生非常高兴，因为他在我平时的名人分享活动中就听我讲过李清照的故事，其中就讲到过李清照的《减字木兰花》。学生很顺口吟诵了这首词："卖花担上，买得一枝春欲放。泪染轻匀，犹带彤霞晓露痕。怕郎猜道，奴面不如花面好。云鬓斜簪，徒要教郎比并看。"他背完以后，面试老师又问，这首词，怎么能够证明李清照是个美女呢？学生笑着说，你看，在下班路上买了一枝花，这花叫"春欲放"，然后带回家，她怕丈夫说"你长得没有花漂亮"，于是，诗人精心打扮，"云鬓斜簪"，一定要叫丈夫说一说"你看，花漂亮，还是我漂亮"，这时候那位老师笑了，说，你说得很好。这位学生顺利通过了面试。

三、品情趣，感生活，悟人生

语文即生活，营造语文的环境正是"语文生活化"的一种体现。联系学生的生活创设教学情景，就是捕捉课文内容与孩子们的实际生活相符的情景，以之来渲染气氛，在相似的类比中来感受课文的符号形象，使课文内容生活化，亲近化，孩子们才更有学习的热情和兴趣。教育家赞可夫说："教学方法一旦触及学生的情绪和意志领域，触及学生的心理需要，这种教学就会变得高度有效。"讲究教学方法和教学艺术，才能收到良好的教育效果。赵老师根据新课标，结合课程，给学生布置的假期作业及系列活动，让孩子们用自己的双眼发现身边的美，并用镜头记录下来，要求有自己的感悟。经过演讲、朗诵、配音、辩论、摄影、阅读等一个个体验活动，孩子们学会了学习，学会了生活，学中悟，悟中学，老师、孩子用他们的镜头，留下了一组组精美的瞬间，记录了一个个永恒。通过活动，孩子们学会了关注生活，关注家人，关注传统文化，学会了感悟，懂得了关注美，学会了欣赏美，培养孩子拥有一双发现美的眼睛。如此，孩子的眼睛就雪亮了，孩子的心灵就美好了，心就柔软了，品格教育的目标也就实现了。

中午，笔者与开阳三中的颜老师进行交流，颜老师说："我是本学期才到宿舍的，开始还不知道是哪个班的学生，只知道孩子们很有礼貌，每次打招呼脸上总是堆满笑容，每次查房都看见孩子们在看书，即使闲聊也是能量满满，后来了解才知道班主任是赵老师。"课间，笔者通过赵老师来到他们班级，班级很整洁，孩子们正在自觉地做着各自的事情，个个面带笑容，主动和我打着招呼，交谈也很自然、从容、自信。我想，孩子们是愉快的、幸福的。

总之，在考试压力重重，唯成绩、唯分数论英雄的今天，赵老师仍想到的是拓展学生的视野，培养学生的能力，而不仅仅是应试技巧。培养出来的是一个个有思想、会生活、有情趣的人，而不是只会考试，不会关心他人、不会生活的冰冷的机器。让笔者想到的是没有分数今天过不了关，但只有分数明天就过不了关。而赵老师的做法是为了孩子们美好的明天，是真正的在育人，收获的必将是更大的分数。笔者认为，只有"晴耕雨读"，在教学过程中要善于挖掘和发现更多更生动更实用的因素，开拓更多的学习空间。语文教学，学生爱学、乐学、善学、悟学。充分利用"感悟"这一重要环节扩展教学形式，培养和发展学生学习语文的兴趣和热情，提高学生学习力，如此，语文课程的目标也就实现了。

课程探究

学生对课程的探究，是通过探索和研究课程内涵本质，获取知识掌握学习方法，提升学习力的一种途径。通过探究性的学习，可以提升学生提出问题解决问题的能力，可以帮助其形成积极主动的学习态度。

一、相关概念

（一）探究

探究，从字面上解释是探索研究之意，探索是多方寻求答案，解决疑问的做法，研究是探索的近义词，其意有二，一为探求事物的真相、性质、规律等；二为考虑或商讨（意见、问题）。唐元行冲《释疑论》："康成于窜伏之中，理纷挐之典，志存探究，靡所咨谋。"宋苏轼《寄周安孺茶》诗："高人固多暇，探究亦颇熟。"清姚范《方颂椒山居记》："与之登巉岩，披蓊茸，盘桓寄思，探究窈窕。"巴金《化雪的日子》："我想把原因探究出来。"均有此意。

探究性学习，即 Hands-on Inquiry Based Learning（HIBL），指学生在学科领域内或现实生活情境中选取某个问题作为突破点，让学生自己通过阅读、观察、实验、思考、讨论、听讲等途径去主动探究，自行发现并掌握相应的原理和结论，获得知识，掌握方法。

根据不同的分类方法，探究性学习可以分成不同的类型。

按照研究问题的范围大小不同，可分为基于问题的探究性学习和基于专题研究的探究性学习。基于问题的探究性学习是在学科课堂教学过程中，以问题为中心展开教学过程，使学生在问题的情境中主动地探究、体验、发现，在探究的过程中主动获取知识，应用知识，发展创新。问题探究学习始于问题的提出，重在问题的解决过程。基于专题研究的探究性学习是在综合实践课程教学过程中，由教师根据学生的学习水平和学习能力，设计出一组具有挑战性的专题研究项目（或者由学生自己选择研究的专题），然后由学生以类似科学研究的方式，自主设计方案进行探究学习，寻求答案，独立完成探究任务。根据不同阶段的教师的指导程度和学生探究能力的水平层次，探究性学习可分成引导探究、合作探究、自主探究三种。

（二）课程探究

学校教育的核心是课程，对课程的探究是学生在学校学习过程中的重要内容，需要一直保持探究的兴趣和能力。通过教师的指导，学生在不断对课程的探究中，可以主动地实施发现问题、体验感悟、实践操作、表达交流等探究性活动，从而获得知识与技能，将所学的知识融会贯通，转化为个人的社会能力，不断提高学习力，理解掌握学科核心素养，提升解决问题的能力，培养和锻炼个人的综合素质。

学生对课程的探究是学生课程学习力提升的一个重要途径，其探究能力也是学习力的一个要件。那么探究是从什么环节开始呢？爱因斯坦说："提出一个问题往往比解决一个问题更重要。"德国物理学家海森堡说："提出正确的问题，往往等于解决了问题的大半。"因此，可以说探究是从问题开始的，以探究活动作为学习的主要形式；以已有经验与认识作为基础来整合建构知识；以事实和证据作为解释的依据。《基础教育课程改革纲要》指出："改变课程实施过于强调接受学习、死记硬背、机械训练的现状，倡导学生主动参与、乐于探究、勤于动手，培养学生搜集和处理信息的能力、获取新知识的能力、分析和解决问题的能力以及交流与合作的能力。"因此，可以认为课程改革的核心目标是实现课程功能的转变，改变课程过于注重知识传授的倾向，强调形成积极主动的学习态度，使获得知识与技能的过程成为学会学习和形成正确价值观的过程。为促进学生学习方式的变革，《纲要》提出要处理好知识传授和培养能力的关系，注重培养学生的独立性和自主性，引导学生质疑、探究，在实践中主动地、富有个性地学习。

二、价值与意义

探究作为创新学习的一种方式，一方面可以锻炼学生自主学习的能力，另一方面更能够培养学生探索实践、理解生活、寻求真知的学习品质，是学会终身学习的基础。

（一）有助于培养主体意识

传统的接受式教学中，教师以传道授业为目的，以讲授为主，学生学习的主体地位和主动性难以落实。课程探究强调在"做中学"，以问题为导向，以实践为基础，学生始终处于积极的自主学习状态、能动的实践过程，学生的主体活动成了教学活动的中心。因此，探究性学习是实现学生自主发展培养主体意识的重要载体。

（二）有助于培养学习兴趣

探究学习建立在学生强烈的学习需求和渴望探究的学习欲望基础之上，注重学生的体验与实践，提供给学生的学习任务情景具有真实性特征，所以它能够有效地激发和维持学生的学习动机。学生在探究过程中具有充分的自主权，有展示自我、表现自我的机会，能够充分地体验到自己在学习中的主宰性、自我价值感和成功的悦己感。这有利于学生培养自己的学习兴趣，养成良好的学习品质，使学生学习能力在课程探究的实践活动中不断得到发展。

（三）有助于开发创新潜能

课程探究的根本在于通过探究课程，找到内在本质和规律，发展并解决新的问题，实现更多的创新与创造，其核心目标是培养学生的创新素质和创新能力。学生在真实、开放的学习环境中独立思考，对课程进行探究学习。在这个过程中，学生发挥自己的主观能动性，提出解决问题的新观点、新思路、新方法，不断产生新的问题、新的解决办法，也就不断地发掘出学生的创造潜能，培养创新的实践能力，形成有个人特色的学习力。这也是课程作为锻炼学生学习能力的根本意义所在。

三、路径与方法

课程探究是指学生在教师的指导下，在学科专业领域或现实生活的情境中，学生以独立或小组合作的方式对课程进行具有探索性、研究性的学习活动，注重学生立足课程、立足实际的主动探索、体验和创新。在一定程度上，课程探究是模仿科学界的探究过程和方法来进行的一种课程学习方式，在学习知识的同时，体验、理解和感悟科学研究方法，掌握科研能力，培养科学思想和意识，为今后的科学研究奠定一定的基础。

(一)课程探究的主要路径

1. 实践是课程探究的主体

课程探究是以学生的主体实践活动为主线展开教学过程的。学生借助一定的手段，运用多种感官，通过自己的主体活动，在做中学，使得实践活动贯穿于学习活动的始终。探究性学习特别强调学生的感知、操作和语言等外部的实践活动，强调学生的直接经验和间接经验的交融、统一，使认知活动建立在实践活动的基础之上，用学习主体的实践活动促进学习者的发展。

2. 模式可以促进课程探究

课程探究讲究模式但不唯模式。探究一般有一个相对稳定的过程，即提出问题→做出假设→制订计划→实施计划→得出结论和表达、交流。课程探究也是学生通过对课程的阅读分析，提出课程中的核心问题，并做出一定的假设，开展一系列的论证、探索、研究，其方法也有合作交流、查阅资料、实地调查、探究反思等，从而加深对课程的理解，实现对知识的融会贯通。值得一提的是，对课程的这种探究并非模式化的，不是每一个问题的探究都需要这几个阶段，如果缺失某一环节，也不会影响探究，每一个探究的过程也不一定非要依照这样的流程展开，有时探究的过程就是不断修整方案、不断完善假设的过程。在学科课堂内，较多的是某些片段的探究。历经的阶段不同，就有不同的探究性学习方式，其探究的难度也不等，探究有难有易。

3. 探究过程是提升能力的重要部分

课程探究需要注重学习过程的体验、学习中的经验的获得。课程探究追求课程学习过程和课程学习结果的和谐统一，接受学习重视学习的结果，探究性学习更加关注学习的过程。在探究过程中非常注重学习过程中潜在的教育因素，同时也非常注重小组的合作与互助，也强调尽可能地让学生经历一个完整的知识的发现、形成、应用和发展的过程。让学生尽可能地像科学家那样，发现问题，解决问题，经历一个完整的科学研究过程，体验发现知识、再创知识的创新过程。在课程探究活动中，不仅对探究的结果要有设想，而且对探究活动本身应该有强烈的成功的欲望，这样，学生学习的自主性才可能充分发挥。

4. 开放性探究可以事半功倍

探究要提前准备，在准备时要尽可能多地收集各种资料。探究的目标可以很灵活，没有像知识体系的目标那样明确具体。因此在探究的内容上也是可以十分开放的、灵活的，只要适合学生学习能力的提升就有它存在的意义。这样所产生的探究结果也一定是开放灵活的，可以不断产生与灵活的目标和内容相匹配的结果，而每个结果都可以不断促进学习力的提升。课程探究为学生提供了大胆创新、实现自我超越的学习环境。学生在探究学习的过程中，能够大胆地怀疑，提出问题，探讨解决问题的方案，对不同的结果进行分析，培养创新意识和创造能力。

（二）课程探究的主要方法

1. 探究设计

课程探究要求教师在教学过程中把学生作为活动的主体，立足于学生的课程学习，以学生对课程理解掌握的主体活动为中心来展开教学活动。学生在积极主动地参与教学活动过程中以自己的经验和知识为基础，经过积极的探索和发现、亲身的体验与实践，以自己的方式将知识纳入自己的认知结构中，并尝试用学过的知识解决新问题。教师在这个过程中只是一个组织者、指导者和参与者。探究性学习方式有利于学生主体意识和主体能力的形成和发展，有利于塑造学生独立的人格品质，有利于培养学生的自主性。

2. 精心实施

思维品质是课程探究过程中极为重要的一个因素。在开展探究的过程中，针对探究的每一环节，强化对思维品质的各个方面进行针对性的锻炼。特别是探究的"发现问题"环节，是突出思维的敏锐性培养十分重要的部分。探究从问题开始。发现问题的能力与个人知识与阅历的积淀有关，更取决于思维的敏锐性。为提高学生思维的敏锐性，除创设引入探究时的问题情境外，还可以利用探究过程中出现的意外现象进行原因分析和反复实验查证，或利用课文中涉及的内容，不失时机地补充一些课外知识（经常是科学史中的实例），使学生受到思维敏锐性的培养。鼓励提出多种假说，培养思维的批判性和创造性。科学的发展源于怀疑的态度，没有思维的批判性，就不会有创新。要在探究的过程中鼓励和引导学生从多个角度去审视现象和问题，多维认识客观世界，从而"发现"新的科学规律。探究过程中，不同学生提出的假设可能是不同的，即使是看似荒谬的假设，只要有独到的理由，就应当鼓励。指导实验设计，培养思维的启发性和创造性。在实验设计的环节上，最需要培养思维的启发性和创造性。实验设计能力的提高不是一蹴而就的，应循序渐进。以教材中的学生实验为依托，分析实验设计的基本过程，对学生的思维过程具有启发性。强调运用思维的概括性去总结规律。探究式学习过程中教师应尽量提供不同的实验材料让学生由此及彼、由特殊到一般地总结规律。

3. 课程融合

在开展课程探究的时候，可以不要只局限于单一某一学科，应该更加强调学科之间的融合。特别是在新高考改革的背景下，学生对于课程的探究更要注意将各学科课程中的知识点相融合起来，共同解决社会生活中的一些问题。同时也要注意通过互联网上寻找大量的信息和资料为手头的探究服务，要熟练运用计算机软件对大量的数据进行收集、分析和处理。

4. 探究反思

通过可以总结经验，促进探究能力的发展，也可以看到在探究活动中的缺点和不足，为以后的探究提供借鉴和经验。也是对开展探究时在思维过程、思维结果进行再认识的检验过程，有利于使意识更加能动地指导实践，也有利于梳理课程内容和知识，巩固探究的成果。

案例一 "中国走和平发展道路"课程探究：
始于有形 终于无形

叶圣陶曾说过："教任何功课，最终目的都在于达到不需要教。假如学生进入这样一种境界：能够自己去探索，自己去辨析，自己去历练，从而获得正确的知识和熟练的能力，岂不是就不需要教了吗？而学生所以要学要练，就为要进入这样的境界。"所以要培养学生的探究能力，强化学生的探究意识，让学生在教师的引领下，以培养学生课程探究学习兴趣，敏锐的问题意识，务实的探究能力，提升学生发现问题、提出问题、分析问题、解决问题的能力。本文以新修订的普通高中思想政治课程标准活动型课程为例来探讨学生课程探究力的培养。

新修订的《普通高中思想政治课程标准》（以下简称《新课标》）指出，要构建以培育思想政治学科核心素养为主导的活动型学科课程，力求构建学科逻辑与实践逻辑、理论知识与生活关切相结合的活动型学科课程。学科内容采取思维活动和社会实践活动等方式呈现，即通过一系列活动及其结构化设计，实现"课程内容活动化""活动内容课程化"。通过关注学科核心素养的形成与表现，立足于学生现实的生活经验，着眼于学生长远的发展需求，把理论观点的阐述寓于社会生活和学生活动的主题之中，让学生在社会实践活动的历练中、在自主探究、自主辨析的思考中感悟真理的力量，在践行正确价值观的过程中逐渐内化成为自觉的价值取向。

一、始于有形

《新课标》提出："学科内容只有与具体的问题情境相融合，才能体现出它的素养意义，反映学生真实的价值观念、品格和能力。"将基于核心素养的学习要求与具体情境结合起来，以学科素养培育为导向，从"学生的已知、未知、能知、想知、怎么知"等方面综合考虑，将学科知识的教学和学科素养的培育放置在相应的教学情境中，在"获取和解读信息、调动和运用知识、描述和阐释事物、论证和探讨问题"的思维实践中，获得学科学习体验，建立新旧知识之间的内在联系，获得积极的价值引领，最终内化形成相应的学科素养。

（一）课程探究准备，全面充分

流程设计和课前准备是活动型课程实施的关键环节。流程设计包括明确活动目标，掌握和构建基本知识，布置活动任务及学习要求，小组活动探究，各组交流展示，师生互动质疑，师生共同总结以及检测评价与反馈。准备工作包括课标研读、教材分析、学情分析，也包括课前的各种准备。如：认知准备、设施准备、学生课前分组、课前阅读教材构建知识体系等。

（二）课程探究形式，各美其美

1. 教师引导。"水之积也不厚，则其负大舟也无力。"传道者自己首先要明道、信道，育人者要先受教育，追求并确立大境界、大胸怀、大格局，才能给学生指点迷津、引领人生航向。因此，教师在活动型课程探究中应充分发挥其传道授业解惑的作用，积极引导和参与学生的探究，在活动过程中充分发挥其合作者、协助者、引领者的作用，对学生探究学习过程进行提示、点拨、示范、扶助，充分发挥其引导作用。

2. 小组合作。充分发挥学生的主体地位，以学生之间相互帮助为主，共同完成探究活动任务的方式。

3. 独立探究。著名教育家奥尼舒克指出："教师要把完成活动的方法教给学生，让他们独立地把知识运用于实践，独立地获取补充和扩大自己的知识、技能和技巧。"活动型课程的探究可将探究内容的各项具体任务落实到每一个同学身上，让学生在相对独立的状态下完成规定的任务。

4. 课程探究的方式。一是合作交流探究，集思广益，培养学生的必备品格和关键能力以及正确的价值取向和批判精神。主要方法有演讲、讨论、辩论、新闻时评、模拟法庭等。二是实地调查研究法。引导学生正确认识社会现象和自然现象，提高学生观察和分析问题的能力。主要方法有观察、尝试体验、查阅资料、撰写调查研究报告等。三是趣味游戏体验法。主要是让学生展示表演能力，愉悦身心，增长才干。主要方法有游戏、演唱、抢答赛、小品表演等。

二、践行与体验

以"中国走和平发展道路"为例。

（一）设计背景

本活动型课程探究的内容分别从中国走和平发展道路提出的时代背景、内涵及实现条件、目前面临的挑战和困难以及我们如何做等方面，对"中国走和平发展道路"进行"是什么、为什么和怎么做"的探究，通过本探究活动，引导学生更深刻理解我国的独立自主和平外交政策，认清自己身负的历史责任。同时，在探究过程中一方面是要求学生对之前已有的探究经验和知识做一次归纳总结，另一方面也是为将来学习其他探究课打下基础，更为重要的是可以让学生在具体亲身实践中得到情感和能力的提升。

（二）活动目标

第一，通过完成课前探究任务，学生在收集整理资料过程中初步了解国际关系的知识，为教学活动达成的政治认同、科学精神、法治意识、公共参与奠定基础。

第二，通过探究活动，学生根据教师布置的任务，充分发挥学生主观能动性，发挥学生在课堂教学中的主体地位，通过独立完成、小组合作探究、分享等活动，在活动中培养学生科学精神、政治认同、法治意识和公共参与的能力。

第三，通过课堂总结和自我反思，引领学生通过辨析、反思和实践，真学、真懂、真信、真用。通过反思，综合评价学生的理论思维能力、政治认同度、价值判断力、法治素养和社会参与能力等，促进学生全面发展。

（三）活动策略

课前任务布置、课中小组合作、探究、成果分享、课后反思等活动。

（四）活动环节

1. 课前准备

课前布置探究任务：①中国走和平发展道路提出的时代背景；②中国走和平发展道路的内涵和实现条件；③中国走和平发展道路面临的挑战以及怎样做。

要求：①各小组先预习教材内容；②根据预习内容提示各小组分别收集

相关素材。

分工：第一小组在探究活动中收集整理中国走和平发展道路提出的时代背景；第二小组在探究活动中收集中国走和平发展道路的内涵和实现条件的素材；第三小组在探究活动中收集中国走和平发展道路面临的挑战以及怎样做的素材；第四小组对各组展示的探究成果进行点评。

各小组根据老师课前布置的任务，明确分工，充分利用教材、网络、报刊等新闻媒体收集整理素材，各小组在探究活动中将收集的素材进行精选并制作成简报或展板，有条件的可以制作成PPT展示，也可以采用模拟新闻联播的方式呈现。

充分发挥学生的主体作用和主观能动性，让学生参与社会生活中，引导学生关注国内、国际新鲜事件。

通过此活动，使同学们了解国际社会的一些政治现象，感受国际关系变化的微妙原因，由此引入本课主题——国际关系的决定因素：国家利益。

通过活动型课程的探究实现让学生能够独立收集规定的时政素材；能够通过各种渠道收集素材，并学会对时政素材进行分类整理分析，了解国际关系的一些现象；能够通过对时政素材的分类整理，透过现象认识事物本质。

2. 合作探究共享

课中任务布置：各小组将课前收集整理的时政素材进行分享展示。

第一组和第三组交换素材并进行合作探究分享，第二组和第四组交换素材并进行合作探究分享。

要求：①各小组推荐一位中心发言人代表本组发言。②各小组发言必须围绕活动探究议题并结合本组收集的素材展开。如：国际关系的决定因素（国家关系内容、基本形式）？我国的国家利益？如何维护我国的国家利益？

各小组根据老师布置的任务，在组长的带领下进行小组展示分享、小组间合作交流，然后各组推荐一名发言人代表本组发言，各组发言结束后其他组可以进行补充。各组发言人必须围绕探究议题所设计的活动目的，即国际关系的主体、内容、基本形式、决定因素、我国的国家利益及如何维护国家利益等展开。

通过此探究，使学生明确国际关系的含义、内容和基本形式，让学生探讨出国际关系的决定因素是国家利益。探究主要让学生从国际关系的变化过程，深入理解维护国家利益是主权国家对外活动的出发点和落脚点，了解我国的国家利益及如何维护国家利益。

通过合作探究共享让学生能够通过收集的时政素材判断国际关系的内容及国家利益包含的内容；能够通过收集的时政素材，分析国际关系的基本形式及我国的国家利益；能够通过时政素材收集，分析影响国际关系的决定因素及如何维护我国的国家利益；学生在认识我国国家利益的本质和内容的基础上，把握正确维护国家利益的做法，树立理性爱国观念。

3. 画龙点睛

任务布置：请同学们将本节课学习的知识构建成知识体系。

要求：请同学们先独立完成，然后小组展示分享。学生先自主完成，然后各小组交流展示，推荐出本组的优秀成果。

课堂总结：巩固知识，构建知识体系。

4. 知行合一

中国国家主席习近平同印度总理莫迪在中国湖北省武汉市举行非正式会晤。中印携手合作，全世界都会关注。无论从双边、地区还是全球层面看，中印都是长久战略合作伙伴，而非竞争对手。这表明（　　）

①中国尊重印度的国家主权　②中国重视与邻国的合作，促进各国共同发展

③中国与印度存在共同利益　④中国在亚洲发挥主导作用

A.①②　　　B.②③　　　C.①④　　　D.③④

首先让学生自己独立完成，然后小组对本组的不同选项进行讨论。通过此活动加深学生对知识的理解，让学生在进行理论学习的同时也能提升实践意识。

通过知行合一的探究实践让学生能够基于基础知识和材料关键词判断出答案。

5. 课后反思

（1）活动准备充分，活动目标、教学重难点顺利完成。按照设计目标，本探究活动需要完成三个目标：①通过完成课前任务，学生在收集整理资料过程中初步了解国际关系的知识，为课堂活动达成的政治认同、科学精神、法治意识、公共参与奠定基础。②通过课中活动环节，学生根据教师布置的

任务，充分发挥学生主观能动性，发挥学生在课堂教学中的主体地位，通过独立完成、小组合作探究、分享等活动，在活动中培养学生科学精神、政治认同、法治意识和公共参与的能力。③通过课堂总结和自我反思，引领学生通过辨析、反思和实践，真学、真懂、真信、真用。通过反思，综合评价学生的理论思维能力、政治认同度、价值判断力、法治素养和社会参与能力等，促进学生全面发展。教学中各活动环节有机衔接，学生主体作用得到充分发挥，活动目标得到实现，学生学科核心素养得到提升。

（2）巧用"时事素材"，突破重难点知识。在本课中，国家利益是国际关系的决定因素和坚定地维护我国利益是重点难点，对于这两个知识点的突破，充分利用国际关系前进性与曲折性，引导学生了解国际关系复杂多变的原因，突破本节课重难点。

（3）教学反思，总结经验。①课前任务布置环节。由于未充分考虑学生的实际情况，原本应该是很丰富的素材，但其中一个小组由于查找资源渠道受限，收集到的素材不多。②课中活动环节。通过围绕探究议题展开活动，各小组充分发挥主观能动性和各自特长，不仅丰富了本组资源，而且还从自己的视角给其他组提出了一些好的意见和建议，使各组同学都有成就感和获得感。在活动中同学们逐步增强了对国际关系知识的理解，进一步学会端正态度、明辨是非，不断提高分析问题解决问题的能力和素养。同时，同学们在认识我国国家利益的本质和内容的基础上，把握正确维护国家利益的做法，树立理性爱国观念。③课后总结反思。教师引导学生构建知识体系之后，协助学生梳理本课知识。通过试题训练，首先让学生自己独立完成，然后小组对本组的不同选项进行讨论，但在讨论过程中对解题方法的运用引导力度和对学生的逻辑思维的训练还需要加强。

三、终于无形

思政课是落实立德树人根本任务的关键课程。通过思政课活动型探究课程的学习，既要落实教学目标、课程设置、教材使用等方面的统一要求，又要因地制宜、因时制宜、因材施教。既要发挥教师主导作用，又要发挥学生主体性作用，引导学生发现问题、提出问题、分析问题、解决问题，在不断启发中让学生水到渠成得出结论。同时，还要贯彻落实立德树人、铸魂育人的任务，把思政小课堂同社会大课堂结合起来，努力打造学生想听爱学的"热门课"。教育引导学生立鸿鹄志、做奋斗者，做到学思用贯通、知信行统一，给学生心灵埋下真善美的种子，引导学生扣好人生第一粒扣子。通过课程探究把学生的手、脚、脑都解放出来，通过课程探究让学生参与探究的全过程，感受直接经验或间接经验，获取即时信息，培养学生树立正确的价值观和提升学生必备品格和关键能力。

本课时探究活动的设计思路是把基于核心素养的学习要求与具体教学情境和活动型课程的探究结合起来，以学科素养培育为导向，在选用探究情境时，综合考虑各种因素，让学生在多种合理性观点碰撞的基础上拓宽思路、综合探究，用系统与要素的辩证思维来思考和解决问题，从而带动学生自主学习、深度学习。通过学生自己收集、整理材料，锻炼他们的筛选、组织材料的能力。通过让他们制作课件，并通过文字表述，锻炼他们的探究、合作和语言表达能力。总之，通过本课时的学习，学生的学科核心素养得到落实，学生初步形成了正确的价值观念、必备品格和关键能力，充分发挥了学生在课堂教学中的主体地位，促进了学生全面发展。

参考文献：

[1] 中华人民共和国教育部.普通高中思想政治课程标准[S].北京：人民教育出版社，2018.

[2] 黄兰珍.此岸·彼岸——一位政治教师对有效教学的追求[M].上海：上海教育出版社，2013.

案例二　化学课程探究：让世界变得缤纷斑斓

下课了，和往常一样，下午最后一节课结束，同学们与老师一起走出教室，同路结伴。这一天，突然一位学生问化学老师："美国为什么惧怕一个民营企业而去打压华为公司？'无芯可用'的华为真能走出困境吗？任正非提到通信芯片技术与化学试剂、化学产业有关是真的吗?"老师回答道:"那是当然的呀!世界之变符合化学规律变化,一切不变的都是在变,是一个守恒命题,舌尖上的美味,多彩的物质世界,绚丽的艺术瑰宝,丰富的文明发展,新奇美妙的自然变化现象等等。而这些,都与化学密不可分。目前我们国家非常重视基础研究、基础学科、原创能力的发展与投入,进入高质量发展的新阶段,希望在你们这一代实现伟大复兴的中国梦,从高中化学学习开始,注重学科课程学习的本真性兴趣培养,将兴趣发展成为一种能力,将能力培养成为一种使命,那样我们国家的发展将不受任何国家'卡脖子'了。老师希望你们也能成为任总'天才计划'中的一员。"

一、质疑激发验证欲

在教学人教版《普通高中课程标准实验教科书 化学 必修1》第26页科学探究制取$Fe(OH)_3$胶体实验探究时,根据高一课时安排的实际情况,大多数老师对该科学探究部分都是进行传统式的知识讲解传授。课堂上,有两位同学在听本部分知识时,提出疑问:煮沸溶液呈红褐色,为什么不会出现沉淀而只是形成红褐色胶体?于是向老师提出想进实验室一探究竟,验证体验一下胶体的真面目。老师欣然答应了。毕竟老师也想通过学生实际探究动手实验录好视频,将来做素材活资源应用于实际教学中。

二、平台铺就实践路

两位同学兴致勃勃地写方案,做分析,猜想实验现象,期待验证结果。一切都按最好的安排如期而至,二人拿着任课教师签字同意的方案书找到实验室老师,期待美好发生。实验室老师一看实验方案说道:"这个实验从来没有人来实验室做过,网络上有很多现成的视频,你们上网看一下不就什么都明白了?建议做一些具有创新性的探究实验课题时再来实验室做嘛。"不知道当天是日子不对还是实验本身价值不高,学生软磨硬泡老师还是不情愿,但这并未浇灭两位同学求知的欲望。一位同学苦苦地哀求,说自己对化学实验十分感兴趣,喜欢做别人没有做过的事,希望老师支持支持。另一位同学发现老师办公桌上放着一本《化学多大点事儿》书籍,于是开始共情式软磨硬泡地进攻:"老师,你在哪里买的这本书呀?是不是很有趣呀?能不能借给我看看？我一看名字就想里面应该很精彩吧！"老师一听这话，便情不自禁地开始讲解这本书的内容，当讲到化学是生活的"指南针"时，老师进入角色太深，眉飞色舞地给二人讲得十分投入，油盐酱醋酒色财气被他引进化学世界，真是奇妙无穷。二人听得无比激动、心驰神往。一些事情就是很奇妙，在合适的时间遇到了合适的人谈到了合适的事情就会发生一些故事。交谈结束，二人与老师约定一个中午时间，自主探究他们心中的胶体世界。

按期赴约，老师早已根据实验方案准备好仪器、试剂。二人按私下分工，各自忙碌，第一次因为手生忙乱，结果真是生成了沉淀而未见胶体真容，遗憾的失败并未熄灭他们探究的热情，于是开始第二次实验，这次二人紧盯关键环节，控制好时间，配合好操作，摄录好精彩的瞬间，在继续煮沸的过程中注意分散系的变化，结果果真如此，制得了梦寐以求的胶体，兴奋之际，化学老师也来到实验现场，并拿出一支激光笔，让二人看看丁达尔效应。三人开始讨论，记录整个过程，分析胶体性质知识。同时老师让他们再验证对比氢氧化钠与氯化铁反应是否可以制得氢氧化铁胶体。

三、探究成就创新梦

通过一次品尝甜头，二人脑洞大开，整天奇思妙想，天马行空，时不时想一些感兴趣的实验，比如焰色反应、三价铁与二价铁的转化等，整天拿着实验方案书缠着化学老师签字支持他们进实验室。老师根据教学时间和方案书质量价值，与实验老师协商决定再给二棵幼苗一次"氨气的制取及性质实验"探究动手机会，但是加大难度，不能是书上的实验，要求在书本实验基础上改进创新。两人听到可以进实验室，兴奋劲无以言表，不假思索，老师的什么要求都答应。两人立即着手查阅相关资料，分析原理，反复思考如何改进如何实施。通过一个星期的准备，提出改用氢氧化钠、氧化钙与浓氨水来制取氨气，利用废矿泉水瓶来探究氨气与浓盐酸的发烟现象及氨气的喷泉实验，这似乎颠覆了传统的实验方案。老师叫他们先自己假设推敲理论分析过程，比如：装置的气密性如何检验？浓盐酸怎样加入？喷泉实验如何实现？如何保证实验的安全性？实验中可能还会有哪些美妙的变化和现象？他们为了巧借外脑，还不停地在班上鼓动吹嘘，拉人入伙，分享心中的那份好奇。

四、实践绽放幸福花

同学们兴高采烈地聚集在实验室，开始动手自己设计的惊喜，基于安全性考虑，实验室老师给大家控制实验药品与试剂的量，实验仪器组装由同学自行动手。刚开始时，大家动手组装装置时遇到了一些麻烦，方案设计时未考虑到矿泉水瓶如何固定实验效果更好，注射器从矿泉水瓶什么位置注射更容易一些，一位同学将注射器针头都扎弯了几枚也未能如愿，实验开始时现场一片手忙脚乱。还好一位同学通用技术设计较好，通过他的设计改造加工，让整套装置得以固定成型，一位同学多次尝试琢磨发现从矿泉水瓶底部边缘处扎入注射器较为容易些，通过通力协作，最终顺利地开始实验探究。探究过程中大家发现浓氨水与碱石灰和氧化钙混合反应效果十分明显，通过注射器注入浓盐酸与氨气反应，发烟现象十分明显，烟气迅速充满整个矿泉水瓶。用注射器注入少许水引发喷泉实验效果也很明显，矿泉水瓶迅速变扁，氨气味道十分浓烈。在一个小时的探究中，大家对氨气的制取及性质有了进一步的认识理解，比如如何利用氢氧化钠和碱石灰遇水放出热量产生氨气，氨气极易溶于水，喷泉现象十分明显，浓盐酸遇氨气产生白烟现象，集成实验探究过程中如何开展实验条件的控制及安全性防范措施等。另外，实践探究过程中产生的一些新的现象引起了大家的深思与质疑，比如利用矿泉水瓶做喷泉实验要如何控制气压才能不让瓶子变扁？大家分组下去开展理论解释与资料收集，进一步改进探究尝试。

实验反思，深度融合找关联。通过实验探究活动的开展，参与动手实验的同学对化学知识认知学习有了进一步的提升，比如王思杰同学对氨气极易溶于水这

一理论一直处于模糊状态,通过喷泉实验探究,一下就刻骨铭心了。龚相伟同学的实验安全意识比较淡薄,在实验探究后,知道了为什么要把实验安全放在第一位,实验设计的安全性和合理性、科学性要提前进行论证,反应条件如何控制,开关止水夹如何巧妙设计。梁娅琦同学认为实验要思考缜密,动手要胆大心细,敢于尝试才有创新,比如矿泉水瓶子材质是不是影响喷泉实验的一个因素之一呢?实验结果和瓶子材质有没有必然联系?张力文同学通过化学社实验探究活动额外"收获"了碱石灰还叫钠石灰,知道了分析纯和化学纯在包装上的区别。史大雨同学通过实验探究,把自己通用技术的本事用到化学实验装置上,收获了满满的成就感。大家通过实验探究活动,对化学知识有了更加透彻的理解,对多个知识之间的关联性有了更加清晰的认识,思维得到了更大的拓展发散,可以说通过实验探究,一些知识终生难忘。

  化学是一门以实验为基础的科学,学习化学的一个重要途径是科学探究。动手实验是科学探究的重要手段,实验室是科学探究的重要场所,所以加强实验探究对化学课程学习力提升有很大的益处。高中阶段《必修1》引言中提到,实验是学习化学、体验化学和探究化学过程的重要途径,日常生活中的很多化学现象,对它们的观察、探究和思索,可以加深对化学原理的理解,开阔大家的眼界。不管是初中还是高中,第一章都把化学实验作为学习化学的重中之重,从实验中学化学，把化学作为以实验为基础的自然科学，让更多的化学知识、化学原理、化学现象在化学实验室里得到探究、质疑、释惑、创新，让化学知识在同学们动手实验探究中得到习得与感悟，激发出更多喜欢化学、对化学感兴趣的人，点燃他们潜在的创新意识，通过自主探究，享受学习，体验乐趣，创新思维，激发灵感，参与社会发展，推动社会进步，让学习化学更有趣——化学必将使世界变得更加绚丽多彩、缤纷斑斓。

后 记

从负责任的苦楚中收获尽责任的乐趣

魏 林

写下这个标题时，几十年从教生涯的过往就像是一组组镜头不断在脑海中闪现：四十多年前，初登三尺讲台，我与十四中的学生们在化学的斑斓色彩中勾画青春；供职贵阳市教科所，文笔街的每一方古老青石，见证了我与全市教研员不敢驻足倾听那泛着光亮的青石缝中讲述的古老故事，总是行色匆匆；雪涯洞旁，聆听南明河水潺潺，金华宝地，喜见百年一中矗立；大将山下，十里河滩，我与民中学子共嗅民族之花；十万人家，省府门首，我与六中师生共筑"三柱六桩十二基"；"白云"之下，六中新校横空出世，我自挥手自兹去。

四十年的步履不曾游离杏坛，四十年的初心不敢稍有懈怠。执掌教鞭，我用课程为学生引领方向；教室首席，我用课程为同仁铺路前行。课程引导，回归本真，言易行难，由自发而自觉，一路前行，执着不倦，旅途虽艰涩，但见熹微，却也载欣载奔，苦尽甘来，收获满满。

"课程引导力"是我和同伴们历经十年苦心践行总结锤炼的结晶。其间，我们得到了来自教育部西部教改专家组、教育部中学校长培训中心、省市教育行政部门、省名校长管理办公室等领导专家的关爱和指导，得到了来自全省各地州市成员学校同仁们的支持和帮助，无数次的实践，数不清的研讨，不断地提炼。碰撞中闪现的火花，点亮了我们在课程引导力探索中前行的路，也让课程引导力的种子在黔中大地悄然生根发芽,为贵州基础教育贡献了我们作为贵州教育人的一点智慧。

本书在撰写过程中,借鉴和引用了很多名人、专家的论述和研究成果,列举了很多学校的成功案例。在此,我谨代表全体研究人员向他们致以崇高的敬意和衷心的感谢。

书长纸短,言不尽意,谨以此篇作为后记。

2022 年 8 月 1 日